新环境·新对策：
中小企业战略管理研究

梁 松◎著

中国水利水电出版社
www.waterpub.com.cn
·北京·

内 容 提 要

随着经济的发展和社会的进步，我国社会正处于转型过程之中，中国企业要实现长期的可持续发展，就必须充分应对这些挑战和变化，重新审视战略管理与战略选择。

本书首先从总体上论述了当前我国经济发展的新形势及中小企业在我国经济发展中的作用，其次对中小企业战略的具体环境、总体战略、业务战略、职能战略、创新战略和战略控制等方面做出了论述。

本书内容丰富完善，系统结构完整，语言简洁凝练，是一本值得学习研究的著作。

图书在版编目(CIP)数据

新环境·新对策：中小企业战略管理研究/梁松著
. —北京：中国水利水电出版社，2017.6 （2024.8重印）
ISBN 978-7-5170-5536-5

Ⅰ. ①新…　Ⅱ. ①梁…　Ⅲ. ①中小企业—战略管理—研究—中国　Ⅳ. ①F279.243

中国版本图书馆 CIP 数据核字(2017)第 148822 号

书　　名	**新环境·新对策：中小企业战略管理研究**　XIN HUANJING · XIN DUICE：ZHONG XIAO QIYE ZHANLÜE GUANLI YANJIU
作　　者	梁　松　著
出版发行	中国水利水电出版社
	（北京市海淀区玉渊潭南路 1 号 D 座 100038）
	网址：www.waterpub.com.cn
	E-mail：sales@waterpub.com.cn
	电话：(010)68367658(营销中心)
经　　售	北京科水图书销售中心(零售)
	电话：(010)88383994、63202643、68545874
	全国各地新华书店和相关出版物销售网点
排　　版	北京亚吉飞数码科技有限公司
印　　刷	三河市同力彩印有限公司
规　　格	170mm×240mm　16 开本　16.5 印张　214 千字
版　　次	2017 年 11 月第 1 版　2024 年 8 月第 3 次印刷
印　　数	0001—2000 册
定　　价	50.80 元

前　言

　　进入 21 世纪以来，国际企业界风云变幻，经济全球化进程不断加快，信息技术日新月异，知识经济迅速发展，企业伦理形式凸显。美国华尔街的金融企业一手引发了次贷危机，并进而导致了全球性的金融危机；美国通用汽车公司通过了破产保护程序，使人们产生了对美国汽车产业全球汽车龙头地位的怀疑；曾经创造"精益生产方式"而蜚声全球各产业的日本丰田汽车公司，在夺得全球最大汽车企业"宝座"一年之后，就因为严重的产品质量而走下了神坛。与此同时，中国企业借助奥运东风，加快了国际化的步伐。阿里巴巴上市首日，市值即达 1 996 亿港元，成为全球第二大互联网融资企业；吉利集团成功并购沃尔沃（Volvo），更是当初许多人所难以想象的。

　　这一系列的变化说明全球经济进入了一个全新的发展时期，我国企业正处于全球化的发展背景之下。随着经济的发展和社会的进步，我国社会正处于转型过程之中，中国企业要实现长期的可持续发展，就必须充分应对这些挑战和变化，重新审视战略管理与战略选择。为了强化我国企业的战略管理意识和提高战略管理的水平，本书在吸收国内外企业战略管理的精髓理论和实际操作经验的基础之上，系统、完整地分析研究了中小企业的战略管理体系，希望能够为我国中小企业战略管理提供借鉴。

　　本书共分为九章。第一章对我国当前经济形势中的两个热点问题（新常态与供给侧改革）进行了论述。第二章则阐述了中小企业在我国经济发展之中的重要作用。第三章分析了中小企业的战略体系以及战略框架。第四章对中小企业的战略开展环境进行了分析。第五章主要阐述了中小企业战略开展过程中的总体战略。第六章论述了中小企业的业务战略，主要是竞争战略和国际化战略两个方面。第七章阐述了中小企业的职能战略，主要有财务战略、人力资源战略和市场营销战略。第八章分析了中小企业的商业创新战略。第九章探讨了中小企业战略实施与战略控制。

　　本书的特色在于：内容丰富完善，理论与实践相结合，具有较强的实用价值；系统结构完整，依据企业战略管理的特点，本书从战略开展环境、战略选择等角度进行了深入的分析，清晰地体现了企业战略管理的体系。

　　尽管作者做了很多前期的准备工作，但战略管理思想博大精深，受个人水平的限制，书中难免会有疏漏和不足之处，恳请广大读者和专家学者批评指正。

作　者

2017 年 4 月

目　　录

第一章　当前我国经济发展的新形势

从 2014 年开始,我国经济就已经进入了新的发展阶段。在这个阶段,我国社会经济运行一直被两个名词所环绕:新常态与供给侧。所谓新常态,从其字面意义上是指我国经济正处于一个转型的中速发展阶段,各项社会改革要稳步运行。在供给侧,当前阶段我国要进行的是改革。改革的主要目的是推动我国产业链向高端发展,适应我国消费者的需求变化。对于中小企业来说,在制定战略之时要注意这两个方面,适应国家与社会经济发展形势的需要。下文主要对这两个方面进行说明。

第一节　我国经济发展进入新常态

一、新常态的含义

从相关的报道可以看出,新常态实际上是一个非常大的概念。这里由于篇幅限制,只能针对新常态的宏观经济表现进行简要的分析。

(一)资源配置效率降低

资源配置效率降低是新常态发展的一个典型特征。经济增长的一个显著特征就是实现资源的最佳配置。过去的三十多年经济增长的一个重要方式就是工业化。从 1980 年开始,我国经历了一个长时间的工业化过程，各方面事业飞速发展。而现在，我国工业产能已经从不足逐渐转向过剩。市场所需要的是在此基础上的更为高端的产品，而这正是我国过去"模仿经济"的短板。要实现这一点的转变，必须要从过去的模仿经济转变为创新经济。实际上，这一点是非常困难的，需要经历一个漫长的时期。一方面是法制要更加健全，完全从过去的人治社会转向法治社会。另一方面则是教育质量要迅速提升，培养更多的创新型人才，奠定创新经济的人力资源基础。

（二）人力资源优势式微

当前我国外资利用的难度在不断加大，一个很重要的因素就是之前我国所依靠的人力资源优势不再，企业在我国运营的成本在不断上升。从 1980 年开始，我国劳动力成本翻了几十倍甚至上百倍。虽然在这个过程中，各类企业挣得盆满钵满，但是各类企业面临的用工成本在不断上升，企业之间的竞争强度在不断加大。前文也提到，我国正在从模仿经济转向创新经济，所需要的是高端创新型人才。而这确实是我国人力资源结构之中所欠缺的。在这一点的影响下，我国中低端工业产业规模不断加大，相互之间的竞争强度也在不断上升，而高端产业则相对欠缺。

（三）新型企业融资困难

作为一个 14 亿人口的经济体来说，宏观经济之中必然存在一些新型企业，阿里巴巴则是这方面的一个代表。然而对于新型企业来说，其生存困境却不乐观。这一点可以从阿里巴巴的融资途径之中看出。对于新型企业来说，他们存在两个典型问题，一个是企业运行的风险较大，另一个则是企业的融资难度较大，而企业运行的风险是这一方面的典型因素。从当前的宏观经济环境来看，新型企业面临的税费压力、政策压力，是遏制他们持续投资的一个重要因素。宏观经济增长困难，地方政府面临的债务压力不断增大①。对于地方政府来说，解决债务问题的手段就是增加税费。一些地方政府在市场情况不好的情况下，反而增加税收②。这样的问题不得不引人深思。对于新型企业来说，他们还没有成长起来，在这种环境下，未来的运营风险必然很大。这种情况下，金融行业新型企业的融资需求将会不断增多，其融资难度也会加大。

新常态的特点很多，对于企业来说，他们在宏观经济新常态之下，所面临的问题核心就是压力大，转型的动力也大，因为不转型就是等死。他们的压力主要是成本增加和人才紧缺。这种情况对于所有企业都是存在的。在财务上，一家企业出现问题，其他企业必然跟着遭殃③。企业与企业之间在进行合作之时必须要进行一定的考察，考察的一个重要方面就是对方的盈利质量，以考察结果来确定未来合作企业能够抵抗住市场的风险，保证自身不受影响。

二、新常态下我国经济发展的特征

我国的新常态经济应从 2013 年开始计算，预计延续到 21 世纪中期。这个时期，我国社会将处于全面的深化改革时期。这个时期我国社会仍会坚持从经济建设入手，但是社会经济的发展将会逐渐转向共享。整个社会的发展目标不仅仅局限于发展，而是要实现可持续的发展，实现社会公平正义的发展。而在这个时期过后，我国社会将会进入后工业化时代，社会精神将会逐渐转向包容。人们对物质的占有欲望相对减弱，反而是更加追求生活质量与自我实现。

---

① 徐燕燕.地方政府总负债30万亿亟须打造我国版市政债[N].第一财经日报，2015－05－27.

② 网易新闻.第一季度驻马店市税收实现"开门红"[EB/OL].http://news.163.com/16/0411/11/BKC9342V00014AEE.html.

③ 顺丰光电曾受无锡尚德连累，股价一度跌破发行价。

当前,我国的新常态经济一个典型的特征就是全球化。我国必须直面全球化的挑战,这个挑战一方面来自于我国必须直面来自于其他各国的竞争,注意国际竞争的趋势,发展高端科技,并将其应用在工业发展之中。另一方面,我国必须同全球其他各国一起开展合作,解决全球性问题,实现各国的共同发展。

我国经济发展的新常态并非是凭空产生的,是我国经济持续发展的结果。在美国经济学家塞德希尔·穆来纳森和心理学家埃尔德·沙菲尔所著的《稀缺:我们是如何陷入贫困与忙碌的》一书中写道,"稀缺会俘获我们的注意力,并带来一点点好处:我们能够在应对迫切需求时,做得更好。但从长远的角度来看,我们的损失更大:我们会忽视其他需要关注的事项,在生活的其他方面变得不那么有成效"。[①] 按照这个逻辑,我国当前的新常态正是我国社会过去发展的结果。我国过去对 GDP 的过分关注导致对其他问题的忽视,必然要在新的"时期"补课。社会发展之中重要的是冷却浮躁的强迫心态,更加关注生态环境和社会发展的公平正义,让每一个社会公民能够平等共享经济发展的成果。

从以上的论述可以看出,在新时期,我国经济与社会发展的重点是如何实现经济的协调发展和公平发展。用一句讲了很多年的话来说,就是在注重经济发展效率的同时更加注重经济发展的质量与公平,实现整个社会的可持续发展。

三、经济发展新常态下我国的改革动力

经济新常态实际上是不断转型的新常态。不断转型实质上就是我国社会的全面深化改革。这一深化改革的过程中,我国经济社会的目标主要有三个方面,分别是稳增长、调结构、促改革。稳增长是社会发展的近期目标。我国还是存在着经济与社会的

---

① 杰弗里·萨克斯.文明的代价:回归繁荣之路[M].杭州:浙江大学出版社,2014,第86页.

发展压力,这种压力要求我国社会必须实现经济不断增长的目标。不论在什么时期,我国都要把稳定经济增长作为经济改革的一个重要目标来抓。过去如是,现在如是,将来亦如是。改革的动力就是要不断转变旧的生产关系,释放生产力发展的活力。调结构在宏观上就是要调整生产关系结构,具体来说,就是要调整产业结构。产业结构的调整要适应我国经济发展到一定水平以后人民不断增长的物质和精神需求,实现供给端与需求端的协调匹配。这也就是接下来要说的供给侧改革。促改革是稳增长和调结构的必然选择,也是其重要的实现方式。在促改革的推动下,稳增长与调结构才能得出一个协调的结果。

按照这样的"大逻辑",经济发展新常态下需要相适应的新体制和新机制,新常态下的改革动力将回归公共品逻辑,压缩制度"私地",最大限度地扩大和完善制度"公地"。全面深化改革的目标是国家治理体系和治理能力现代化,而不仅仅是经济体制改革的单兵突进。基本政策取向从效率优先、照顾公平、激励增长转变为以公平促进效率,以法治保障公平。形成统一开放、公平竞争、有序规范的市场机制,将取代以选择性突破、特殊政策和增长竞赛为基本特征的改革路径。因此,公共品逻辑的改革动力取代私人品逻辑的改革动力,是改革"常态"的新变化。

改革意愿可能产生的缘由有两种:法治精神与创新精神。前者基于"法从理出"的逻辑,即改革动因是形成"合理"的体制,需要"顶层设计",这样的逻辑一般倾向于"集权式改革"。后者基于"义利权衡"的逻辑,即改革动因是形成"有利"的体制,需要"群众欢迎",这样的逻辑更倾向"基层首创式改革"。当然,无论是源于法治精神的改革意愿还是源于创新精神的改革意愿,在改革推进时都需要有一定的共识基础,要在"合理"和"有利"两方面取得协调。所以在经济发展新常态中推进改革,既要有"壮士断腕"的决心和勇气,又要谨慎权衡得失,精心谋划,周全部署。

第一,在经济发展新常态下,由于经济增长方式的转变及增长速度的减缓,将发生一系列系统性的机制和利益关系变化。因此,改革推进必须平衡"生产导向"与"分配导向"的体制机理。其中最常见的就是"亲商"和"亲民"的政策权衡,以及鼓励竞争、激励先进与扶助弱势、保障底线的政策权衡。

第二,由于改革红利是改革动力的源泉,所以改革的实际效应应该直接体现为尽可能扩大改革红利的受益人群,减少改革代价的承受人群。改革红利应是具体和可感受的,而不是抽象和虚幻的,而且应有相当程度的获益及时性。从理论上说,只有当因改革受益所形成的社会动力明显大于因改革受损所形成的阻力时,改革的推进才具有可行性。即使是集权式改革,基于完全合理合法的原则,也必须充分考虑受益与受损的现实利益格局,改革路径即使没有"帕累托改进"的空间,即使无法做到在不使任何人受损的条件下使一些人受益,也应遵循利益动力正向性原则,即改革受益的正能量显著大于受损所致的负能量。

第三,审慎对待改革的第一次推动力机制所形成的利益格局,适当承认和保持可接受的既得利益,减少因显著不公平而获取的不可接受的既得利益,坚决遏制和制裁非法获利。反腐获得广泛和强烈的民意支持,是改革突破利益藩篱的强有力的正能量,而持续的民意支持还要基于使更多人从改革中获得可以直接感受到的切身利益。

第四,改革要积极推动政府、社会、市场关系向适应经济发展新常态的方向转变。尤其要使"父母官"心态和体制逐渐转变为政府真正承担"公仆"和"裁判员"职能的体制。经济新常态的发展动力基于释放市场和社会的活力,那么改革的动力也必须来源于让市场的微观主体和广大社会成员成为改革的积极推进者。当前,我们看到一些令人担忧的现象,在一些领域和单位,行政化倾向更趋强化,以"父母官"意识推进改革。改革的"顶层设计"和"规范行为"变成了由行政性系统主导的体制"灌输"(政策语言叫统一"贯彻"),市场和社会主体成为等待"改革"的被动接受者,改革变成了执行和落实"上级"意图。这是与经济新常态的改革动力逻辑直接相悖的。

第五,体制改革的公共品逻辑决定了改革的动力机制中需要有体现利益中性的"智库"和"第三方评估"机制。由于改革的具体举措必然涉及敏感的利益关系,通常还会有一定的副作用,因此,尽管在全局上充分合理,但也未必对所有的人都同样有利,甚至会不可避免地使一些人受损。所以,需要有相对超脱的"利益不相关方"或"利益非关联者"参与改革决策。这也是改革的第二级动力机制同第一级动力机制相区别的特点之一。

第六,经济发展新常态的一个显著特点是,逐步消除各种垄断现象,尤其是消除行政性垄断,从而形成公平竞争的市场机制,有效发挥市场在资源配置中的决定性作用。而要消除垄断,就必须有比垄断势力更强有力的改革力量。这种改革力量不可能仅仅来源于经济领域,因此,经济体制改革的成功必须基于各领域的全面深化改革,在涉及重大复杂利益的改革上,需要有"政治决定"的决断机制。

第二节　供给侧改革推动向高水平供需平衡跃进

从以上的分析可以看出,当前中国供需结构不平衡是经济发展的最大阻碍。住房、教育和医疗等方面无不显示着中国社会公民对高端产品与服务的渴求。然而,高端产品实现却存在明显的困难。中国低端制造业发展的惯性仍旧在引导着中国社会资本的流向。简单的扩大再生产模式制约了社会中创新能力的发展。因此,要实现中国社会的长期发展,必须要实现经济结构的调整,必须要实现科技的进步,必须要实现产业发展模式的创新。因此,我国社会经济的发展必须要改善供给侧。

在生产端来看,供给的核心本质是一个生产函数,引导着中国社会各项资源的投入,尤其是廉价要素的投入。因此,在供给侧改革来看,必须要通过改革的手段实现要素投入模式的转变。

一、供给侧改革的六"新"

（一）以制度创新引领改革

从我国过去改革的经验来看,制度创新是我国社会经济创新的基础。在新时期,制度创新就是要全面深化改革。"十三五"期间,我国要在按照完善和发展中国特色社会主义制度,推进国家治理体系和治理能力现代化的总目标要求下,健全市场在资源配置过程中的决定性作用,发挥政府的引导作用。从经济体制改革入手,加快完善我国社会各方面的发展机制,破除一切不利于科学发展的体制机制障碍,为发展提供持续动力。

（二）构建新模式、新组织、新业态

在制度创新的引导下,供给侧改革要落实到产业上,运用新的技术引导产业模式的不断变化,发展新的经济形势。从当前的技术应用情况来看,我国可以信息技术为推动力,带动各个产业的协同发展,不断推进基于互联网的产业组织和模式的创新。互联网近20年来的技术进步主要集中在消费领域,并进一步向生产与互联网迈进,包括智能制造和生产性服务。

在信息技术应用的推进过程中,一些重要的相关技术能够逐渐发展起来。这就是技术领域的协同效应。考虑到这个方面,我国将在宽带基础设施、IPV6、物联网、移动技术等关键领域大规模进行技术创新,提升国际规则制定过程中的话语权。基于这些技术发展起来的分享经济、大数据以及"双创"等重要应用技术的经济形式,将带来产业模式的大规模变革。"十三五"规划中就提到了这一方面。总之,技术经济的快速变革将会对各个行业产生深远的影响。

互联网技术带来经济发展快速变革就是一个典型案例。从过去的经验来看,互联网技术为不少行业的发展带来了很多便利,最为典型的就是零售业。以零售业为例,互联网使得消费者在购买商品的时候能够更加便捷地进行选择,同时商家借助互联网在成本、资源等方面也有一定的优势。零售行业的格局被互联网技术彻底打破。一些传统的零售行业,也开始借助互联网技术发展自己。例如,传统制造业的封闭生产,生产商和消费者之间存在角色上的割裂。然而在互联网出现以后,制造商能够和消费者对接,实现 C2M 的零售方式。图 1-1 是 C2M 的一种典型电子商务平台。在 C2M 的电子消费平台上,消费者能够和生产商直接对接,借助一些其他关键技术,消费者的一些重要信息可以反馈到生产商那里。这些关键技术就是大数据和云计算。

图 1-1　必要网的 C2M 电子商务平台

从生产商的角度来看,所谓大数据技术就是将消费者的偏好搜集起来,形成针对特定消费者的一系列模型,描述典型的消费者是如何选择的。在这些模型和数据的基础上,生产商能够获得消费者的一个典型图谱。这个图谱告诉生产商如何设计、如何生产甚至生产多少。如果生产商的计算能力不足,云计算技术则会帮忙。借助互联网络,生产商能够将闲置的计算能力收集起来,通过付费的形式利用这些计算服务,得到关键的数据。

从以上的分析得知,对于零售行业来说,生产商对新兴技术的利用将会逐渐改变零售的形式。信息技术将能够决定生产商究竟如何生产，甚至如何销售。大型的零售商必须要通过信息平台的形式实现转型。

（三）推出新技术、新产品

新技术、新产品则是搅乱平静发展社会经济"湖水"的一颗"石子"。这颗"石子"有可能很小，但是引起的波浪却很大。这种新技术、新产品的发展具有很高的不确定性。前文谈到的必要网就是一个典型的案例。必要网的模式具有非常明显的缺陷，这种模式省略掉了零售商，忽视了品牌商，直接来到生产商环节，而且生产的周期很长。在眼下的快时尚的消费模式影响下，这种商业模式是否能够站住脚就会产生很多疑惑。但是这种模式一旦成功以后，其能量也是不可忽略的。在这种模式之下，代工厂会逐渐发展成为品牌商，其工艺就代表了其品牌，必要网这类网站就会成为新型的渠道商。而传统意义的品牌商和零售商就会产生新的转变。不论必要网的结果如何，C2M的一股新风已经吹入社会经济的发展之中，C2M这种人们渴望的商业模式正在逐渐走入人们的生活。

对世界产生影响的技术和产品有很多。我国也正在利用"双创"这种模式推动这些技术和产品的繁衍，以推动我国技术创新的发展。在"双创"的引导下，我国现在有很多知名的创客空间。这些创客空间中已经呈现出了很多重要的技术创新和商业模式创新，给我国社会的发展带来了推动的力量。图1-2是毛大庆所主持的优客工场首页。

在优客工场之中，已经生产了许多值得让人高兴的产品，例如，技术创新中可以饮用的洗洁精、掌上心电图，商业模式创新中的网易严选。这些技术和商业模式创新正在逐渐发挥着它们改变世界的力量。

图1-2　优客工场首页

二、实施供给侧改革

供给侧改革要从政策层面落实到产业,落实到技术之中,不仅要进行技术创新,更为关键的是要实施政策改革。实施政策改革遇见的第一个问题就是从哪里开始改革。

在改革实施的过程中,第一步要做的就是进行产能的帕累托改进。所谓产能的帕累托改进,简单说就是降低企业产能。对于一个行业来说,过大的产能不仅困扰到了一个企业的发展,还对一个行业产生了阻碍。纾解企业产能一方面能够降低行业的供给数量,从而提升行业产出的价格,使企业有余力提升行业产品的质量。另一方面,去除行业产能则能够提升行业的社会地位,显示出行业在社会发展中的关键性作用。在去产能的这个环节中,政府要注意提高行政性垄断行业改革的效率,给更多企业以及个人的发展提供足够的空间,真正起到资源配置效率的帕累托改进。去产能的过程中要按照公平与效率的协同发展方式共同推进。

过去政府的经济刺激改革采取的是凯恩斯主义的模式,而且注重眼前经济局势的改革。然而,在生态环境不断被破坏的今天,这种模式已经不能起到作用了。当前要做的是必须通过创新和创业,实现供给侧效率与质量的提高,为全社会营造有利于创新的氛围。从当前的社会发展形势来说,我国至少需要在两个方面做出改进,一个是人口政策,另一个是土地政策。对人口政策进行改革,充分发挥我国的人力资源优势,革除城乡二元经济对立的现象。从土地政策进行改革,解决土地资源对我国农民的束缚,使得他们能够享受到国家经济发展之中的成果,发挥出8亿农民的创新积极性。从其他方面来看,供给侧改革的实施要围绕下面五个方面展开。

第一,推动企业进行技术创新,进一步解放人力,同时也缓解劳动资源短缺的问题。

第二,抓住体制改革这条线索,为社会发展清除阻力,使整个社会获得进一步的发展。

第三,进行金融制度改革,降低我国企业的融资成本,解决他们的融资问题。

第四,进行政府角色改革,变行政政府为服务政府,提升政府在经济发展中的作用。

第五,推进国家治理模式的改革,继续深入转变过去人治政府的形象,提高我国依法治国的能力。

三、供给侧改革对经济运行的风险

(一)产能和国民收入的风险

从生产的角度来看,供给侧改革将激发农业改革的消费倾向,进一步提升第三产业在经济中的比重。同时,第二产业中传统工业部门的占比将呈现出明显的收缩。去产能的行动可能会引发产业的地震。在这个过程中,必须要坚持基本经济制度,引导社会发展的心理预期,重视企业家在产能引导中的作用,着力营造扶商、安商、惠商的良好市场环境。

针对去产能活动引发的产业资源过剩,可以采用向服务业引导的方法。这样做一方面能够维持经济增长的速度,另一方面则能够提供就业岗位。站在服务供给的角度看,政府可以适当引导企业提供高端服务,解决资源引导过程中服务质量差的问题。与国外相比,我国服务业的发展还明显落后,尤其是高端服务业发展的落后。解决这个问题,一方面要不断提升服务质量,另一方面要实现服务产品多元化,使问题解决的更加专业。

供给侧的结果是收入蛋糕的再次分配。去产能以后,一部分企业固定资产折旧短期内迅速上升,长期逐渐下降,企业盈余占比上升,劳动力也会因此跨地域、跨部门流转,企业的人力资源成本也会逐渐上升。

总体来说,供给侧改革会对生产结构的调整产生直接作用,短期内一部分行业会存在阵痛,但是从长期来看,对于行业的发展则是明显利好。

(二)就业状况

在供给侧改革之下,国民经济中的就业会面对以下这些方面的风险。

首先,传统制造业的调整会加剧就业风险。在产业结构的调整中,国企将失去产能的主要承担者。然而,一个重要的事实是各类企业中国企有较高的资产负债率、较低的资产周转率和主营收入利润率。在去产能的影响下,国有企业的盈利能力会进一步下降,产能的持续淘汰有可能造成国有企业员工的下岗。

其次,服务业会在产能大发展的过程中产生大量的就业岗位。在产能调整的过程中,服务业会逐渐成为推动经济发展的重要动力。总体上看,服务业的岗位数量会逐渐增加,有利于遏制供给侧改革以后国有企业破产带来的阵痛。

总的来说,供给侧改革会产生一定的就业风险。如果采取妥善的措施,有效引导就业人口的产业转移,这种就业风险就会逐渐被化解。但是,从短期看,为了社会发展稳定,执政者必须要重视就业风险,采取教育和引导方式推动就业人口转移。

（三）金融风险

供给侧改革对于企业发展来说意味着多个方面的压缩,同时也意味着企业杠杆率的持续下降。户籍制度改革则意味着居民部门杠杆率的下降。减税降费和财政支出提升意味着政府部门的杠杆率大幅上升。然而防范化解金融风险和企业降低财务成本意味着金融部门杠杆率将缓慢上升。供给侧改革降低过剩产能,可以有效消除一些僵尸企业,同时也有助于创新企业的发展。从这个角度看,资本市场的风险则会不断降低。不过从总体上看,供给侧改革将有助于降低宏观经济的运行风险。

四、供给侧改革中应注意的问题

总体上看,供给侧改革过程中有许多问题必须要进行风险把控。国家要稳定的是整个宏观经济,供给侧只是其中的一个方面。为了社会风险的持续稳定,我国在进行供给侧改革的过程中必须要注意不能忽视需求侧的作用,仍旧要持续挖掘需求侧对我国经济运行的重要意义。注意供给侧和需求侧的问题,目标是要实现供给和需求的协调与匹配。在解决这个问题的时候,政府必须要注意发挥两只手的作用,重点是市场经济这只手。政府要按照依法治国的要求,对市场中出现垄断的行为进行管理和处罚,治理市场经济运行中的违规现象。市场经济和政府管理的作用是实现资源的最佳配置。为了达到这个目的,鉴于当前我国社会经济的运行现状,首先要进行政府职能机构的改革,转变政府的职能,建立一个与社会主义市场经济体制更加适应的政府。政府要更加高效的对市场经济活动进行管理,从过去的行政手段转变为经济手段和法律手段,为社会经济的运行创造良好的环境。

此外,对于整个社会来说,改革是一项冒险的实验。整个社会要对改革更加宽容,更加有耐心。一旦出现任何问题,社会应关注如何去解决这些问题,而不是否定过去的成果。

第二章 中小企业在我国经济
发展中的作用

中小企业的存在由来已久,是社会经济发展中一支具有特殊地位的经济力量。中小企业数目极大,在社会经济体之中所占比重相当高。自 20 世纪 90 年代以来,几乎所有发达国家的中小企业都出现了高速发展的势头。因此,对中小企业的大量存在与发展这个具有普遍性的国际规律给予足够的重视,也就成为一件具有重要意义的事情。

第一节 中小企业的特征概述

一、中小企业的界定

中小企业是企业规模形态的概念。一方面它具有决定自身本质的内在的质的规定性,另一方面也有量的界线。前者属于内涵的范畴,后者则是外延的表象。因此,对于中小企业,一般就是从这两方面进行界定的。

(一)中小企业的内涵

所谓中小企业的内涵,就是最能反映中小企业本质特征的理论表述,也就是人们通常所说的定性。目前,人们从理论上为中小企业定性,论据很多、指标也很多,但概括起来,基本上是以表征企业经营本质的指标，即质的指标作为划分标准。如企业的独立性、所有权与经营权的一体化、人格化管理、家族经营、经营者对劳动过程的直接参与、自主决策的程度等方面。因此，大企业的分支企业从内涵的界定来看，还是不属于中小企业范围的。

（二）中小企业的外延

此处所说的中小企业外延，实质上是企业规模划分的数量界线。世界上通行的界定标准大致可分为三种：一是实收资本；二是经营额（生产销售能力）；三是从业人数。对此后面将有详细论述。

二、中小企业的分类

科学的分类有利于我们正确认识和分析中小企业的形成和发展规律，也有利于我们认识和探讨中小企业的改革和发展方向。依据不同标准，可以将中小企业分为多种类型，下面讨论几种主要的分类。

（一）按所有制形式分类

按所有制形式分类可分成国有中小企业、集体中小企业和私有中小企业。1993 年，我国中小型工业企业占独立核算企业总数的 15.1％，工业总产值的 25.3％；2015 年上述比重为 97.4％和 64.5％。目前私有中小企业在零售、餐饮等行业中比重较高，而工业中的私有中小企业比重较小。在此我们重点考察国有中小企业和集体中小企业，特别是工业行业的中小企业。

（二）按与大型企业的关系分类

按与大型企业的关系分类可分为独立型中小企业、互补型中小企业、替代型中小企业和竞争型中小企业。

1.独立型中小企业

这类中小企业的运行基本上是与大型企业并行的,不与大型企业竞争原料、劳动力和市场,也不依赖大型企业的资本和技术支持。这类中小企业多见于新兴行业,如电脑行业、无线通信行业、电脑软件业和玩具业等。

2.互补型中小企业

这类中小企业是大型企业分工体系中的一个环节,专门为大型企业提供原料或中间产品、生产零部件、代理大型企业提供的产品销售。这类中小企业一般具有某种特殊优势,比企业自主自营的成本要低。像有些中小企业本身具有技术优势,生产某种配套产品的专业化程度高;或者具有地理优势,离原料产地和销售市场近;或者具有劳动力成本优势,所在地的工资水平低等。

3.替代型中小企业

大型企业根据自身战略发展的需要退出一部分市场或一些经营领域,而由这类中小企业去填补这些空缺,以这些领域作为其生存和发展的条件和基础。这多见于一些传统行业,如服装、纺织等行业。

4.竞争型中小企业

这类中小企业与大型企业在原料、劳动力、技术和市场等方面是一种竞争关系。由于国有大中型企业存在许多问题和困难,使一些中小型企业敢于向大企业挑战。加上地方政府的鼓励和扶持或外资的帮助,降低了进入成本,使它们有能力进入大中型企业所在的行业。这些行业的范围很广,大到银行业、钢铁业和汽车业,小到零售业和餐饮业。

(三)按照所在产业分类

按产业特征分类可分为第一产业的中小企业、第二产业的中小企业和第三产业的中小企业。现在也有一种说法把与信息、知识相关的产品和服务称为第四产业,相应地也就会有第四产业的中小企业。这种分类主要强调三次产业之间的关系,对中小企业的分布和特点的考察和分析有一定意义。目前,我国三次产业的中小企业都有发展,第三产业的中小企业发展较快。

(四)按生产要素特征分类

按生产要素特征分类可分为技术密集型中小企业、劳动密集型中小企业和知识密集型中小企业。我国目前的情况是,劳动密集型中小企业占主体,知识密集型中小企业发展迅速较快,特别是以信息收集、处理为主要特征的咨询服务业发展迅速,中小企业成为这些行业的产品或服务的主要提供者。技术密集型中小企业也有一定的发展,特别是全国各地经济技术开发区和高新技术产业园为各地培育了一批技术密集型中小企业。

(五)按产业进化程度分类

按产业进化程度分类可分为先导产业的中小企业、新兴(朝阳)产业的中小企业、成熟产业的中小企业和衰退(夕阳)产业的中小企业。对产业分布和发展前景的认识对制定中小企业的行业政策具有实际价值。先导产业的中小企业往往处于发展修正之中,急需产业扶持。新兴产业的中小企业往往处于大发展中,需要规范、引导和扶持。成熟产业的中小企业则需要引导和调整。衰退产业的中小企业则需要退出和转移帮助。

对中小企业的科学分类可以发挥以下重要作用。

摸清中小企业在整个国民经济中的真正地位。如果分类标准不明确、不能反映中小企业的真正特征,我们就可能得不到有效的统计数据,或者统计数据不能反映中小企业的真实水平。有的分类标准遗漏了一部分中小企业的某些成分,这样得到的统计数据肯定要比真实情况低,如果分类有重叠,则我们就可能高估中小企业的发展水平。这样对制订政策不利。

找准中小企业发展的困难和问题。我国中小企业存在的问题并不都是全局性的,有些问题只存在于中小企业中的一个特定部分,这就需要我们对中小企业进行科学的分类,对不同类别的中小企业存在的问题制定不同的解决办法。我们不能笼统地说中小企业的效益差,因为许多乡镇、民营的中小企业效益还是很好的。高科技中小企业的经营有高风险特征,外向型中小企业受国家政策的影响大。根据我们的分类很容易看出和认准这些问题。

促进中小企业的发展。科学的分类便于认清中小企业的症状所在,这就为解决中小企业存在的问题、探索中小企业的发展道路提供了坚实的基础,进而提出有针对性的解决对策,促进中小企业走上正常的轨道。

三、中小企业的形式及特点

企业一般采用三种法律形式,即业主制、合伙制和股份制。与大企业相比,中小企业有其独特的特点。

(一)中小企业的法律形式

西方企业的所有制形式一般通过法律条款加以明确规定,这就是企业的法律形态,也就是企业的资产所有制形式在法律上的确认。这些形态是在几百年来的经济发展中形成的。这三种形式的企业占企业总数的 95% 以上,此外,还有几种变形形式(如有限合伙企业、S 型股份公司、专业公司短期合伙等)。这种主要企业形式在英、美各有不同的比重。据英国 1990 年增值税登记资料,单一业主制企业占 41.1%,合伙经营制企业占 27.1%,有限公司占 29.9%,其他形式企业占 1.9%。

西方国家企业在选择企业的法律形式时,主要考虑企业的税收负担、承担债务的责任、资金筹措的方便、投资者对企业的控制、企业经营目标、所有权的转移、费用等几个方面。从发达国家美、英、德等国企业的法律形式看，三种主要企业的法律形式各有其特点，在选择企业的法律形式时，可根据企业的战略目标和企业条件，全面衡量做出选择。

对企业法律形式的选择取决于经济发展的水平。同时，在一定的经济发展阶段，不同的企业法律形式可以并存，经济发展水平的高低可通过各种企业规模的大小反映出来，因此法律形式与企业规模有一定的关系，但不是一一对应关系。一般大企业选择公司制，中小企业有相当一部分也选择公司制。然而，按照我国现行的公司法，中小企业有很大一部分是属于公司制的，这主要由有限公司组成。因为我国目前的企业一部分由国有独资改制成有限责任公司和股份有限公司，一部分是1994年依照新的公司登记制度成立的有限责任公司。其他形式目前似乎还没有规范。

（二）中小企业的特征

1. 生产规模小

中小企业由于资本存量水平低，资信程度不高，筹措资金也相对困难，因此生产规模扩张缓慢，技术创新活动能力弱，在花色品种、质量、标准化程度和技术含量等方面都难以与大型企业相比，生产规模相对较小。然而近几年来，技术方面的变化令人瞩目，一些高新技术中小企业办出了特色，技术含量大为提高。在美国硅谷和各地高新技术产业的中小企业，尽管生产规模不大，从业人员少，但其技术含量不低，有些还在纳斯达克或其他二板市场上市。

2. 经营方式灵活多样

中小企业有投入少、见效快的特点，其经营范围宽和经营项目丰富，经营体制灵活。当经济波动时，有"船小好掉头"的优势，能跟上时代步伐，很快转向，适应市场的快速变化，比管理层次多、组织结构复杂的大型企业更具快速反应优势。

3.竞争力弱，寿命短，停业破产率较高

当然，中小企业"船小好掉头"是优势，但真正在经营中要取得有利地位，还需"船大好冲浪"的大型企业。美国每年有60万家中小企业注册，但其中30万家只能经营一年半，能维持经营10年的不到一成。

（三）中小企业的其他问题

如前所述，在大部分发达国家中，中小企业采取的法律形式主要有三种，即：单一业主，通常完全由一个人出资经营；合伙经营，由两个人或多个人共同出资经营；有限公司，公司所有权被若干持股人拥有，从理论上说，这些股东对公司拥有控制和指导的权力。合作经营是企业的第四种法律形式，但用得不多。有些国家的中小企业采取这种组织形式。三种主要的企业组织形式占所有企业总数的95%以上。

1.单一业主形式

单一业主这种形式的优点是不要求非常正式的结构和程序。如果不想做增值税登记，可以不保留任何经营记录。公司账目不要求进行审计，公司的财务信息也不必到公司登记处（Companies House）备案。作为单一业主，法律对业主本人的和企业的不加区分。企业是主人财产的一部分，就像他的汽车和住房一样。因此，如果经营失败，债权人不仅可以要求业主用企业的财产还债，也可以要求业主在破产法允许的范围内用个人财产抵债（破产法规定破产者可以为自己和家庭保留一些最基本的生活必需品）。

为了避免这种最坏的情况发生，可以从法律上将个人财产划归自己的配偶所有，因为债权人无权要求用这部分财产偿债（财产转移时必须具有偿还能力，而且只有在企业出现危机之前至少2年以上转移的财产才能受到保护）。这种财产的转移必须是绝

对转移,也就是说,配偶对这笔财产可以随意处置。

经营企业所需的资本只能来自业主个人所有或贷款,不能筹集无风险从而十分诱人的股份资本。

其优点主要有以下几点。

(1)容易组建,起步规模可以很小,甚至可以在家里开始做起。(2)便于控制、自主决策。可以随自己的意愿按照个人的方式开展经营。(3)税收优惠。(4)不必对外公开任何信息。(5)不同领域的利润或损失可以互相冲抵,包括以前的所得税预扣。

其缺点主要有以下几点。

(1)负无限责任。如果破产,债权人有权索取和出售企业财产和业主个人的物品以抵债。(2)盈利能力有限。(3)资金来源有限。(4)依靠业主个人的管理才能。(5)企业寿命不确定。

2.合伙经营形式

多数国家对单一业主的法律规定大体相同。一些国家在某些特定方面有不同的具体规定。例如,在法国的现行企业以单一业主形式出现的,这些企业可能是夫妇俩共同负债的。但是在英国,夫妇二人共同经营的企业却需要按合伙制或有限责任公司方式进行组织。

合伙经营关系实际上是一种单一业主联合,通过这种组织方式共同承担与个人财产相关联的法律责任。对建立合伙企业几乎没有什么限制,但是合伙关系肯定能给合伙人带来许多好处。建立合伙企业后,几个人的资源集中在一起,资本更加雄厚;合伙人可以将各自不同的经营技巧带入企业;个别人生病或临时有事并不会影响企业运营。

必须指出,合伙制有两个比较严重的缺点。首先,如果一个合伙人经营中犯了错误,比如签订了一份后果极坏的合同,那么,不论其他合伙人是否同意或了解合同的签订,所有的合伙人都必须为此负责。在这种情况下,个人财产有可能被拿去抵债,尽管那份错误的合同可能与个人毫无关系。其次,当合伙人因某种原因破产时,他的债主有权取得他在合伙企业中的份额。作为单独的个人,你没有为合伙人私人债务负责的义务,但是,短期内赎回他的份额可能导致其他合伙人或他们的企业财务上的困难。甚至死亡也不能免除合伙人对合伙的关系和义务,在有些情况下,去世合伙人的遗产有可能被扣住用于清还债务。

与单一制经营相比,合伙制企业能够有较多的启动资金,不同的合伙人之间可以互相增强信心,并能够分担责任;合伙人之间可以形成技能互补,如某一合伙者专长于某种技术,另一合伙者具有管理天赋,还有人善于理财,以及提出新思路等。

其优点主要有以下几点。

(1)易于组建,税收优惠。建立企业不需要履行正式手续(但合伙人间最好签订一份合伙约书)。(2)与自己独自经营一个企业相比,不会有那种孤独的感觉。(3)有保密性,不必向公众公布公司账目。(4)可以获得较多的启动资金。(5)与有限公司相比,资本、经营范围等不受限制。(6)资本构成变化时,企业仍可运营。

其缺点主要有以下几点。

(1)不论是谁的过失,每个合伙人都对公司的债务负责。(2)可能发生合伙人之间的个人冲突。(3)缺乏明确的管理责任制。合伙是一种常见的企业形式,但是不同国家对这种形式的规定可能略有差别。

3.有限公司形式

在我国有限公司分为有限责任公司和股份有限公司两种,有限责任公司,顾名思义,意味着成员对公司的责任只限于以股份形式投入的资本。根据《公司法》,注册的企业是单独的法律实体,与股东董事和管理人员相分离。股东责任限于已付或已认购待付的股份资本,公司有无限的生命,但是《公司法》对这种企业形式有许多限制。公司必须保存有关账目,必须任命审计师,必须向公司登记处备案公司年报。公司年报中包括财务报告、董事会组成及董事个人情况以及各种抵押的细节等。

有限责任公司的优点有：

（1）公司成员（董事和股东）的财务责任仅限于所支付的股份资本。（2）有明确规定的管理结构，董事的任命、解雇和退休均有章可循。（3）需要额外资本时，可以通过出售股份的方式等筹资。（4）便于接纳更多的成员。（5）容易安排转让企业或企业的一部分。

有限责任公司的缺点有：

（1）公司的所有细节必须对公众公开，企业无私密可言。若不如实报告则要受到惩罚。（2）组建费用可能会比较高。（3）作为董事，被看作公司雇员，因此须按所得税预扣法从薪金中扣交所得税，相当于双重纳税。

对封闭有限责任公司的要求：

（1）注册名称。公司名称后面必须跟有"有限（limited）"字样或其缩写"Ltd"。公司登记处要对所起名称进行审查以保证不与现有公司重名（或非常接近）。此外，公司命名不能使用冒犯他人或违法的用语，一些特定的词语（如"学院""国际"等）只能在符合特定的条件时才能使用。企业所有的办公地点和房产必须在明显位置标示出来。

（2）注册办公地址。这个地址不一定是企业开展经营活动之处。通常将企业法律顾问或会计师的地址作为公司的注册办公地点。这个地址将用于所有的官方通信。目前欧盟规定，在公司办公地应有明显的公司名称标示。

（3）股东。至少要有两位股东（也称作公司或持股人）。至少要有一名董事和一名单独的公司秘书。在一些小公司里，这两个职务通常由两位股东担任（常常是夫妇俩），但董事和秘书并不要求一定是股东。封闭公司最多允许有 50 个股东。

（4）股东资本。公司建立时必须确定名义资本，并将其划分为固定的份数。

（5）组织大纲（Memorandum of Association）。这是公司的基

本章程。组织大纲中要说明公司名称、公司办公地点,指明公司为有限责任制,尤其重要的是要写清楚建立公司的目的。从政府方面讲,公司只能在这个文件中公司目的条款下所列的领域从事经营活动,改变经营领域须经 75% 的成员同意,但在实践中这一条都列得尽可能的宽。值得注意的是,董事将对此条款规定之外公司的经营活动负个人责任。公司组织大纲必须由至少两位创始股东签署。

(6)公司章程(Articles of Association)。这份文件包括公司的内部制度规定,如公司与股东的关系、股东之间的关系。公司章程必须经创始股东签字。

(7)营业执照。由公司登记处审查公司名称和组织大纲后签发。取得这份文件后,公司就在法律上被认可,并可以从事经营活动了。

(8)审计师。每个公司必须任命一位有资格的审计师。审计师的职责是向财务主管报告公司账目是否保管完好,资产负债表和损益表是否真实地反映现状、是否合乎公司法有关规定。

(9)会计。公司法对企业的账目管理有严格的规定。每个公司必须维护一系列的记录,以一定的精确程度表明企业任何时刻的财务状况。会计报告包括审计的损益表、资产负债表,并附有审计师和董事会的说明。

(10)其他资料。除了会计账目外,公司还必须保管和维护成员登记、股份底账、董事及公司秘书登记、股份转移记录、董事持股或欠款登记、收费记录、债权人登记、股票发行登记以及会议记录等。这些记录都记在一个本子里。如果收购一个现有公司,则这些记录都应该已经存在。

第二节　中小企业在我国经济发展中的地位和作用

中小企业是推动国民经济发展、构成市场经济主体、促进社会稳定的基础力量,在经济社会发展中发挥着极其重要的作用,占有极其重要的地位。改革开放以来,我国中小企业得到了快速发展,在国民经济中占据"半壁江山",为扩大就业、拉动民间投资、推进技术创新、优化经济结构、促进公平竞争、活跃市场、扩大内需做出了巨大贡献。在现阶段,如何重新认识我国中小企业发展的地位、作用、新环境,对促进中小企业科学发展具有重要意义。

一、中小企业在我国的发展现状

(一)中小企业是国民经济发展的生力军

中小企业作为市场竞争主体,量大面广,分布在国民经济各个领域,反映了经济分散化、多样化性质的内在要求,是我国国民经济发展的重要力量。近五年来,我国中小企业快速发展,2010年的1 023万户,增长至2015年的2 168.4万户。中小企业创造了全国60％的GDP,贡献了全国50％以上的税收,提供了80％的城镇就业岗位,在县域经济发展中,提供了地方政府80％的财政收入来源。

(二)中小企业是就业再就业的主渠道

中小企业是吸纳就业和再就业人员的蓄水池,对扩大就业,提高居民收入,培育中产阶级,促进社会稳定有重要作用,是国家长治久安的根本保证。多数中小企业属劳动密集型企业,中小企业从业人员在全部从业人员中占有很高比重。2015年前三季度,中小企业提供了近80％的城镇就业岗位;2015年末,全国规模以上工业中小企业从业人员6 223.9万人。

(三)中小企业是创新的重要力量

许多人把中小企业与落后生产方式等同,这是一种片面的看法。事实上,中小企业在技术进步中发挥着重大作用,是推动科技创新和实现成果转化的重要源泉,具有更强的创新能力。中小企业分布广、业务多、更加接近市场和直接面对消费者,如果要想获得超额利润只能依靠创新,并且其创新具有多样性和广泛性。事实也证明如此,以美国为例,从 20 世纪初到 70 年代,美国中小企业技术创新成果在数量上占到全美国的 55% 以上,进入 20 世纪 90 年代以后,大约 70% 的科技和制度创新是由中小企业完成的,中小企业的人均发明是跨国公司的 2.5 倍。20 世纪的一些重大技术创新成果,如个人电脑、光扫描器、录音机、速冻食品等都是由中小企业发明的。我国中小高新技术企业也是名副其实的创新生力军,70% 以上的高新技术企业、国家级高新区中 70% 以上的企业是中小企业,65% 以上的发明、75% 以上的技术创新、80% 以上的新产品是由中小企业完成的。

(四)中小企业促进了我国所有制结构多元化

改革开放以来,我国所有制经济关系不断调整,形成了"以公有制经济为主体,多种经济成分共同发展"的格局。我国个体私营企业主要是中小企业,多种经济成分并存的政策,使中小企业获得了发展机遇。我国所有制结构多元化发展较快的地区,也往往都是中小企业发展较快的地区,在经济发达地区表现尤为明显,有效地形成了大企业与中小企业互相促进、共同发展的局面,使经济发展更富有效率和活力。现代市场经济的不完全竞争状态,是中小企业生存和发展的深刻经济根源。我们要建立起市场经济体制和市场经济体系,就要鼓励、支持、引导中小企业健康快速地发展起来。实践证明,在市场经济体系中,只有中小企业占主体,才能形成多元化的利益主体,从而展开有效的市场竞争,才能算是真正的市场经济。随着我国社会主义市场经济体制的逐步成熟和完善,必然大量创造中小企业存在与发展的空间。

(五)中小企业是经济结构调整的担当者

现代市场经济运行,具有需求多样化、生产系列化、市场细分化和产品差异性的特点,现代经济增长过程中经济结构变化速度加快,要求企业应具备较快的更新产品和转变产品结构的能力。大型企业以规模经济为特征,面对经济结构及产品结构的多变性,快速调整常常出现困境;而中小企业特别是对那些中低经济规模壁垒的产品,能以小规模分散的形式满足市场需求。无论何种市场中,仅依靠大企业的垄断是无法满足不断扩张的消费者需求的。中小企业对市场变化适应性强,在经济结构调整或者经济不景气时,能起到促进经济增长作用,能适应经济结构调整,而成为经济结构调整的担当者。尤其在知识经济时代,中小企业具有不可替代的生力军作用。

二、政府扶持战略与中小企业发展

市场经济条件下,政府主要依靠执行法律法规和制定落实政策工具两大手段来对中小企业进行管理。从总体上看,适用于中小企业的各项政策一般会和法律法规配合使用,两者相辅相成。不过,它们的侧重点是不同的。法律法规是具有普遍适用性的规约手段,它一般根据国家宏观经济在发展方向、发展目标、经济增长方式等宏观经济目标来定位、规范和管理中小企业的各种问题,从而向中小企业提供权利保护和义务履行的双向身份认定。政府的各种政策工具一般必须符合法律法规的原则和精神,相对法律而言,它着眼于在一定的经济周期和经济运行方式中,根据国家宏观经济调控的要求以及市场经济发展的现状对政策对象进行要求或支持。它一般通过政府制定的各种产业政策和社会化服务体系等,影响中小企业的产业分布格局和产品结构,从而规范中小企业的发展路径、发展规模,引导和扶持中小企业的良性发展。就目前中国的实际来看,政府政策对中小企业发展的作用主要表现在以下几个方面。

(一)政府扶持战略为中小企业的可持续发展创造经济奥机

政策工具的制定者是各级政府及主管部门,政策的制定、落实、贯彻执行等都是由政府来实施的，因此，政府在政策的作用发挥方面具有极大的主动性和实际效力。近年来，政府把加强中小企业发展作为经济工作中的一项重要任务来抓，在不断落实各项法律法规的同时，相继出台了《关于鼓励支持和引导个体私营等非公有制经济发展意见》等多项鼓励中小企业发展政策，促进了中小企业加速发展，大大释放了民间投资潜能，中小企业经济进入快速增长的黄金期。

虽然从总体上看，经济政策对我国中小企业的发展提供了巨大的支持，但仍存在许多问题。例如，在发展中小企业方面，政策缺乏创新性，只注重对当前政策进行解释；在执行和实施中小企业有关法律法规时，缺乏一系列强有力的配套措施来保证这些法律法规的顺利实施，导致中小企业在某些方面仍不同程度地得不到真正的国民待遇，从而使中小企业发展受到了影响。具体表现在以下几个方面。

一是传统的思想观念对中小企业的认识问题。主要表现在，目前社会上仍有部分人用传统的思想观念看待中小企业，轻视中小企业的发展。在贯彻和落实政策措施时，人为设置障碍，约束中小企业的发展。

二是市场准入壁垒的存在。公平竞争的市场秩序是中小企业参与市场经济的前提条件。目前，虽然各级政府在市场准入的原则上已达成共识，市场准入的范围在逐渐扩大，但仍有一些市场准入壁垒存在。如目前中小企业主要集中于商业、餐饮业、手工业、建筑业等行业，而在基础建设领域以及金融、通信、教育和医疗等热点行业，中小企业就很难进入。

三是税费负担过重的问题。各种名目繁多的税费制约了中小企业的进一步发展。近年来，政府为了发展中小企业在税费制度改革上取得了一定的成效。但在税收方面，对中小企业的税费征收管理还有不够规范的地方。比如，税收优惠政策缺乏系统性和配套性；税费收缴的透明度不高等。

四是中小企业的优惠政策尚待完善的问题。与大型企业相比,中小企业在政策上处于相对弱势。市场经济要求公平、平等的经济环境,各类市场主体能够平等的竞争。但是,在现实中中小企业与大型国有企业的竞争产生较大利益冲突时,国家政策采取的措施往往是首先维护大型国有企业的利益;在同外资经济竞争中,地方政府为了更多的引进外资,会出台一系列对外资企业优惠的投资政策,从而使得中小企业处于劣势地位。可见,政府在进一步发展中小企业的问题上,应该对政策性因素导致的中小企业经营不利的局面采取积极的措施,为其提供平等竞争的基础和平台。

(二)政府扶持战略是中小企业良性发展的重要支撑

中小企业是随着我国市场经济体制的建立而逐步发展起来的。20世纪90年代,社会主义市场经济体制的目标建立后,以法律为基础的体制框架逐步构筑完善,为中小企业的发展提供了良好的外部条件。

中国的中小企业是在法律法规等环境因素下产生、形成和发展起来的。从限制中小企业到逐步发展,再到党的十六大后的创新实践,法律法规等外部环境在很大程度上影响了中小企业的成长。中国中小企业的竞争力培育需要外部环境,特别是法律法规环境的支持和推动。目前,中小企业法律法规建设在逐步完善,国家相继制定了多部规范市场主体行为的法律,如《公司法》《商业银行法》等;规范市场基本关系的法律,如《合同法》《信托法》等;规范市场竞争秩序的法律,如《反垄断法》《反不正当竞争法》《反倾销法》等。

2002年6月29日,《中华人民共和国中小企业促进法》由中华人民共和国第九届全国人民代表大会常务委员会第二十八次会议通过,自2003年1月1日起施行。这是我国第一部关于中小企业的专门法律。该法以立法的形式确立了中小企业在国民经济中的法律地位,明确了从五个方面改善中小企业的经营环境:一是加大资金支持;二是提供创业扶持;三是推进技术创新,促进科技成果产业化；四是大力开拓市场；五是发展社会服务。它标志着我国促进中小企业的发展正式走上法制化轨道，将为中小企业的创立和发展创造更加有利的环境。

我们也应当清楚地认识到，一方面，中小企业要求政府创造条件加快发展步伐；另一方面，政府在扶持中小企业发展的过程中却面临着许多现实的挑战。目前法制建设方面的问题主要表现在缺乏健全的法制体系，各种市场法规的制定尚不完善，法律法规过于笼统，解释空间过大，造成执法难，存在以部门、地方条规否定国家法律的现象，既没有形成一个健全的市场法规体系，也欠缺一定的应变性，难以适应变化了的市场状况。

政府是主要的市场管理者。政府管理中小企业不仅通过自身制定的各项政策，还必须贯彻落实国家制定的各项法律法规。就目前的状况来看，主要表现在以下几个方面：首先，一些地方制定的部分政策存在着与相关法律法规的原则和精神矛盾的地方，某些政府还以地方性的政策来代替法律法规。造成某些地方的中小企业无法享受到相关法律的权利。这需要政府调整政策的制定和实施，严格按照国家立法机关制定的法律法规对中小企业进行依法管理。其次，政府在依法管理中小企业过程中的执行力和主动性还有待提高，国家有关中小企业的法律法规是根据中小企业的发展状况来制定和颁布的。虽然，目前中小企业法律法规还有待完善，但是，政府作为市场重要的管理者，依法管理中小企业，是中小企业取得发展的重要保障。

总之，中小企业的发展规则是由市场规则和法律规则确立的，政府是这两项规则的调控者、监督者、运用者和管理者，如何运用这些规则来管理中小企业，关系到中小企业在市场竞争中是否能够享有法律所赋予的各项权利的重要保障。

（三）政府管理职能的转变为中小企业发展注入活力

政府对中小企业管理职能的转变是要由控制型向服务型转变。它能够为中小企业的发展提供基础性的平台保障，是中小企业进一步发展的活力源泉。

市场经济要求政府的职能应主要向宏观调控、金融监管、经济调节、市场监管、社会管理、公共服务等方向转变,提高公共服务水平和经济管制能力。具体表现在以下三个方面。

(1)要集中解决政府在管理经济职能中出现的"越位""错位"和"缺位"问题。政府要重点解决"三位"问题,基本原则就是要"越位"回归原位,"越位"要纠正,"缺位"要加强、补充。具体来说,政府在管理经济的过程中,首先应该让市场发挥作用,而不是直接干预经济的发展;其次是要政府找准自己的位置,科学、规范地调整政府的职能;再次是政府应该不断改进管理方式,提高行政效率,降低行政成本,形成行为规范、运转协调、公正透明、廉洁高效的行政管理体制。

(2)政府要杜绝监管不到位和过度监管现象并存的问题。这两者的并存关系影响了企业的运行效率,企业不能形成明确而稳定的预期。政府应减少对经济的直接干预,通过市场有效地配置资源。转变政府职能首先要改变政府的多重角色定位。此外,要弱化政府在私人产品提供方面的职能,强化其在公共产品提供方面的职能,政府不但要在管理方式上实现一个大的转变,相应地要在机构设置上做出调整。

(3)政府部门应改善工作效率和服务质量,说明中小企业降低生产成本,提高经营效益。但是,现实中许多中小企业却承担了过高的社会负担,增加了企业的生产成本,降低了企业的经营效益。因此,规范对中小企业的收费项目和收费标准,刻不容缓。

(四)政府扶持为企业技术进步和创新提供了强大动力

近年来,我国在培育中小企业技术创新能力和技术创新载体建设方面做了大量的工作,有效地促进了中小企业整体技术创新能力的提高。在资金支持方面,《中小企业促进法》规定,在中央财政预算内设立中小企业科目,安排扶持中小企业发展专项资金。

政府的技术创新政策支持体系主要是围绕资金支持、技术支持、人才支持和信息支持四个方面，开展组织机构设立，科技、金融、税收、服务、孵化器等政策的制定和实施。但是，政策向导尚不够明确，有的只是传统政策的延伸；政策系统性、配套性，在实际的执行中效果并不是特别理想。这些是下一步工作的重点。

（五）政府的长远发展规划保证了中小企业的协调发展

中小企业是国民经济的重要组成部分，加强中小企业发展的统筹协调工作，对于中小企业乃至整个国民经济发展都有重要意义。中小企业的协调工作主要包括两个方面：一是中小企业发展与整个国民经济发展的协调。二是做好中小企业内部发展的统筹协调工作，做到长期发展与短期发展相结合，近期措施要有利于解决长期性发展难题，改革体制、制定政策、安排投资、确定发展速度，都要充分考虑可持续性，防止急于求成。

做好长远规划工作，就要改革规划管理体制，健全科学化、民主化的编制程序，形成中小企业发展必须以整个国民经济和社会发展规划为统领，使中小企业发展规划定位清晰，与其他各项规划功能互补、统一衔接的规划体系。中小企业发展必须与城市规划、土地利用规划、环境保护和粮食、能源、交通等专项规划相衔接；规划确定的各种约束性指标具有法律效力，要纳入各地区、各部门经济社会发展综合评价和绩效考核。各级中小企业约束性指标要得到分解落实，其中国家规定的耕地保有量、单位国内生产总值能源消耗降低、主要污染物排放总量减少等指标要切实得到分解落实。

三、我国中小企业政府支持体系目前所存在的主要问题

我国已经初步建立起了自己的中小企业政府支持体系。但是，与发达国家相比，我国的中小企业政府支持体系还有待进一步完善和健全。

（一）法律体系有待完善

我国支持中小企业发展的法律体系还不太完善，还没有建立起平等和透明的中小企业发展的法律支持环境。主要表现在：第一，《中华人民共和国中小企业促进法》内容原则性强，但可操作性不强，缺乏一般法律所具有的法律责任和处罚措施。第二，目前仍然存在一些门槛阻碍中小企业的发展。中小企业还面临着贷款、土地批租、市场准入等方面的限制，尤其是还存在一些对于个体私营乃至乡镇集体企业的不公平待遇。第三，对中小企业的法律保护不足。民营及中小企业在发展过程中，其财产、商业秘密、知识产权乃至人身安全等合法权益，目前缺乏有效的法律保护，尤其是民营及中小企业参与国有企业改革、并购中发生的纠纷，很难得到保护。第四，现行企业所得税法仍是内外有别，国内资企业绝大多数的中小企业与外资企业的地位不平等，加大了自身的税收成本，影响我国民族工业的发展。税收法规、政策的宣传、咨询服务，以及税收管理的力度，都偏重于大型企业和国有企业，忽视甚至歧视小型企业、民营企业，使中小企业得不到平等的税收服务待遇。税收处罚力度上则存在向民营中小企业倾斜的取向，导致中小企业的经营困境。

（二）缺乏完整的战略体系

在发展中小企业战略上，还缺乏系统的长远规划和解决方案，没有组建起包括中央和地方政府中小企业职能部门、中小企业信用担保机构或信用中心、信息服务机构、培训服务机构、技术服务机构等在内完善的管理、服务机构。

（三）政企互动机制不健全

政府职能转变有待转化，政府服务产品不够多，政府与中小企业的关系从总体上说还需要进一步协调、理顺，主要表现在：第一，许多地方的政府部门没有很好地进行职能转换，对中小企业发展缺乏技术、信息、基础设施、社会保障等方面的支持。第二，许多地方对中小企业管理的体制不健全。第三，地方保护主义盛行，对中小企业的产品流通人为设置障碍，普遍存在对中小企业管理重收费、重管制、轻服务的现象。第四，中小企业申请开办的程序繁杂。第五，名目繁多的各种税费构成了企业沉重的负担。第六，在提供服务的过程中，政府部门有从事商业活动的倾向，混淆了政府行政职能与商业利益之间的界限。第七，政府执法水平有待提高，很多支持企业发展的政策措施难以落到实处。

（四）融资难问题尚未解决

中小企业融资难的瓶颈没有得到根本解决。其一，国有银行贷款偏重于大中型企业特别是国有大企业，中小企业融资没有专门的管道。其二，由于中小企业贷款信用担保体系还没有建立健全，商业银行一般都不愿向中小企业提供贷款。其三，民间金融制度缺失，基于商业契约和信用基础的社会融资活动未受到法律的保护也是造成中小企业融资难的重要原因。

（五）社会服务体系有待完善

中小企业的发展离不开社会的全方位服务，包括政府政策引导、资金融通、技术服务、信息支持、人才交流、市场运作、管理指导、国际交往等，而目前这些社会服务体系还不完善，影响了中小企业的健康发展。此外，我国中小企业和职工权益保护体系还不够完善，中小企业职工的福利和养老保障水平较低，难以解决职工的后顾之忧，在很大程度上制约了中小企业的可持续发展。

四、强化我国中小企业政府支持体系的对策建议

针对上述所存在的种种问题，我们应借鉴发达国家的经验和做法，并根据我国的具体情况，逐步完善我国中小企业发展的政府支持体系。

（一）健全法律体系

建立和完善促进中小企业发展的法律体系，以法律形式确保中小企业的社会地位，保护它们的合法权益。特别是应抓紧研究完善管理服务机构设置、政府支持、财政资助、税收减免、信用体系建设、科技创新保护、出口激励等系统的相配套的法律体系。健全的法律体系是中小企业迅速发展壮大的基础。

（二）组建完善的管理、服务机构和扶持政策

我国于1998年在国家经贸委设立了中小企业司，但其职能还未充分发挥出来。组建完善的管理、服务机构，应包括中央和地方政府中小企业职能部门、中小企业信用担保机构或信用中心、信息服务机构、培训服务机构、技术服务机构等。完善我国的中小企业管理体制，应从以下四个方面入手。

一是建立统一的管理体制。应设立专门的政府机构对中小企业实行统一管理，并且加大整合力度，使机构、编制、人员和职能真正结合起来。尚未建立统一管理机构的地方，要按照城乡统一和所有制统一的原则，加强部门协调配合，增强对中小企业管理的整体性和有效性。二是深化审批制度改革。要平等对待中小企业，简化审批事项，实施登记制度。三是理顺管理职能。一方面要对中小企业在劳动安全、资源环保、质量卫生、社会保障、金融税收等方面进行监督和管理；另一方面要为中小企业提供服务，解决中小企业在生产经营和发展中遇到的各种困难。四是加强行业组织建设。要帮助中小企业建立区域性或全国性的行业协会等民间组织，加强中小企业的行业自律、自我服务和自主管理，以替代政府的部分管理职能。

在对中小企业的政策支持上，政府相关部门首先要从产业、财政、税收减让、信贷、进出口、市场准入等方面完善扶持政策，选择合适的扶持措施，包括财政资助、税收减让、信贷支持、政府采购、出口鼓励措施等。

目前,需要采取的政策主要有:(1)产业引导政策。中央和地方有关部门应尽快出台中小企业发展产业指导目录,重点应放在扩大中小企业的生产经营领域上。凡是对外资开放的项目领域,都应对国内符合条件的中小企业开放,对民营中小企业参与国有企业改制要鼓励,同时要积极引导中小企业投资经营基础设施等公共行业。(2)税收优惠政策。在遵循统一税制原则的前提下,应该对符合条件的部分中小企业提供税收优惠,如失业人员创办的中小企业、安置下岗失业人员和残疾人员达到规定比例的中小企业、在落后贫困地区和少数民族地区开办的中小企业、国家鼓励发展的高新技术性中小企业、从事生态建设的中小企业等,均应享受一定时期一定税种的减免优惠。(3)财政投入政策。各种政府应根据需要和可能,拿出一定比例和数额的财政预算资金支持中小企业发展,主要用于公共服务体系建设和信贷贴息。(4)土地使用政策。对于中小企业创办、扩建、建立园区等征用土地的,只要符合条件,土地主管部门应纳入计划予以安排。(5)减轻企业负担政策。应推广"一道费"的方法,以及采取收费申报审核制等好的做法,杜绝有关部门对中小企业的各种乱收费、乱集资、乱摊派,努力减轻企业社会负担,减轻企业运行成本。

(三)拓宽融资管道

我国中小企业金融服务问题突出,必须尽快制定促进中小企业发展的优惠措施,提供强有力的金融扶持。第一,成立专门面向中小企业服务的区域性融资机构和发展基金。第二,要大力发展中小企业信用担保。建立完善有效的担保机制可以相应地降低贷款风险,促进金融机构对中小企业的融资。第三,制定扶持中小企业发展的财税优惠政策,减轻企业负担。在财政方面,主要是合理运用财政担保、财政补贴、政府采购、财政信用等措施。在税收方面,应该统一税制,建立公平税负的竞争环境,实行优惠税收政策,支持中小企业的发展。此外,政府还应该针对不同发展前景的中小企业,提供不同的政策。第四,积极支持和引导中小企业进行直接融资,加速建立风险投资机制和创业板股票市场。

第三章　战略管理成为中小企业的第一要务

马云在第三届湖畔大学开学典礼上告诉他自己的学员企业最重要的就是实现自己的使命和价值观。他以阿里巴巴为例说明了企业的使命和价值观对企业的重要性。一个企业要实现他自己的使命与价值观，重要的是采用何种战略，从什么角度入手实现。因此，对于任何一家企业来说，战略是极为重要的事，尤其是对于成长中的中小企业来说。

第一节　中小企业战略的基本概念

一、战略的内涵

（一）战略的含义

在企业战略理论的发展中，出现了众多的理论流派，对企业战略的概念从不同的方面进行了描述。认识下面几种主要的概念描述，有助于加深对企业战略的理解。

1. 安索夫的企业战略理论

"企业战略管理"这一概念由美国战略管理的代表人物安索夫率先提出。在《从战略计划走向战略管理》一书中，安索夫将企业战略管理看成是一个复杂的系统,这个系统强调整体的协调统一,既重视企业内部环境因素对企业战略的影响,也注重企业内部因组织结构、文化环境、人员变动、业务发展等因素对企业战略的影响。

安索夫认为环境的变化、战略的可行性以及组织结构的合理性共同影响企业战略的实施,所以要着重加强这三面的研究,其在这一认识的基础上,构建了企业经营战略的基本模型,主要包括稳定型、反应型、先导型、探索型、创造型。他认为企业在变动市场环境中,不断进行着市场活动,企业战略也在不断变化,并将企业战略应对环境变化的情况进行了对照分析。

安索夫认为,组织的基本要素有组织的开放性、能力、文化修养、渴望或目的、权力结构以及战略领导六项。

2.明茨伯格关于企业战略的论述

根据管理者对企业战略作用的把握,明茨伯格教授认为,在企业的不同生产阶段,企业战略所起的作用不同,其内涵和意义也不同,总的来说,其主要体现为计谋、计划、定位和观念、模式等含义。

(1)战略是计谋

战略是一种有目的、有意识的规划和行动,是向市场、向竞争者发起进攻的信号,所以企业公布竞争战略,实际上是宣扬了一种决心和信心,展示了一种做事风格和态度,代表着自己的方向和目标,这种行为有鼓舞士气、震慑竞争者的作用,所以,公布企业战略也是一种战略行为,是企业战略的应有之义。

(2)战略是计划

战略是一种计划,有一定的目标指向和大体的推进路径,战略具有计划的属性和功能,是企业未来的发展方向,战略在企业生产经营活动进行之前制定或在企业生产中根据具体情况进行制定和调整。

(3)战略是一种定位

战略的制定不是盲目的,是要实事求是和具有可行性的。科学、合理、可行性强的战略首先要认清环境、摆正自己的位置,使企业的各项活动在一个合理定位的情况下进行。为更好地进行定位,企业战略的制定,首先要分析要进入的市场领域、要开展的业务范围,进行企业优劣势分析,确定相关竞争战略和产品战略,通过战略的实施与反馈,对自身的定位进行确定和调整。

(4)战略是一种观念

作为一种观念,战略强调的是企业最高层管理人员和董事会成员,必须具备战略的头脑,并通过其战略思维,产生各种适应环境发展或引导环境发展的观念,从而保证企业的活力。这种观念往往体现在上述人员对环境及其发展的正确认识上。这种认识通过一系列活动渗透到组织中的全体成员中,形成共享,就会从根本上影响企业的经营活动。

(5)战略是一种模式

战略的实施需要多种因素、多个步骤的前后衔接、多个主体部门的参与、不同人的配合,所以企业战略是一系列行为的集合,是一种行为的模式。这些行为模式有提前计划好的,也有突发的,战略模式也有多种结果,或按原先计划,顺利完成,结果令人满意,或遇到突发状况,战略行为得到调整,等等。战略要从实施、行为的角度来审视。

3.加里·哈梅尔和C·K·普拉哈拉德的战略概念

加里·哈梅尔和C·K·普拉哈拉德认为战略要指向未来,要具有引领作用,是对企业未来发展的一种构想。企业战略要对企业员工有指引、鼓舞等作用,赋予管理者和员工以使命感和责任感,促进其为目标的实现而努力;企业战略是一种愿景实现,是一种力量源泉,是企业凝聚力所在,是企业的发展动力。

(二)战略的结构

战略的结构层次性较明显,从宏观到微观,有总体战略,也有竞争战略和职能战略等。

1. 总体战略

总体战略即是企业发展总体的规划,其关系到企业未来整体、长期的发展方向。这一战略通常由企业高层领导参与制定,是企业发展的核心,其指引企业未来一年或几年的发展。总体战略在业务扩展、组织结构调整等重大变革时期,会得到调整。

总体战略的着重点在于:

(1)在环境分析的基础上,进行市场分析、确定发展领域及服务方向。这些发展方向的确定,不论是市场领域的开拓、消费群体的细分还是产品的营销战略等,需要管理者经验的参与,也需要管理者直接参与市场调查,在把控新的环境后进行战略制定。

(2)在市场定位后,对各种具体的业务进行资源的分配与规划,以配合企业整体战略的实施。

2. 竞争战略

竞争战略,又称为经营战略,是企业总体战略下一层次的战略。竞争战略是企业确定总体战略后所进行的竞争优势分析、竞争策略的确定等,企业竞争战略是总体战略的细化,是为实现总体战略进行的部署,企业具体的内部环境、外部环境的分析,是通过具体的事业部或子公司公共参与制定的战略。这一战略是企业在进行一系列评估分析后,对企业经营战略的谋划,是经营单位战略的重点。

3. 职能战略

职能战略,又称职能部门战略,是企业总体战略和竞争战略的具体实施战略。主要包括营销战略、生产战略、财务战略、人力资源战略等职能战略。

如果说总体战略与竞争战略强调企业发展的方向性,而职能战略则强调战略的具体实施,是实施性的问题,如产品战略强调产品的营销方式及新产品的开发等，人力资源管理战略强调人力资源需求与评估的规划，人力资源的招聘与管理等。职能战略通常由职能部门管理者依据总体战略与经营战略的需要负责参与制定。

职能战略制定只要是为确保总体战略目标的实现，同时在总体战略的实施过程中，确保职能目标的实现，职能战略具有双目标实现性。这是企业战略实施的重点，是企业一步步达到总体目标的实践。在这一过程中，要加强企业面临风险的预测与管理，以保证战略的顺利实施。

4.三个层次战略之间的关系

总体战略、竞争战略与职能战略构成一个企业战略的三个层次，它们是企业战略体系中的重要组成部分。三个层次的战略互相配合、彼此作用，才能使企业战略发挥作用。三个层次战略的制定也是互相渗透、彼此迎合的过程。如图3-1所示，企业上一层次的战略为下一层次战略的制定指明方向。同时，下一层次战略的制定为上一层次战略的制定提供支持和保障。

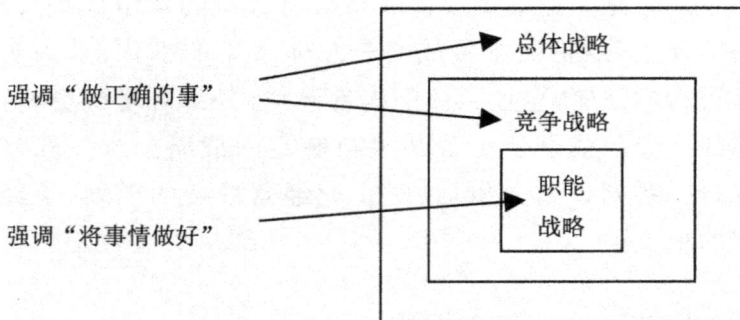

图3-1　企业中的战略层次

对不同规模的企业来说，这三个层次的战略发挥的作用是不一样的，对规模较大、经营单一的企业来说，竞争战略和总体战略的功能类似，并且都由高层管理者制定。但对于中小企业来说，战略层次往往不明显，经营战略对其十分重要。

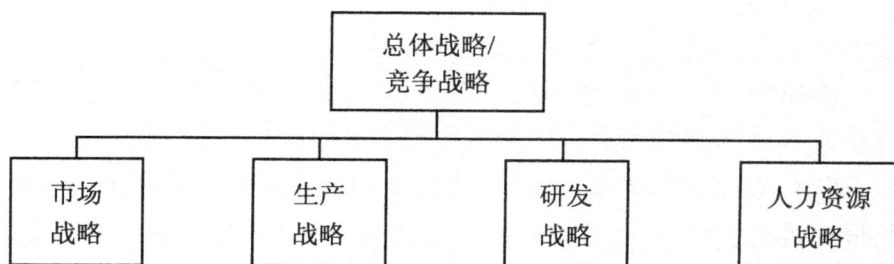

图 3-2　单一业务企业的战略结构

如果一个企业属跨行业经营，业务多样，组织层次多，则企业战略管理也层次分明。总体战略位于最高层次，为竞争战略提供决策指导，同时竞争战略又是一系列职能战略的总领，职能战略支持总体战略和竞争战略的实现。这种典型的战略结构如图 3-3 所示。

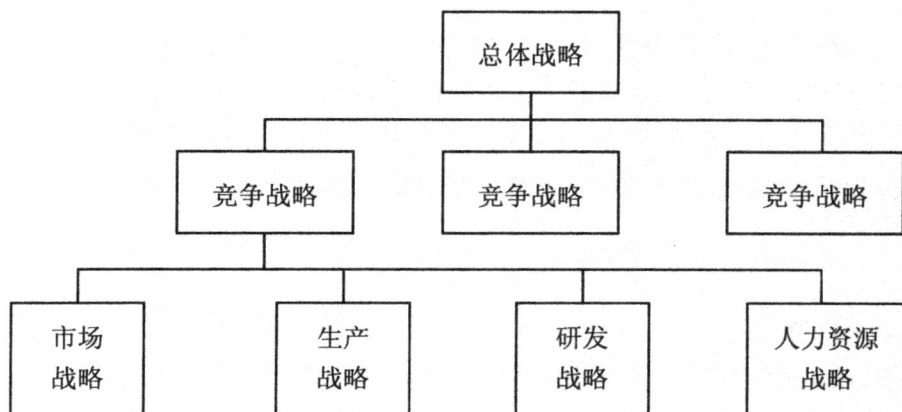

图 3-3　跨行业经营企业的战略结构

二、战略管理的含义、性质及意义

（一）战略管理的含义

战略管理是管理过程，是为促进企业不断发展，在进行环境分析的基础上，根据企业发展目标，制定有效战略，并付诸实施的过程。这一过程是一个不断变化的过程。

战略管理的概念主要涵盖以下五个方面的内容。战略管理以企业战略为管理战略，包括战略体系中的每一层次战略，其制定、调整、规划的过程都包括在内；战略管理的主体是企业，是企业根据内外部环境特征和条件进行的战略规划；战略规划的目的是确保企业的生存和发展；企业战略管理的任务是使企业各层次战略得到实施；战略管理的显著特征就是具有动态性。

这里需要强调的是企业战略管理不仅仅是战略的规划和制定，最重要的是战略的实施，科学、合理的战略制定是第一步，而战略的实施也是战略管理的重点。

战略管理不是一次性、一个步骤的问题，而是不断实施、不断改进、循环往复、持续进行的过程。在这个过程中，强调信息的反馈和策略的调整。

战略管理更加强调动态性，这一种新的管理思维和管理方式，是对环境变化的反馈，是对目标的调整和完善。整个过程由战略分析、战略制定、战略实施、战略评价、战略控制等环节构成，这些环节紧密配合，共同促进企业战略目标的实现。

（二）战略管理的性质

以往的企业管理是将企业的活动分成多种职能，如生产、财务、市场营销等，对不同的职能实行不同的管理，因而出现企业的"职能管理"一词。由对企业的"职能管理"走向对企业的"战略管理"是现代企业管理的一次飞跃。

1. 战略管理是整合性管理理论

战略管理涵盖企业营销管理、财务管理、生产管理、人力管理等，从企业内部构成及职能部门，对企业战略进行解剖式的分析，使企业战略涵盖更加全面和深入，这是现代企业构成及企业内部分工合作原理的体现。各部门在战略指导下，不断实现自身部门战略目标,并向企业总体战略的实施靠近,那么企业总体战略目标才能达成。所以,企业战略管理应是综合性、整合性的管理过程,各个职能部门在其中都扮演着重要角色,是其中的重要环节。各个职能部门的协调统一、有机运作共促企业战略管理目标的实现是企业战略管理整合性的应有之义。

2.战略管理是企业高层管理者最重要的活动和技能

战略对企业发展具有重要的作用,关系到企业的生死存亡,战略的制定需要有眼光、有头脑的企业家高瞻远瞩地进行。战略的制定和实施虽然需要员工的积极参与与支持,但战略的制定通常是有经验的高层管理者的职责。据一项调查显示,企业家最重要、最困难的事情就是企业战略的制定。所以,在战略管理过程中,企业高层管理者要充分运用自身智慧、经验,指导企业战略的制定与实施,使企业保持良好的发展方向。

3.战略管理的目的是提高企业对外部环境的适应性,使企业做到可持续发展

若没有一定的战略、方向、规划的指导,企业的发展就会盲目,就会陷入一种无序的状态。企业战略管理的目的就是为了提高企业应对环境的能力,使企业能够在纷繁复杂的市场信息面前做出科学决策,使企业的每一步都朝着目标迈进。这是关系到企业长远发展、可持续发展的问题。

在企业战略实施的过程中,更需要企业随机应变,紧跟市场步伐和政策环境的变化,据环境变化而变化,保持战略的时效性和灵敏性,促进企业在瞬息万变的市场面前不断发展壮大。

(三)战略管理理论的发展演变

20世纪初,亨利·法约尔提出了管理的五大职能:计划、组织、指挥、协调和控制,并认为计划职能是企业管理的首要职能,这可以说是最早出现的企业战略管理思想。到20世纪30年代,美国经济学家切斯特·巴纳德在其所著《经理人员的职能》一书中认为管理工作的重点在于创造组织的效率,并应使企业组织与环境相适应。这种关于组织与环境相适应的主张成为现代企业战略分析方法的基础。1962年,美国管理学家艾尔弗雷德·钱德勒出版了《战略与结构》一书,第一次从大型企业成长史的角度,研究了企业战略与结构的相互关系,正式开始了企业战略问题的研究。与此同时,伊戈尔·安索夫提出了成功战略的范式,同时提出了安索夫矩阵,指出企业可以选择四种不同的成长战略来达到增收目的。哈佛商学院教授肯尼思·安德鲁斯提出并系统论述了 SWOT 分析法,把公司战略提升为管理咨询业中的一个专业领域。20 世纪 70 年代,布鲁斯·亨德森提出了波士顿矩阵,为战略咨询领域的发展奠定了基础。进入 80 年代,迈克尔·波特对战略理论的发展起到了重要的推动作用,他的贡献在于他对企业、整个行业和国家层次的竞争优势进行分析,并提出了五力模型和三种基本竞争战略思想。日本学者大前研一研究了日本式竞争战略的特点,提出了有别于波特的竞争战略的四种新的战略方法,并首创了"战略三角"(战略 3C)的概念。20 世纪 80 年代末到 90 年代以后,随着世界经济环境中竞争的加剧、产业结构调整与变化加快以及影响经济发展因素的不确定性加大,世界各国企业都在认真研究和思考如何能使企业获取稳定、持续增长的能力。在这期间出现了很多较有影响的企业战略管理理论,其中最具影响力的是核心能力理论(the core competence theory),该理论与以往理论的切入点不同,开始从企业内部寻求问题的答案。核心能力理论以 C·K·普拉哈拉德和加里·哈默尔为代表,他们在对世界上优秀公司的经验进行研究的基础上提出,竞争优势的真正源泉在于企业的核心能力,即"组织的积累性学识,是能够提供给消费者特殊价值的一系列技能和技术的组合",因此战略管理的主要因素是培植企业对自身拥有的战略资源的独特的运用能力,通过一系列的组合和整合形成自己独特的,不易被人模仿、替代和占有的核心能力,获得持续的竞争优势。正是受到核心能力理论的影响,波特在后来的理论研究中提出了价值链分析工具,试图从企业内部的价值过程中来寻求竞争优势的来源,并弥补其以往对企业内部因素重视不够的缺陷。

总之,战略管理理论经历了从重视战略制定过程到重视战略本身的内容,从重视组织外部环境到重视组织内部优势,从被动适应环境到主动培育组织的核心竞争力的转变。综合起来,战略管理是一组管理决策和行动,是外部竞争策略和内部管理优化的组合。对外而言,战略是确定并实施产业选择、产品和业务选择、定位和关键竞争方式的方法;对内而言,战略是选择并实施组织最优经营管理的方法。战略管理的最终目的是使企业面临竞争环境,得到长远发展。

三、确定战略目标

企业目标对企业战略的制订具有重要的指引作用,它将企业使命与企业的日常活动联系在一起,成为企业使命的实现结果。

(一)企业战略目标的定义

目标表达的是一种预期,企业战略的目标也是企业制定战略所要达到的预期。企业战略目标需要具体化和量化,使其成为事后可评价、可考核的标准。

(二)战略目标的结构

企业有多个目标,整个企业有总的目标,企业各部门也有各部门的目标,如何将企业各部门、各利益主体的目标协调化,使目标之间不致发生冲突和矛盾,如加强企业生产部门的产量目标和销售部门的销量目标的融合等。所以,企业各战略目标之间要形成一个体系,形成有序的结构和层次。

1.战略目标体系

企业战略目标大致可分成两类。第一类是用来满足企业生存和发展所需要的项目目标,这些目标项目又可以分解成业绩目标和能力目标两类。第二类是用来满足与企业有利益关系的各个社会群体要求的目标。与企业利益关系的社会群体主要有顾客、企业职工、股东、所在社区及其他社会群体,详见表3-1。

表3-1 企业战略目标体系

分类	目标项目	目标项目构成
业绩目标	(1)收益性目标 (2)成长性目标 (3)稳定性目标 (4)综合能力	(1)资本利润率、销售利润率、资本周转率 (2)销售额成长率、市场占有率、利润增长率 (3)自有资本比率、附加价值增长率、盈亏平衡点 (4)战略决策能力、集团组织能力、企业文化、品牌商标
能力目标	(1)研究开发能力 (2)生产制造能力 (3)市场营销能力 (4)人事组织能力 (5)财务能力	(1)新产品比率、技术创新能力、专利数量 (2)生产能力、质量水平、合同执行力、成本降低率 (3)推销能力、市场开发能力、服务水平 (4)职工安定率、职务安排合理性、直接间接人员比率 (5)资金筹集能力、资金运用效率
社会贡献目标	(1)顾客目标 (2)股东目标 (3)职工目标 (4)社区目标	(1)提高产品质量、降低产品价格、改善服务水平 (2)分红率、价格股票、股票收益性 (3)工资水平、职工福利、能力开发、士气 (4)公害防治程度、利益返还率、就业机会、企业形象

2.企业战略目标的树形结构

企业战略目标的树形结构一般由企业总体战略目标和主要职能目标组成。在企业使命和企业功能定位的基础上制定企业总体战略目标,为保证总目标的实现,必须将其层层分解,规定保证性职能战略目标。也就是说,总战略目标是主目标,职能性战略目标是保证性目标,如图3-4所示。

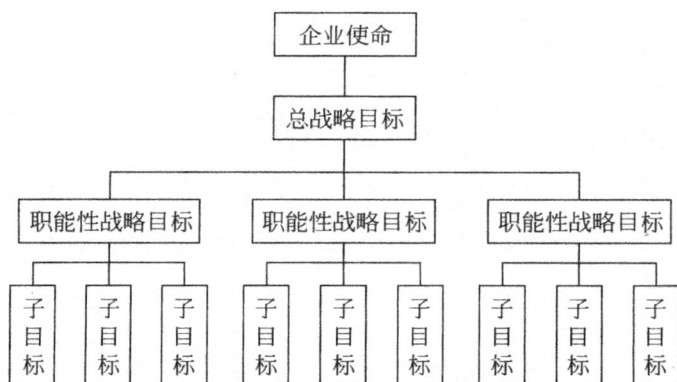

图 3-4 企业战略目标树形表示

3.企业战略目标的核心结构

企业战略目标一般包括市场目标、创新目标、赢利目标和社会目标,如图 3-5 所示。

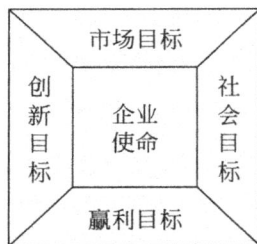

图 3-5 战略目标的核心结构

（1）市场目标

市场是企业制定战略目标首要分析对象,企业在市场中处于什么的竞争地位,当前的市场环境对企业的利弊有哪些,企业将来的市场预期是什么等等。所以,市场目标是企业战略目标的重要构成部分,这就要求对顾客、对目标市场、对产品或服务等进行仔细分析。

（2）创新目标

创新是企业生存发展的重要动力,注重创新的企业一般能够在市场上占据主导地位,企业创新主要包括三个方面:技术创新、制度创新和管理创新。

（3）赢利目标

企业赢利是企业生存发展的保障,企业的经济效益是其制定战略目标必须要考虑的。在充分分析企业生产能力和经营风险后,形成企业合理赢利预期与目标。赢利目标企业生产效率和市场环境等因素的影响。

（4）社会目标

社会目标是企业在生产经营过程中所要担负的社会责任。企业作为社会组织,依托社会发展,并对社会发展产生影响。一方面,企业具有吸纳劳动力,推动经济发展、保持社会稳定的作用;另一方面,企业也担负着维护良好公众责任、为社会提供质量有保证的产品和服务的责任,当然,企业还会肩负其他一些社会责任,如环境保护、节约能源、参与社会活动、支持社会福利事业和地区建设。

在实际中,由于企业的行业性质不同、企业发展阶段不同,战略目标体系中的重点目标也大相径庭,同一层次的战略目标之间必然有先导目标。

（三）企业目标的陈述——企业愿景、意图、使命

战略管理过程的第一步是确立公司的愿景、使命和价值观。公司的愿景、使命和价值观是对拟完成目标以及实现目标的方式的陈述。就好比造房子,房主须将自己的愿景告知建筑师,因为建筑师是房屋蓝图的设计者。房主和建筑师的交涉过程将重复几次,直至房主的想法完全体现在蓝图中。此时,房子建造的过程才能真正开始。战略的成功亦是如此。这一成功基于两个步骤:先是通过战略分析为公司想要完成的目标勾勒出一个清晰的心理模型;再通过制定和执行战略实现公司的愿景。有效沟通的战略能够引导组织中的每一位成员。

1. 愿景

愿景是对组织最终目标的陈述，反映了公司的抱负。一个有效的愿景能在组织中营造出一种成就感，在激励各层级员工向着同一目标前进的同时，又能给个人和团队的发挥留有空间。远见性公司的员工倾向于感觉投身到了一个比自己更为强大的群体中。一个鼓舞人心的愿景能帮助员工找到自己工作的意义。金钱奖励并不是唯一的激励方式。有效的愿景能让员工因自己的工作让世界更美好而从中获得内在的精神回报。这反过来又能高度激励员工，从而提高整个组织的绩效。如果公司的行动能够紧贴愿景，那么，通过不断的学习，包括从失败中汲取教训，公司将具备能够实现其最初的"挑战性目标"所必需的资源和能力。

2. 战略意图

战略意图是从长远的角度为公司设立一个超出其现有资源和能力的理想的领先位置。具有挑战性的目标能够激发个人和组织更好的表现。

战略意图不仅具有前瞻性和未来导向性，还能帮助公司确定实现愿景所需要的步骤，因此，能够帮助管理者实现他们的愿景。只制订和执行与当时环境相匹配的战略，就好像是开车的时候只看后视镜。而焦点应在于如何创造未来的竞争优势。事实上，好的战略意图不是公司资源和能力与当下外部行业环境之间简单的战略匹配，而是能够给公司设定一个超越当下环境的远大目标，促使各阶层的管理者和职员建立起实现这些目标所必需的资源和能力，以此来填补公司目标与现有环境之间存在的沟壑。当下的环境的确很重要，但更加重要的是未来想要达到的高度。

3. 使命陈述

一个组织在愿景的基础上设立使命，来描述其具体要做什么——计划为自己所处的市场提供什么样的产品和服务。有效的使命陈述能通过隐喻帮助员工在日常工作中做出正确的决定。有的使命陈述新颖,也有的使命陈述会给人压迫感。

迪士尼的使命陈述是:给人们带来快乐。这一使命陈述传递给所有在迪士尼主题公园工作的员工的信息是:他们不仅是员工,也是角色扮演人。同样,到迪士尼乐园的游客不只是顾客,也是前来观赏表演的观众。这个隐喻对员工行为有着重要影响,这一影响甚至在员工被聘用之前就开始了。迪士尼的招聘方式不是面试,而是试演,就跟戏剧里的演员一样。因此,任何时候,迪士尼员工的表现都始终如一,因为他的工作其实是在"舞台"上为大家表演。就连里面的清洁工(一般为正值假期的大学生)都是演员阵容的一分子。因为他们需要直接与顾客打交道,所以对他们的培训非常细致,对他们的评估除了以个人的整洁度和工作表现为标准之外,还包括了他们对行车和游行路线以及餐厅和更衣室等方位的熟悉程度。跟剧院里的演员一样,迪士尼员工每天都需全力出演类似"表演必须继续"的演出,以此来实现迪士尼"给人们带来快乐"的使命。

(1)顾客导向型使命

迪士尼的使命是以顾客为目标的。顾客导向型使命以寻找一切方法满足顾客需求为中心。肩负以顾客为导向这一使命的企业能够更加灵活地调整自己以适应环境的多变。相反,如果公司的使命是以产品为导向,这家公司的灵活性就会差一些,失败的可能性也会大一些。肩负顾客导向型使命的公司更有可能维持长期的战略灵活性。

顾客导向型使命与听从顾客并不相同,两者需要加以区别,这点十分重要。顾客导向型使命只确定一个核心需求,却给满足这一需求的方式留有开放的空间。不为能够满足消费者需求的方法设限这点至关重要——因为未来无法预测,创新也许能为我们带来现在意想不到的满足顾客需求的新方法。即使顾客的需求永远保持不变,企业的使命也应该保持其灵活性,因为满足这些需求的工具会随着时间改变。

（2）产品导向型使命

产品导向型使命以公司提供的产品或服务为中心，而并非以满足顾客的需求为中心。如前面所讲到的，顾客导向型使命比产品导向型使命拥有更强的战略灵活性。

虽然以产品为中心的视角会限制一个公司的战略选择，却能帮助公司重新聚焦。加拿大蚬壳公司（Shell Canada）的例子就说明了"我们的事业是什么"这个问题是如何帮助公司重新聚焦并取得更好的绩效。虽然加拿大蚬壳公司的大股东是荷兰皇家壳牌，但它仍是一家独立的公司，其股份也能在多伦多证券交易所自由买卖。20世纪80年代，加拿大蚬壳涉足了非常多元化的业务领域，除石油和天然气开采，还涉足化工和林业等领域。尽管这家公司的业绩平平，但其高层领导人在那时就已经开始关注公司的使命。在进行一番深刻的自我审视后，公司管理者意识到加拿大蚬壳公司的本质核心还应当是一家低成本的石油和天然气生产商。有了这个清晰的新使命之后，加拿大蚬壳公司出售了自己的外围业务，重新聚焦到石油和天然气上来。2007年，荷兰皇家壳牌以87亿美元的价格将其还未入手的加拿大蚬壳公司剩余的22%股份收入囊中。重新聚焦于石油和天然气后，加拿大蚬壳公司能够运用自己的核心竞争力，以低成本为顾客创造价值，毫无疑问，加拿大蚬壳公司的使命陈述帮助其成功聚焦在了能产生最大回报的业务活动上面。

第二节　中小企业战略管理

战略管理过程可以大致分为三个阶段：战略制定、战略实施和战略评价。所以，战略的实现不仅取决于战略制定与选择的正确性，而且取决于战略是否得到了有效的贯彻和执行。

一、战略制定阶段

企业战略的制定大致有两种情况:一种情况是企业原来就没有明确的战略,随着企业规模的扩大、经营领域的改变,出现了许多问题。而这些问题有时并非通过一些局部的策略变化就能解决,需要进行较大的调整,历经一段时间才能解决,这种情况就要使用企业的总体战略;另一种情况是企业虽然有总体战略,但是经过一段时间的发展,原有的战略已经不能适应企业发展的要求和外部环境的变化,如果企业不进行重大调整,就可能面临生死存亡的问题,所以必须制定新的战略。

(一)提出问题和分析问题

事实上,企业战略的制定过程就是一个不断地提出问题、分析问题和解决问题的过程。战略研究的过程应该体现出一种以问题为导向的方法论。而且提出问题和发现问题不仅是战略制定的核心,同时也是战略制定的基础,只有准确地找到企业存在的问题,才能制定出符合企业生存和发展的战略方案。

在此,应当明确一个重要的认识问题,即战略问题应当包括两个方面的含义:一是企业面临的真正问题。例如,企业自身存在的劣势,或外部环境的变化给企业造成的威胁。这类问题将会威胁企业的生存和发展,可以称为"坏"的问题。二是企业面临的如何更好地发挥自身优势,或者如何抓住外部环境给企业带来的良好的发展机会的问题。这种优势的发挥和机会的利用会给企业带来巨大的利益。此时,这类"问题"需要提升到战略管理层面,可以称为"好"的问题。

所以,应当把战略问题理解为"好"和"坏"两类问题,这样更有利于对战略问题的认识和筛选。

在制定企业战略时,一般需要进行以下三个方面的分析:一是外部环境分析,包括宏观环境分析、行业环境分析、竞争者分析。二是企业内部环境分析，包括企业竞争力分析、管理能力分析、财务资源分析、市场营销能力分析、人力资源状况分析等。三是机会、威胁、优势与劣势的分析。

（二）明确组织的使命

组织的使命是企业战略之魂，表明企业存在的理由。企业使命一般由企业哲学和企业宗旨构成。企业哲学表明企业的价值观，是企业处理与其他相关利益群体关系的指导原则。企业宗旨则说明企业的性质是什么，为社会提供什么。比如，是提供房屋清洁一类的服务，还是提供汽车之类的产品。企业宗旨确定企业的产品和服务范围，不但说明企业现在是什么，也要说明企业想成为什么，即管理层对企业未来的战略愿景。

良好构思的使命陈述能够使企业明确一个最基本的、独特的目的，它能把本企业与其他企业区别开来。企业使命应该在组织成员中充分共享，获得广泛认同。只有这样，企业才可能实现其使命。要想达到这一点，就必须保证企业存在的目的和未来的发展完全符合全体员工的愿望，并且这个愿望通过企业的实践是可以实现的。

（三）制定用来指导组织建立目标、选择和实施战略的方针

对于一个企业而言，企业使命仅仅为企业提出了一个努力追求的目标和方向，围绕着目标的实现还需要制定相应的战略指导方针。战略指导方针规定着企业在制定和执行企业战略时的行动准则。例如，可以将企业的指导方针确定为"在发展中求稳定"，这就意味着在制定和执行战略时，发展是第一位的，而稳定是第二位的，在那些有较大风险的决策中就要敢于创新、甘冒风险，在那些可做可不做的事情出现时一般就要选择去做；反之，也可以把企业的指导方针确定为"在稳定中求发展"，这就意味着在制定和执行企业战略时，稳定是第一位的，而发展是第二位的，在那些有较大风险的决策中就要相对保守、避免风险，在那些可做

可不做的事情出现时一般就要选择不去做。因此，方针政策的制定是至关重要的。

（四）建立实现组织使命的长期目标和短期目标

长期目标和短期目标对企业都十分重要，正确地处理企业长期目标和短期目标的关系是每一个企业在制定战略时都必须慎重考虑的问题。作为战略管理来讲，一定要明确企业的短期目标必须服从和服务于长远的战略目标，这一根本指导方针是不能改变的。

（五）确定用于实现企业目标的战略

这一阶段的主要任务是建立和选择企业的战略方案。战略通常需要在企业层面、事业部层面和职能层面分别设立，制定这些战略应遵循一定的决策程序。特别是最高管理部门需要开发和评价不同的战略方案，然后选定一组符合三个层面要求的战略，这些战略方案能够最好地利用企业的资源和充分利用环境的机会。

二、战略实施

战略实施（strategy implementation），即贯彻执行组织既定的战略。战略方案制定以后，如何贯彻执行设计的战略是战略实施阶段的主要任务。

主要的战略实施活动有：

（1）培育组织结构。

（2）构建有利于企业战略实施的企业文化。

（3）调整经营方向。

（4）制定合理的预算方案。

（5）建立有效的激励机制。

战略实施，是战略管理活动的重点和难点。无论把战略制定得多么完美、精致，如果得不到有效的贯彻、执行，只能算纸上谈兵。战略实施的失败，不仅对组织利益的增进毫无意义，而且会使制定战略的成本无法收回。

为了成功实施战略，需要调动全体员工的积极性。组织的战略，首先必须得到管理者的理解和支持。其次，通过管理者的工作和激励机制，使组织中的生产者领会战略精神，并努力实践在自己的行动中。

要做到这一点并不容易。至少会遭遇两方面的困难：其一，组织中的员工在地位、利益、能力、观念等诸多方面存在差异，难以对组织战略形成一致的看法，因而步伐往往不能协调一致；其二，战略的实施会重新调整利益结构，使既得利益者的获利水平和能力下降，因而可能会受到既得利益者隐蔽性或公开性的抵制。

三、战略评价

战略评价（strategy evaluation），是指重新审视系统要素和环境要素，对战略的实施情况进行评估，必要时做出调整。

战略的实施是一个过程，在这个过程中要根据环境的变化对既定的战略进行修正。

决策者、管理者都要对战略的实施情况非常清晰和了解：战略实施中是否有问题，并找出问题的原因，战略评价是获得相关信息的有效方法和途径。

计划、战略的制定具有超前性，所以，有些时候与实际脱节，需要在实践中不断对其修正。通过评价、发现问题所在，能够为下次企业战略目标的制定提供借鉴。

四、战略管理模型

战略管理模型，是战略管理过程与各因素关系的展示。

建立战略管理模型,能够有效地预防战略失败。没有战略,就没有目标,目标的缺失,容易导致战略的中止。

战略管理三部曲的演绎,是一个连贯的动态过程。

如图 3-6 所示,战略管理是系统内和环境中众多因素的函数。换句话说,战略管理受多种因素的影响。

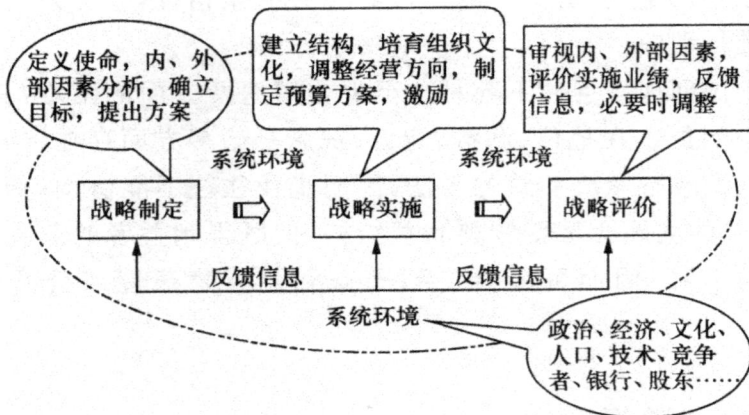

图 3-6　常见的战略管理模型

影响战略管理的因素,不仅复杂,而且多变。任何一个因素的变化,都可能导致其他因素的调整,甚至全部因素的变动。比如,中国经济体制的市场化转轨,导致国有企业发展战略的根本性调整。加入 WTO,对于中国国内企业而言,既是机会,又是挑战。如果打算保持或者获得竞争优势,必须对企业的人力资源、物力资源、管理模式、运营机制等方方面面的因素做出调整或者根本改变。决定因素的变化,要求对战略目标和实现机制及时做出修正。变化,修正,再变化,再修正,战略管理的制定、实施和评价过程,处于动态完善之中。

第三节　中小企业战略管理面临的挑战

当今时代是环境剧变的时代,是超强竞争的时代。知识经济和互联网技术日新月异的发展,既为企业战略与管理提供了基础,也使得企业间竞争变得更为复杂。

进入 21 世纪以来,企业战略管理至少面临四个重要的挑战,它们分别是全球化、技术创新、知识经济和企业伦理的发展与演进。

一、全球化对中小企业战略管理的挑战

全球化是指经济创新在全球的传播及相应的政治和文化传播。在全球化的市场和行业里,企业可以从一个国家获得资本,在另一个国家购买原材料,在第三个国家进行生产并在第四个国家销售。

全球化为企业带来了机遇。首先,全球化可以为企业带来成本优势。在全球拥有福特(Ford)、林肯(Lincoln)、墨丘利(Mercury)、美洲虎(Jaguar)、马自达(Mazda)和阿斯顿·马丁(Aston Martin)、沃尔沃(Volvo)、陆虎(Land-Rover)八个著名品牌的福特汽车公司(Ford Motor)在采购零部件的时候就可以充分利用其规模经济来降低成本。而麦当劳在全球推广它成功的商业体系,则可以冲减该商业体系的设计成本。其次,全球化可以为企业带来更多的市场机会,沃尔玛(Wal-Mart)、通用汽车(GM)、微软、海尔等大财团、大公司都试图在全球范围内运作,它们一方面是为了有效配置资源,另一方面则是为了寻求市场机会。最后,全球化可以为企业提供学习的机会。通过全球化,企业将在更为复杂的环境中同更多的企业竞争,这将使企业学到更多的东西,从而变得更富有竞争力。

在为企业提供机遇的同时,全球化也对企业提出了更高的要求。首先,全球化对企业提出了全球标准,这就意味着企业要不断进取,以改善其在质量、成本、产品推出时间等诸多方面的表现,从而达到不断发展的全球标准的要求。其次,全球化意味着更为激烈的竞争。以美国的汽车行业为例,如今海外竞争者已经

占有美国 30％的市场份额,高档车的竞争则更为激烈。最后,全球化意味着更大的风险,全球化的进程越快,遇到的问题就越多。英国巴林银行(Barings Bank)进军亚洲市场就是一例,由于控制不力,最终造成了巴林银行的破产。这就要求企业进行周密的计划,选择适当的市场,采取有效的战略,开展成功的运营活动。

在全球范围内运作,寻求市场机会和资源配置确实是一项极具吸引力的战略,但这并不是战略竞争力的唯一来源。对于大多数企业来说,更重要的是立足本土。最恰当地实现国内市场和国际市场的平衡才是企业最为理想的全球化状态。

二、技术创新对中小企业战略管理的挑战

技术创新是经济和社会发展的原动力,正在推动全球经济加速向纵深发展。对于单个企业来说,既带来了机遇,也带来了挑战,值得我们高度重视。

(一)技术进步和扩散的加速

在过去的 20 年里,技术进步的速度大大加快,以至于"永久创新"这个词被提出,用来形容信息密集型技术怎样快速和持续地替代旧技术。

技术扩散的速度也大大加快。技术扩散的加速使得专利技术在很多行业内部不能继续作为竞争优势的来源,使得产品趋于同质化,产品的生命周期大大缩短,从而为那些有能力不断推出新产品的企业带来了竞争优势。

(二)信息时代的到来

近几年来,信息技术的迅猛发展使得信息技术的成本不断下降,可靠性不断增强,为各行各业创造了战略机会。信息与战略的关系表现在三个方面,如图 3-7 所示。

信息与战略能力
- 产品/服务的改进
- 竞争表现
- 活力/模仿

战略

信息与商业模式
- 电子处理
- 职能拓展
- 新的职能

信息与结构
- 分权模式
- 绕过"守门员"

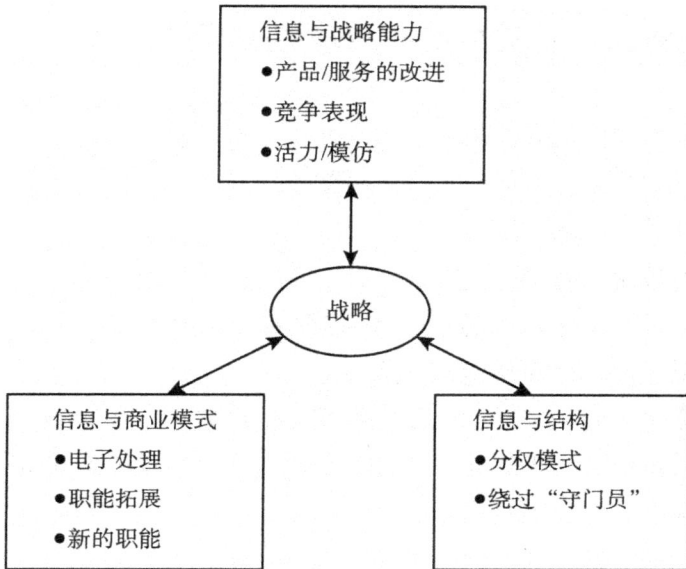

图 3-7 战略与信息

（1）信息与战略能力。借助于信息技术，企业可以改进产品和服务，如企业可以借助于即时记账系统提高服务质量。在竞争表现方面，通过采用信息技术，企业可以降低与顾客、供应商和分销商进行交易的成本，也可以为顾客提供个性化的服务。信息技术的使用有利于企业对稀有资源的开发和利用，核心竞争力的复杂性也会因此而降低，这就使得核心竞争力被模仿的难度下降了。

（2）信息与商业模式。信息技术的使用不仅可以改善传统的商业模式，如在网上进行电子采购或电子拍卖，从而提高效率，而且可以实现传统的商业模式所不能实现的功能，如提供一个合作平台让客户和供应商使用专门的信息技术一起进行产品设计。

（3）信息与组织结构。信息技术的使用可以使组织中信息的传递绕过不必要的"守门员"，从而有利于企业组织结构趋于扁平化。

三、知识经济对中小企业战略管理的挑战

在 21 世纪的竞争格局中，知识是一种重要的组织资源，并且由于知识根植于组织文化之中，难于被竞争对手所模仿，因此越来越成为竞争优势的重要来源。

因为环境的不断变化，企业必须具备战略灵活性，必要的时候，还要进行战略方向转移。这就要求企业不断地学习，持续地创造知识，有效地转移和共享知识。

培育组织的学习能力是战略管理所面临的新的挑战。因为只有不断地学习，才能不断地为组织积累知识，从而适应不断变化的环境。

四、企业伦理对中小企业战略管理的挑战

企业伦理（business ethics）是企业从事经营活动所遵从的道德规范，是企业在处理企业内部员工之间，企业与顾客、供应商、竞争者等外部利益相关者之间关系的行为规范的总和。伦理不同于法律，法律是企业必须遵循的行为规范，伦理则是倡导性的行为规范。与个人的道德规范一样，人们总是希望企业表现出良好的道德行为。

当今企业战略管理面临的伦理挑战与企业是否应当承担社会责任的争论有关。赞成者的依据主要有公众期望、长期利润、道德义务、公众形象、更好的环境、减少政府管制、责任与权力的平衡、股东利益、资源占有、预防胜于治疗等等，反对者的依据主要有违反利润最大化原则、淡化使命、成本和权力过大、缺乏技能、缺乏明确的责任等。从思想本源上说，两种观点分别来源于社会经济学和古典经济学。古典经济学观点认为，企业是一个经济机构，其唯一的社会责任就是利润最大化。社会经济学观点则主张，企业的社会责任不只是创造利润，还包括保护和增进社会

福利。

一个有道德的企业应当从战略上重视人性，关心员工，致力于社会和谐，积极采取对社会有益的行为。以加里·哈默尔为代表，他们在对世界上优秀公司的经验进行研究的基础上提出，竞争优势的真正源泉在于企业的核心能力，即"组织的积累性学识，是能够提供给消费者特殊价值的一系列技能和技术的组合"，因此战略管理的主要因素是培植企业对自身拥有的战略资源的独特的运用能力，通过一系列的组合和整合形成自己独特的，不易被人模仿、替代和占有的核心能力，获得持续的竞争优势。正是受到核心能力理论的影响，波特在后来的理论研究中提出了价值链分析工具，试图从企业内部的价值过程中来寻求竞争优势的来源，并弥补其以往对企业内部因素重视不够的缺陷。

第四节　企业战略管理者

一、战略领导者的角色

为了理解为何一些战略领导者比另外一些更为成功，我们深入了解一下战略领导者实质上做了些什么。亨利·明茨伯格（Henry Mintzberg）在对这一问题的开创性研究中，形影不离地跟随着首席执行官们。他发现，为了有足够的时间去思考战略与做出决策，他们不会脱离日常经营。他们的时间表中塞满了紧密的行程，完全不能松懈，而且还不断会有突发情况。其他研究发现，大多数的管理者喜欢口头交流：他们花费大部分的时间"与大量组织内部或外部的人进行互动——谈论、劝诱、安慰、推销、聆听与点头"。

明茨伯格在自己观察的基础上，构建了一个模型（图 3-8），这个模型提出了带领组织时，管理层扮演的三个不同角色：人际方面的角色、信息方面的角色与决策方面的角色。

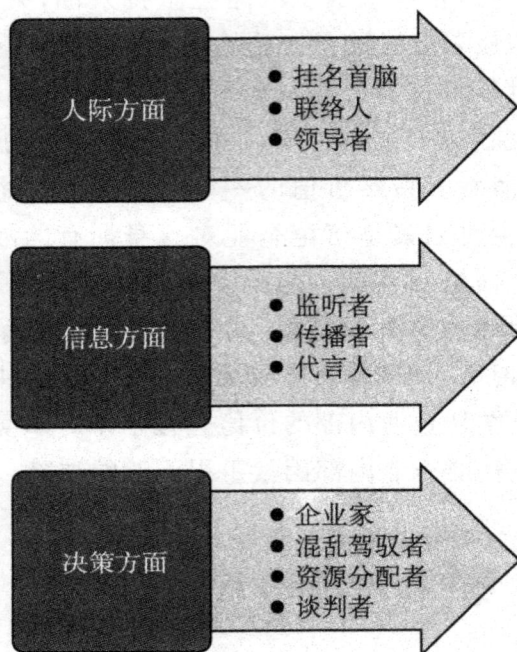

图 3-8　战略领导者所扮演的角色

（一）人际方面的角色

在人际方面的角色中,高管扮演挂名首脑、联络人和领导者的角色。

1.挂名首脑

作为一名挂名首脑,高管在社交职能中发挥象征性的作用,比如参加与国内外投资者以及政府官员的会议,在财经频道接受访问,出席海外新工厂的奠基仪式,为员工树立星级榜样,以及在大会或者行业会议中发言等。

2.联络人

作为一名联络人,高管花费时间建设、维护和发展与外部利益相关者联络的社交网络,以获得有价值的信息以及提供或寻求帮助。

3.领导者

作为一名领导者,高管通过决策承担更多的内部责任,比如选择、培训与激励核心员工与未来领导者,或者回顾和决定需要大量资源的战略行动。

在所有这些角色中,高管依靠人际交流,通常是面对面的。

(二)信息方面的角色

在信息方面的角色中,高管担任监听者、传播者和代言人的角色。

1.监听者

作为一名监听者,高管从大范围的内外部来源中找出或收到各种各样的,通常是实时的信息,他会不断地吸收和评估这些信息。通过收集关于许多不同企业和行业的信息,首席执行官成为组织的神经中心。

2.传播者

当在组织内部传播信息流时,管理者扮演了传播者的角色。大多数分享的信息都是在财务数据和其他分析基础上的事实,而有一些则是首席执行官对事件与事实的理解。

3.代言人

当首席执行官向外界财经新闻记者或其他利益相关者传播信息时,就扮演了发言人的角色。在这种情况中,管理层努力形成并影响公众的观点。

不断增长的信息量,使得管理层超负荷工作,而且信息方面的角色很大部分的工作是控制信息流量。

(三)决策方面的角色

在决策方面的角色中,高管扮演着企业家、混乱驾驭者、资源分配者和谈判者的角色。正如名称所示,高管在这方面的主要任务是进行战略决策。作为企业家,高管详细审视内外部环境,以发现新的战略性机会。在这个角色中,高管也酝酿与监管当下的战略方案。作为混乱驾驭者,高管就像一场运动比赛中的裁判,尽力从根源上排解内部的冲突,并且如果需要,采取修正性行动。作为资源分配者,高管决定哪些项目可以获得组织的资源与支持。作为谈判者,高管在与内外部的利益相关者进行的大型谈判中代表公司利益。谈判的范围从与工会讨论劳动合同到与竞争对手谈判敌意收购,再到与政界人士商议进入国外市场,涵盖方方面面。高管要在不同的场合变换不同的角色,这显然对高管的要求较高。

二、战略领导者应具备的素质

(一)战略领导者必备素质来源

每一个董事会与他们所代表的股东,都希望在企业中有成功的战略领导者。根据高阶理论(upper echelons theory),主要是顶端的管理团队(在组织的高层)通过战略决定组织的成败。这使我们想到战略领导力的来源:如何成为一个成功而又有伦理素养的战略领导者? 这是天生的,还是可以学习的? 高阶理论认为,强大的领导力源于天生的能力与学习两个方面。该理论认为,高层通过他们独特的视角理解环境,这种独特的视角是由个人境遇、价值观与经验塑造出来的。他们的领导行为反映了年龄、教育背景与职业生涯经历的特征,贯穿他们对面对这种环境的个人理解。

（二）五级领导金字塔模型

由于顶层管理者所拥有的声望、权力与薪酬，许多人渴望成为一个成功的战略领导者。作为战略研究者与咨询师，吉姆·柯林斯在畅销书《从优秀到卓越》中，对卓越公司进行了定义，即那些从平凡表现者跨越成为获得可持续竞争优势的公司。他对这种跨越进行了测量，"在它们跨越后的 15 年里，公司的平均累积股票收益是大盘股指的 6.9 倍"。柯林斯在他所研究的公司中发现了领导模式，如五级领导金字塔形状（图 3-9）。这个金字塔是一个概念化的框架，通过五种不同的、连续的级别展示了领导力的发展。有趣的是，柯林斯发现，所有他认为是卓越的公司都是由第五级管理者领导的。

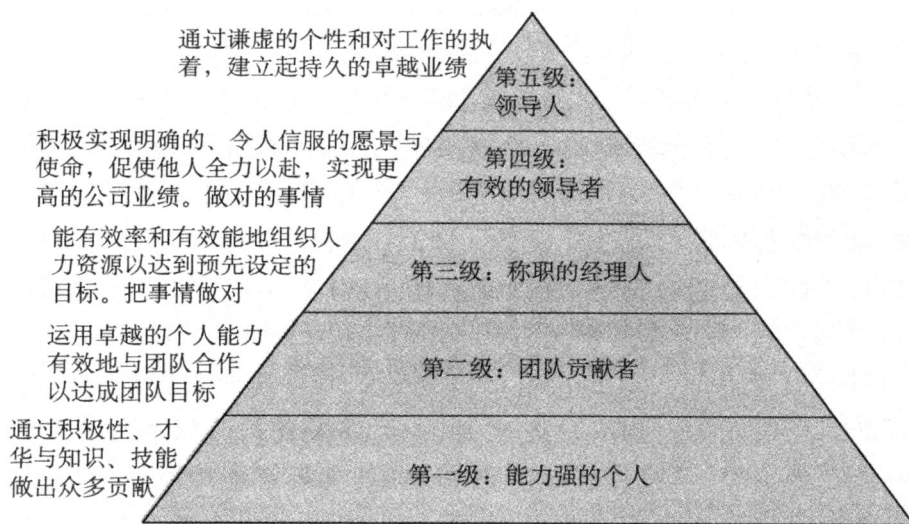

通过谦虚的个性和对工作的执着，建立起持久的卓越业绩　**第五级：领导人**

积极实现明确的、令人信服的愿景与使命，促使他人全力以赴，实现更高的公司业绩。做对的事情　**第四级：有效的领导者**

能有效率和有效能地组织人力资源以达到预先设定的目标。把事情做对　**第三级：称职的经理人**

运用卓越的个人能力有效地与团队合作以达成团队目标　**第二级：团队贡献者**

通过积极性、才华与知识、技能做出众多贡献　**第一级：能力强的个人**

图 3-9　战略领导者：五级金字塔

根据五级领导金字塔，成功的管理者会经历五个不同级别的自然发展阶段。每一个级别都建立在前一个级别的基础上，只有当掌握了当前的级别后，管理者才能进一步发展到下一个领导级别。

（1）第一级经理人，通过个人的动力、才能、知识和技能为企业做出大的贡献。

（2）第二级经理人，掌握了第一级要求的能力，同时还是一名有贡献的团队成员，为了达到协同效应与团队目标，他在团队环境中与他人有效合作。

（3）第三级经理人，是全方位的、称职的经理人，是一个非常有才干的人，具有团队精神，能有效地组织人力资源以实现预定的目标，能"把事情做对"。

（4）在第四级，第三级的成功经理人转换成为一名能决定什么是正确的决定的领导人。第四级领导者促使他人全力以赴，积极实现某一明确的、令人信服的愿景，激发企业达到更高的业绩标准，"做对的事情"。

（5）在第五级，管理者达到了领导力顶峰，转换成为战略领导者。一位成功的战略领导者能在他领导的组织中创造持久的伟大成功。

总的来说，通过逐渐地掌握战略领导者金字塔五个级别中每一级的才能，就可以成为一个成功的、有伦理素养的领导者。在大学里受到的训练使得我们成为一个能够做出大量贡献的个人。如果在本科毕业后马上开始第一份工作，很可能会从与在大学所学专业相关的职能领域，开始企业生涯（比如会计、经营管理、营销和金融）。由于在大学里的团队合作经历和现在的在职培训，学习曲线开始向下移动，能够锻炼出有效地与其他人合作以达到团队目标的能力。拥有这些能力后，可发展到第二级领导力层。随着责任增加，可锻炼和表现出有效率、有效能地组织资源去达到战略目标的能力。在第五级，已经成为一个成功的经理人，一个能够产出绩效的领导者。

与之前的级别相比，第四级与第五级更重要的是要求战略领导者品质。当获得任职总经理（一个承担一个业务单元或一个团队的盈亏责任的人）的机会时，需要第四级战略领导者品质。

在第四、五级中，会有越来越多的机会，促使他人全力以赴取得更高的绩效。这样做不仅需要非常熟悉公司的内部工作，并且需要非常熟悉外部环境。内部分析与外部分析的概念会帮助我们奠定形成能够提高公司业绩的战略基础。

在业务层面做出了成绩,可能会被推选为公司的首席执行官。在第五级战略领导力中,需要将工作的执着、职业道德(它能使人攀上巅峰)与谦虚的个性,以身作则来带领公司。为了有效地工作,需要对公司层战略有一个深刻的认识。还需要展现出不屈服的个人正直品格。

第四章　中小企业的环境分析

适者生存。环境对于中小企业业务开展来说意义非常重大。打铁还需自身硬，在环境分析这一部分，中小企业应首先分析内部环境，也就是要分析企业的运营状况，摸清自己的实力。其次，中小企业应分析自身所处的产业和宏观社会环境，顺势而为，争抢潮头。

第一节　中小企业内部环境

所有组织都只能在某些业务职能方面具有优势和劣势。没有哪家企业在所有方面都有同样的优势或弱势。例如，宝洁之所以有名，在于其出色的营销能力。识别内部优势/劣势、外部机会/威胁及清晰表述使命，是建立企业目标和战略的基础。企业建立其目标和战略是为了强化优势，克服劣势。这一过程就逐渐构成了企业的独特竞争力。企业可利用其独特竞争力获取竞争优势。所有企业都应该持续努力地克服劣势，进而转劣势为优势，最终开发出能为企业带来竞争优势的独特竞争力。

一、企业内部环境分析的过程

内部环境分析与外部环境分析有异曲同工之处。来自企业各部门的代表性管理者和雇员，应参与确定企业优势与劣势。进行内部环境分析，需搜集企业管理、营销、财务会计、生产运营、研发和管理信息系统方面的信息,并将它们分类汇总。

相比外部环境分析,内部环境分析的执行过程为参与者理解各职位和部门与整个组织的契合度,提供了更多的机会,这将大有裨益。因为当管理者和雇员们理解其工作如何影响企业其他方面的工作时,他们会表现得更加优异。例如,当营销与生产经理一起讨论问题时,他们就能够对问题本身、关注重点及所有职能方面的需要,获得更好的认识和理解。通常,如果一个组织没有使用战略管理,则营销、财务和生产经理们在重要问题方面缺乏互动。因此,内部环境分析提供了企业交流的有力工具或方式。交流可能是管理中最重要的词汇。

战略管理是一个互动性很强的过程,需要有效协调管理、营销、财务会计、生产运营、研发及管理信息系统的经理。尽管该过程由战略制定者监督,但其成功与否,需要所有来自职能领域的经理与员工共同提供思想与信息。组织成功的关键在于,有效协调和理解来自所有职能业务部门的经理。经理们通过参与内部环境分析,可以理解企业其他职能业务部门所做决策的性质和影响。理解这些关系,对于有效建立企业目标和战略至关重要。

战略管理需要确认和理解业务职能方面的关系,这些关系的数量,随着企业规模、多元化程度、地理分布以及所提供产品或服务的数量而急剧增加。政府和非营利组织,通常对这些业务职能关系未予以充分重视。一些企业则过于重视其中一种职能,却牺牲了其他职能。

财务比率分析(financial ratio analysis)充分体现了业务职能之间关系的复杂性。投资报酬率或毛利率的下降,可能是因为营销无效、管理政策糟糕、研发失误或管理信息系统薄弱。战略制定、实施及评价活动的有效性,依赖于正确理解主要职能如何影响其他职能。成功的战略实施,需要统筹协调好所有职能关系。

二、企业内部环境分析的内容

（一）整合战略与文化

企业各职能业务活动之间的关系，可集中体现于组织文化，它是贯穿在组织各部门中的内部现象。组织文化可定义为："组织在学会对外适应环境，对内实现一体化的过程中形成的行为方式。人们认为该方式行之有效，并将之作为理解、思考和感觉事物的正确方式，传授给组织新成员。"该定义强调了企业在做战略决策时，匹配外部与内部因素的重要性。

组织文化概括了塑造工作场所的因素，它们微妙、难以捉摸、很大程度上不为人察觉。由于文化不易改变，它可以成为企业的一种主要优势或劣势，也可能是企业主要职能部门优势或劣势的内在原因。

文化产品（cultural products）包括价值观、信念、仪式、礼仪、典礼、神话、故事、传说、语言、比喻、象征及英雄。战略制定者们可利用这些产品或这些方面，影响并指导战略制定、实施和评价。在某种意义上，组织文化可以与个人性格作比较，没有两家组织具有相同的文化，恰如没有两个人具有相同的性格。文化和性格都很长久，可能表现为热情、积极、友好、开放、创新、保守、宽松、苛刻或可爱。

在谷歌，公司文化非常轻松自在。公司鼓励员工踏着滑板车徜徉在大厅里，或在到处都有的公共白板上进行头脑风暴。相比之下，宝洁（P&G）的文化相当刻板，员工们戏称自己是"偏执狂"。虽然存在这种文化差异，但两家公司正在交换员工，并参与对方的员工培训班。宝洁花费在广告上的费用比其他任何公司都多，而谷歌希望年度广告费用超过宝洁的 87 亿美元。宝洁已认识到，消费者将了解下一代洗衣粉、卫生纸、护肤霜的时间更多地花费在上网而非看电视上。

　　组织文化的所有方面都渗透到企业各职能部门发掘深埋在组织内丰富的故事、语言、英雄人物和礼仪之中的基本价值观和信仰是一种艺术。文化要素可以体现为重要的优势或劣势。在进行战略管理的内部环境分析时,应对组织文化予以足够重视,因为文化与战略必须共同发挥作用。

　　组织文化对经营决策有明显影响,因而必须在内部环境分析中予以评价。如果企业战略可利用其在文化上的优势,如积极的工作态度或较强的道德观念,则管理者往往能迅速而容易地实施战略。反之,如果组织文化不能提供支持,则战略的转变可能无效且达不到预期目标。若组织文化与新的战略发生冲突,这将导致企业混乱和方向迷失。组织文化应能鼓舞人们以饱满的热情来实现战略。

　　企业文化的潜在价值还没有为人们所充分认识。忽视文化对企业各职能部门间关系的作用,会导致沟通不畅、协调缺乏,难以适应变化的环境。文化与企业战略间存在矛盾难以避免,但这种矛盾应当受到监视,不要任其不断加剧甚至转变为对抗性矛盾。文化与战略的矛盾冲突,将造成企业成员间关系混乱,使战略管理困难重重。相反,支持性的企业文化将使战略管理变得更为容易。

　　与组织文化相关的内部优势与劣势,因它们是一种跨职能部门的现象而往往为企业所忽视。因此,对于战略制定者而言,将企业视为一个社会文化系统相当重要。企业的成功,往往取决于企业战略与文化之间的关系。当今,战略管理的挑战在于,建立战略制定、实施与评价所必需的企业文化,以及相应地促进人们思想观念的变化。

(二)企业的管理沟通

　　企业的管理沟通包括五项基本活动:计划、组织、激励、人事和控制。对于战略规划而言,这些活动的评估非常重要。一个组织应该持续运用管理优势,克服和改进管理弱势。

1. 计划

对所有企业而言，未来唯一确定的就是不确定。计划是提高期望结果实现的可能性，连接现在与未来的桥梁。计划者通过计划活动可以确立任务，建立实现既定目标的最有效方法，并确定如何以有效资源应对未知变数。计划是个人或企业将想法变为现实的起点，可避免付出多而收获少。

计划是为获得成功而事先进行的投资。计划有助于企业以有限努力达到最大效果，可使企业考虑相关因素并集中关注关键因素；计划有助于企业预见到各种结果及变化，可使企业集中资源并以最有效的方式完成任务；计划有助于企业保护自身的资源，避免浪费生态资源，可使企业合理盈利，成为既有效益又有利于社会的公司；计划有助于企业明确要实现的目标，准确地确定实现这些目标的原因、内容、时间、地点及人员等具体因素，可使公司确定实现企业目标所需努力与付出是否得到了保证。计划是制定战略的基石。尽管公认计划是管理的基础，但实际上却是管理者最容易忽视的一项任务。计划之所以是战略实施与评价的必要条件，很大程度上是因为组织、激励、人事及控制活动都依赖于计划。

计划过程必须全体人员参与。计划周期长短不一，从最高管理层的 2～5 年，到最低管理层的不足 6 个月。重要的是，包括管理者和雇员在内的所有人员，都要参与计划过程，以促进大家对工作的理解和投入。

计划有利于趋利避害，并对组织及个人的绩效产生积极影响。计划不是简单地经由过去到现在而外推未来（长期规划），还包括提出使命，预测未来事件与趋势以及建立目标及选择战略（战略规划）。

组织可以通过计划形成协同作用。当所有员工为了一个明确的目标组成团队时，协同效应就产生了，实现绩效的不断放大。通过树立和传播明确的目标，员工和管理者将同心协力，共赴理想。协同作用可以转化为强大的竞争优势,战略管理过程本身,也是为了获得这种协同效应。

计划可以使企业适应不断变化的市场,把握自己的命运。企业应将战略管理视为一个正式的计划过程,从而采取积极而非消极的战略。成功的企业总是未雨绸缪而不是被动应对,纵观历史,生物体与组织都遵循"适者生存"。今天的市场、经济和全球竞争加速变化,适应力比以往任何时候都重要,许多企业因没有适应全球衰退而破产倒闭。

2. 组织

组织的目的是通过确定任务与权力关系,从而使企业成员形成合力。组织就是要决定谁做什么,以及向谁报告。历史上有无数这样的案例,相对弱势但组织良好的企业,可成功地同条件优越但组织不力的企业竞争,甚至获胜。在组织良好的企业中,管理者和雇员通常得到很好的激励,自愿地为企业的成功不遗余力。这样的企业还可以更有效率和更有效益的方式配置和使用资源。

管理的组织职能包含三种彼此关联的活动:将任务分解为各项工作(工作专业化)、按工作组建部门(部门化)及授权。将任务分解为具体工作,需对工作进行描述和界定,这可使管理者与员工明确了解工作的具体要求。

工作的组合形成了部门,由部门形成组织结构,进而形成控制范围及指挥链条。战略的变化,往往要求组织结构随之变化,因为新战略可能造成职位的增加、减少或合并。组织结构决定了企业如何配置资源和设置目标。最常见的部门设置方式是:职能制、分部门制、战略业务单位制及矩阵制。

3. 激励

激励可定义为影响员工使其为实现特定目标而努力的过程。激励可以解释,为何一些人努力而另一些却懒散。管理者和员工若未能得到有效激励,目标、战略和政策将很难实现。激励至少包含四大要素:领导、群体活力、沟通及组织变革。

如果管理者和员工正在努力勤勉地工作,则意味着企业战略制定者领导有方。优秀的领导者应与下属建立良好的关系,重视其需求,关切其忧虑,为他们树立榜样,并公平对待他们,信任他们。领导需要描绘愿景,激发员工的内在动力。柯克帕特里克(Kirkpatrick)和洛克(Locke)指出,有效领导的特征是:业务知识过硬、认知能力强、自信、诚实、正直及勤奋。研究表明,相对于专制领导作风,民主领导作风可使员工以更积极的态度面对变化,更好地提高生产效率。

在提高员工士气与满意度方面,群体动力具有重要作用。在每一个组织中,都会形成各种非正式群体或联盟。这些联盟的规范对管理既可能产生非常积极的作用,也可能产生很消极的作用。因此,识别组织内非正式群体的构成和性质,对战略制定者十分必要。在制定和实施战略变革中,各种非正式组织的领导可以发挥特别重要的作用。

沟通很可能是管理中最为重要的一个词,也是激励中的一个关键要素。组织中的沟通系统,决定企业战略能否成功实施。顺畅的双向交流,对于员工支持职能部门与分公司的目标与政策极其重要。自上而下的沟通,可鼓励自下而上的交流。若企业领导人鼓励下属建言献策,战略管理过程可以更容易推进。战略管理的重要目的之一,是在整个组织中建立并形成有效的交流体系。

4. 人事

人事管理,其工作内容包括招聘、面试、测试、选择、指导、培训、提高、关怀、评价、奖赏、惩戒、提升、调动、降级、解聘以及劳资管理。由于人事管理在战略实施中具有重要作用,人力资源经理正在更积极地参与战略管理过程。识别企业在人力资源管理领域的优势和劣势,是十分重要的。

以现在人力资源管理的复杂性和重要性,要想提高到这样的程度,以至于所有的企业,无论大小,概莫能外,都需要一个全职的人力资源主管。如今,法院每天判决大量直接与人事管理有关的诉讼案件。在美国,由于没有遵守联邦、州和地方有关人事管理的法律或准则,企业和个人可能要受到严厉惩罚。基层主管不可能及时了解所有人事管理法规的要求,因此,人力资源管理部门需协调企业中各项人事管理制度,以使企业整体上符合法律要求。此外,人事部门还应保持企业在规章、工资、政策和员工福利以及劳资谈判等方面管理的一致性。

对于跨国公司,人力资源管理尤其具有挑战性。例如,员工配偶和孩子不能适应新的环境,已成为向海外派遣员工时的一个主要问题。类似的还有:提前回国、工作绩效不佳、辞职、解聘、士气低落、家庭不和及员工不满。福特汽车公司和埃克森公司在向海外派遣员工之前,先了解被派人员的配偶和子女情况,并同他们进行面谈。3M 公司在派往国为员工子女介绍同伴,并向家属提供教育补助。

5.控制

管理的控制职能,包括所有保证使实际工作结果与计划相一致的管理活动。在企业中所有管理者都负有控制责任,例如,为使低效率最小化,需进行绩效评价并采取必要措施。控制对于有效的战略评价特别重要。控制包括四个基本步骤。

(1)制定绩效标准。

(2)测量个人及组织绩效。

(3)比较实际绩效与计划绩效。

(4)采取纠正措施。

企业往往未能有效地测量个人绩效,甚至根本没有测量个人绩效。造成这一问题的原因包括:评价个人绩效令人生厌,而管理者倾向于回避;评价个人绩效要占用大多数管理者不愿付出的时间;评价个人绩效需要很多专业技能,而这些技能管理者并不具备。任何考评个人绩效的方法都有局限性,因此,企业应当使用多种方法，诸如图解评价法、行为锚定等级评价法和关键事件法等，然后开发或选择一种最适合本企业需要的绩效评价方法。各企业正努力将组织绩效与管理者和员工收入更紧密地挂钩。

（三）企业的营销能力

营销可以定义为：界定、预见、创造和满足用户对产品、服务需求和希望的过程。基本的营销职能有如下七种：（1）客户分析；（2）产品/服务销售；（3）产品与服务计划；（4）定价；（5）分销；（6）市场研究；（7）成本收益分析。理解这些职能，有助于战略制定者识别及评价营销的优劣势。

1.客户分析

客户分析指考察与评价客户需要、期望及诉求，其内容包括客户调查、分析客户信息、评价市场定位战略、客户构成分析及确立最优市场细分战略。从客户分析中得到的信息，对制定有效的使命陈述十分重要。客户构成分析，可揭示出客户的人口统计特征。企业的采购员、销售员、经销商、管理者、供应商和债权人，都可以参加信息收集，以成功把握客户需求。出色的企业都对当前及潜在客户的购买模式持续监测。

2.产品/服务销售

战略的成功实施，一般依赖于企业销售产品或服务的能力。销售（selling）包括众多营销活动，如广告、促销、公共宣传、人员推销、销售人员管理、客户及分销商关系等。当企业实施市场渗透战略时这些活动至关重要。消费品与工业品的销售方式很不一样，消费品主要依靠广告，工业品则更多使用人员推销。

确定企业在销售职能方面的优势和劣势，是进行战略管理内部环境分析的一个重要内容。在网络营销与服务方面一种新的趋势是，完全根据销售率来确定广告费。这与传统的根据收视率来确定广告费的广播与印刷品广告形成了鲜明的对照。新的以销售单位计算网上广告费率切实可行,因为任何网站都可以监视哪些用户观看了哪些广告,以及之后这些用户又是否购买了相关产品。如果没有销售,广告可免费播放。

3. 产品和服务计划

产品与服务计划(product and service planning)包括以下活动:试销,产品和品牌定位,设立产品质量保证条件,包装,确定产品类型、特性、式样及质量标准,淘汰旧产品和提供客户服务。对于进行产品开发或实行产品多元化的企业而言,产品与服务计划尤为重要。

试销(test marketing)是最为有效的进行产品和服务计划的方法之一。企业可用该方法对各种营销计划进行试验,预测新产品的未来销售情况。试销时需首先确定在多少城市和哪些城市进行,需多长时间,需采集哪些信息,以及完成后需采取哪些措施。试销更多的用于消费品而不是工业品。由于试销能提前发现产品和营销方式的不足,企业因此可以避免巨大损失。

4. 定价

影响定价(pricing)决策的有五种利益相关者:客户、政府、供应商、经销商和竞争者。有时,为更好地控制产品向终端客户的销售价格,企业将采取前向一体化战略。在定价、价格歧视、最低价格、单位定价、价格广告和价格控制等方面,政府会采取一定的干预措施。

注意,竞争厂家间不要在销售折扣、赊销及其他销售条件方面进行协调;不要在产业协会的会议上商讨价格、毛利和成本等事项;也不要商定在同一时间发布新价格表,向供方轮番压价,或联手限制产量以维护高价。战略制定者对价格调整务必审慎,既要着眼当前又要顾及长远,因为竞争者容易跟风和反击。通常龙头企业会毫不客气地打击竞争者的降价措施。

5.分销

分销涉及以下活动：仓储、分销渠道、分销覆盖范围、零售网点布局、销售区域、存货水平和布局、运输工具、批发及零售。现在，绝大多数厂商不直接向客户销售产品，经销商大行其道。作为中间人，经销商们有众多的名称，如批发商、零售商、经纪人、捐客、撮合人、供应商或分销商。

企业若着力实行市场开发或前向一体化，分销就十分重要。企业要进行产品分销绝非易事，需要做一些最复杂和最具挑战性的决策。由于厂商缺乏资金及直接营销所需的专业知识，经销业务在美国经济中风生水起。资源雄厚的厂商有能力直接向公众销售产品，可通过扩大和改进生产获得更多的收益。

成功的企业都探究和评价开发最终市场的各种方法，可行的方法包括从直接销售到利用一个或多个批发商或零售商间接销售。究竟采用何种方法，要依据经济、管理和适应性方面的具体情况，确定各种分销渠道的优劣。企业既要考量各种批发及零售渠道的代价与收益，也要注意给予渠道商必要的激励与控制，还要为未来可能的调整留有余地。企业一旦选择了某个分销渠道，通常在相当长的一个阶段会形成渠道依赖。

6.市场研究

市场研究（marketing research），是指对产品或服务营销相关的数据进行系统化收集、整理与分析的活动。市场研究可揭示企业关键的优势和劣势；市场研究综合利用多种方法、程序、概念和技术来收集信息；市场研究支持企业所有重要职能领域的活动。拥有娴熟市场调查技能的企业，在采取通用战略时的优势显而易见。

7.成本收益分析

营销的第七项职能是成本收益分析，它包括对与营销决策相关的成本、收益以及风险的评价。成本收益分析有三个步骤：(1)计算与决策相关的全部成本；(2)估算决策可带来的全部收益；(3)将全部成本与预期收益进行比较。若预期收益高于总成本，则决策可带来机会。有时，成本收益分析涉及的参数不能量化，甚至不能测度。但是，一般总可以设法给出合理的估计以便分析。此时，风险是一个需要考虑的关键因素。在测评企业承担社会责任的各种方案时，也应当进行成本收益分析。

(四)企业的财务会计状况

通常人们认为，财务状况是考察企业竞争力和对投资者吸引力的最好尺度。确定企业的财务优劣，对于制定有效战略必不可少。熟悉掌握企业的流动性、杠杆比率、营运资本、盈利率、资产利用率、现金流量及股东权益等指标，可以排除使用某些战略。财务因素往往会改变现行战略或修改当前计划。

企业的财务状况通常反映为企业的财务比率。而财务比率则是由企业的利润表和资产负债表算出。计算财务比率如同拍照，因为它反映的只是企业在某一时点的表现。将不同时期的比率进行纵向比较，或将企业的比率与产业的平均水平进行横向比较，可以得出更有意义的统计结果，以用于确认和评价企业的优势与劣势。

财务比率分析必须超越比率的实际计算和解释，应分别在三个方面下功夫。

(1)每个比率的趋势变化。该信息是提供评价历史趋势的一种手段。需注意，每个比率是否随时间增加、减少，或几乎保持不变。例如，如果该趋势是过去三年毛利率为每年 20%，则现在 10% 的毛利率可能比较糟糕。如果该趋势是增长型，则 10% 的毛利率可能比较良好。因此，为评价企业的历史财务表现，可计算每个比率自上一年到下一年的百分比变化。识别并检查自上一年到下一年发生较大百分比变化的财务比率。

(2)每个比率与行业平均状况比较结果。初看起来，一家公司的存货周转率可能会很高，但与产业标准或规范相比，可能很一般。在某些比率上，各产业可能有显著差异。例如，像克罗格这类的食品杂货公司有较高的存货周转率，而汽车经销商有较低的存货周转率。因此，在其特定产业内进行公司财务比率的比较，对确定公司优势/劣势很有必要。

(3)每个比率与主要竞争对手比较。通常确定产业或地域的若干竞争对手之间的竞争，比跨产业里所有竞争对手之间的竞争更激烈。既然承认这个事实，则财务比率分析应包括这些主要竞争对手的比较。例如，如果一家公司的获利比率的趋势是上升，与产业平均比较是有利趋势，但它相对于主要竞争者的趋势是下降，则该公司需要特别关注。

财务比率分析并非没有局限性。首先，财务比率分析的基础是会计数据，而不同企业在会计上对很多项目的处理有所不同，如折旧、存货价值、研发支出、退休金计划支出、合并及税收等。此外，还需考虑季节因素。因此，企业财务比率与产业平均水平相当，并不代表公司运营正常或管理良好；反之，与产业均值离散度高也不能说明企业经营状况特别好或特别不好。例如，存货周转率高可能表明库存管理有效和流动资金状况良好，但它也意味着存货严重短缺及流动资金状况不良。

重要的是要认识到，企业财务状况不仅取决于财务职能，还取决于很多其他因素，包括：(1)管理、营销、生产运营、研发及管理信息系统的决策；(2)竞争者、供应商、分销商、债权人、客户和股东的行为；(3)经济、社会、人口、政治、政府和技术发展趋势。

(五)生产运营

企业的生产运营职能(production operations function)包括将资源投入转变为产品或服务的所有活动。生产运营管理所涉及的资源投入、物质转换及产出，因产业与市场而异。生产将诸如原材料、劳动、资本、机器与设施等变为最终产品和服务。

通常生产运营活动占用企业人力与实物资本的最主要部分。

对于绝大多数产业而言,生产产品或服务的主要成本发生于生产过程,因此,生产运营是实施总体战略的利器,生产运营五种职能的优劣关乎企业的成败。

很多生产运营经理发现,对员工进行交叉培训有助于企业对变动不定的市场做出快速反应。通过交叉培训,可以提高生产效率、产品质量、生产能力及工作满意度。通用汽车公司底特律齿轮及车轴生产厂,员工交叉培训后,与残次品相关的生产成本在两年中大幅下降。

(六)确定企业的研发能力

在确定企业具体的优势和劣势时,需考察内部运营的第六个领域是研发。如今,很多企业尚未进行过研发,但也有不少企业靠成功的研发得以生存。那些采取产品开发战略的企业,尤其需要坚持以研发为导向。

企业之所以在研发上投资,是因为相信该投资能带来更好的产品或服务,从而增强企业的竞争优势。企业开展研发,旨在抢先开发出新产品,提高产品质量,或改进制造工艺降低成本。

为了有效管理研发,研发部门与其他重要业务职能部门,需要在战略和运营上通力合作。如今,在管理卓越的公司中,呈现出研发管理者与其他管理者之间的宝贵合作与信任。在这些公司中,研发内容、时间、地点及经费等问题,得以共同探索、评价和决策。有关研发活动的成本、收益、风险及报酬等问题,也均由各部门充分讨论,共同分担。目前,研究与开发的总体任务已大为拓展,包括支持现有业务、帮助开展新业务、开发新产品、改进产品质量、提高生产效率、加强和提高企业的技术能力。

如今,管理最好的企业在组织研发活动时,都倡导研发管理者与其他部门管理者之间的通力合作,注意消除研发与其他业务领域间的分离。企业各部门及分公司通过经验分享与信息交流,对研发决策和计划进行综合统筹。战略管理过程为推动跨职能部门的研发管理创造了条件。

众所周知，不同公司和不同产业其研发成本各不相同，但总研发成本一般超过生产与营销的初始成本。通常有四种方法确定研发预算：（1）优先资助被推荐的研发项目；（2）使用销售额百分比法；（3）参照竞争企业的研发成本；（4）先确定需要多少成功的新品，然后逆推所需的研发投资。

企业可采用两种形式开展研发：（1）内部研发，即企业通过自己的研发部门自行研发；（2）委托研发，即企业委托外部独立的研究人员或机构开发特定产品。很多公司在开发新产品时，同时采用这两种方式。此外，通过组建合资企业获得外部研发帮助，也是一种广为采用的方法。企业在研发方面的优势（能力）与劣势（局限），将在战略制定与实施中起重要作用。

当今，客户需求不断变化，新技术层出不穷，产品周期加速缩短，国内外竞争日益激烈，对绝大多数公司而言，生存和发展的不二法门是，不断开发新产品并持续改进现有产品。然而，创新思想的缺乏、全球竞争的加剧、市场细分的深化、政府调控的增强以及特殊利益集团的壮大，都使得研发新产品更加困难、昂贵和更具风险。

（七）企业的管理信息系统

信息将所有的业务职能结合在一起，并为所有管理决策提供依据。信息是企业生存的基础，是代表企业竞争优势或劣势的一个主要因素。对企业信息系统进行评价，是内部环境分析的一项重要内容。

企业建立管理信息系统的目的在于，通过改进管理决策的质量而提高企业的绩效。通过收集、编辑、存储、归纳和展示信息，有效的信息系统可以回答重要的经营与战略问题。信息系统的核心是数据库，它包含了各种重要的文件和数据。

管理信息系统（management information system，MIS）可以通过企业的内外部环境分析获得原始资料。MIS 收集数据的范围包括：企业内部的营销、财务、生产、人事等职能领域；企业外部的社会、文化、人口、环境、经济、政治、政府、法律、技术和竞争等因素。为满足管理决策的不同需要，这些数据需要进行加工整合。

在管理信息系统中，信息流有其内在逻辑。即先将数据输入，经加工处理后输出。输出形式包括计算机打印、书面报告、表格、图形、图表、支票、采购单、发票、库存记录、工资表及其他各种文件。各种备选战略的成效，也可通过信息系统估算。注意，数据（data）和信息（information）的差异：只有为了特定目的、问题、个人或时间而对数据进行评价、筛选、压缩、分析及组织，数据才会变成信息。

（八）价值链分析

根据波特的理论，最好用价值链（value chain）来描述企业业务。企业开发和推销产品或服务而带来价值的所有活动总收入减去总成本，就是这一链条所增加的价值。只要当增加价值为正时，企业才能盈利。同一产业中的所有企业有相似的价值链，包括获取原材料、产品设计、建筑活动、生产设施、开发合作协议及提供客户服务等。企业不仅应熟悉自身价值链的运作，而且要了解其竞争对手、供应商及分销商的价值链。

价值链分析（value chain analysis），指企业确定全成本的过程，这里的全成本涉及从购买原材料到加工生产制造，再到销售产品等所有相关活动发生的成本。进行价值链分析的目的是，沿着价值链从原材料到客户服务活动中，找出任何存在低成本优势或劣势的地方。价值链分析可帮助一家企业更好地认清自身的优劣势，在一段时间内将自己与竞争对手价值链分析的数据进行比较时尤其如此。

企业要做出重要判断，需要进行价值链分析。因为沿着价值链上的各项活动，会对其他活动产生积极或消极的影响，这些活动间的关系可能错综复杂。例如，出色的客户服务可能代价昂贵，但可降低商品返回成本并增加收入。竞争企业之间的成本和价格差异，可以从供应商、经销商、债权人或者股东活动中找到来源。实施价值链分析的第一步，是将企业的业务划分成具体活动或业务流程。然后尝试将成本与每个离散活动联系起来，成本既可以用金钱衡量也可以用时间衡量。最后将成本数据转换成信息，从中找出可能会产生有竞争力的成本优劣势。通过价值链分析，利巴韦林公司找出了能带来独特能力的资产和能力。

当主要竞争对手或新市场进入者以非常低的价格提供产品或服务时，可能是因为该企业价值链的成本比较低，或者是竞争企业仅仅是孤注一掷以获得销售或市场份额。价值链分析对企业极为重要，它可以监测价格和成本是否具有竞争力。注意与产品或服务的生产与营销相关的价值创造活动，可能有上百个，其中每一个活动都可以代表该企业的一种竞争优势或劣势。企业业务成本由企业价值链上各种活动的合并成本（即总成本）确定。相对竞争企业价值链，企业应确定自身价值链具有哪些成本优势和劣势。

各产业及各企业的价值链差异极大。一家纸产品企业，如石集装箱（Stone Container）公司的价值链包括木材耕作、伐木及造纸；一家电脑公司，如惠普的价值链包括编程、外设、软件、硬件及笔记本电脑；一家汽车旅馆的价值链，包括食品、客服、登记和退房手续操作、网站和预订系统等。然而所有企业都应该利用价值链分析，开发和培育核心竞争力，并将这种能力转变成独特能力。核心竞争力（core competence），是企业特别擅长的一个价值链活动。当核心竞争力可带来主要竞争优势时，它就是一种独特竞争力（distinctive competence）。

越来越多的企业正在利用价值链分析，以沿着价值链的各个部分获得并保持竞争优势，尤其是高效和有效优势。例如，沃尔玛通过极其严格的库存控制，批量购买产品，提供模范的顾客服务，已建立起强大的价值优势。电脑公司也在价值链的分销端不遗余力地积极参与竞争。当然，对于大型零售商和电脑公司而言，价格竞争是产生效益的关键组成部分。

标杆管理（bench marking）是一个分析工具，用来判断一家企业的价值链活动较之竞争对手是否具有竞争力，以力争赢得市场。标杆管理必须在产业层次测量价值链活动成本，以确定竞争企业之间的"最佳实践"，目的是帮助企业复制或改进这些最佳实践。标杆管理通过识别（并改善）典范企业在成本、服务、声誉或运营等方面具有相对优势的价值链活动，促使企业在提高竞争力方面采取行动。

最近，全球标杆管理网站进行了一项关于标杆管理的综合调研，调研对象包括 40 多个国家超过 450 个组织，调研结果显示：

20 项改进工具中使命和愿景陈述是最常用的工具（77％的组织使用），其次是 SWOT 分析（72％），以及非正式标杆管理（68％）。49％的受访组织使用绩效标杆管理，而 39％的受访组织使用最佳实践标杆管理。

未来三年内，最有可能更受欢迎的工具是：绩效标杆管理、非正式标杆管理、SWOT，以及最佳实践标杆管理。超过 60％的受访组织表示，它们还没有使用这些工具，但在未来三年内非常可能开始使用。

标杆管理最困难的部分是，如何知道其他公司价值链活动的相关成本。典型的杠杆管理信息来源包括公开发表的报告、贸易刊物、供应商、经销商、客户、合作伙伴、债权人、股东、说客以及愿意分享信息的竞争企业。一些竞争企业，提供共享的基准数据。然而国际基准交流中心提供的指引，有助于对贸易壁垒、操纵价格、串通投标、行贿等参与企业间不正当的商业行为进行约束。

第二节　中小企业外部环境

外部环境分析的目的是形成一张清单，涵盖对公司有利的有限机会和应该避免的威胁。注意定语"有限"，这表明外部环境分析绝非找出所有可能影响公司的机会,而是识别出能够付诸实践的关键因素。公司能够制定战略,主动或被动地回应这些因素,从而利用外部机会发挥优势,或使潜在威胁的影响最小。

一、企业的关键外部因素

外部因素(External forces)可以分为五大类:(1)经济因素;(2)社会、文化、人口和自然环境因素;(3)政治、政府和法律因素;(4)技术因素;(5)竞争因素。图 4-1 展示了这些因素和组织之间的关系。外部趋势和事件,如食品价格上涨和美洲国家即将增加的在线人口,明显影响全球的产品、服务、市场和组织。

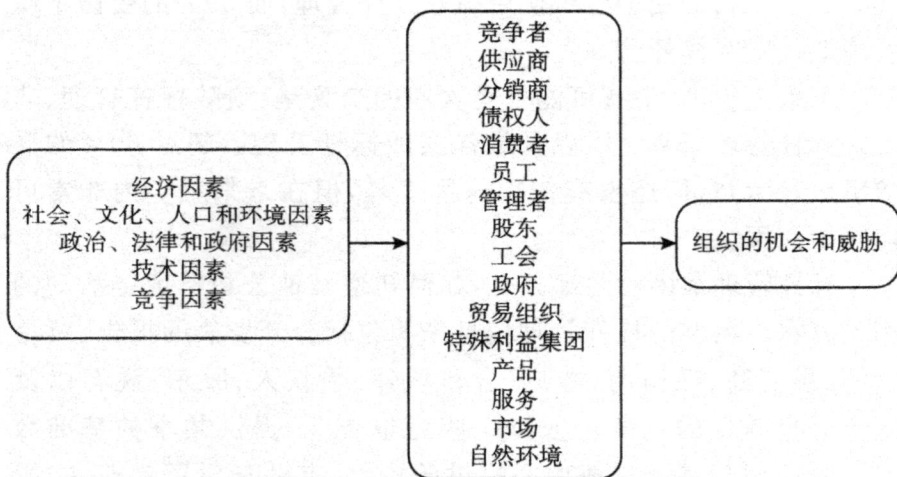

经济因素
社会、文化、人口和环境因素
政治、法律和政府因素
技术因素
竞争因素

竞争者
供应商
分销商
债权人
消费者
员工
管理者
股东
工会
政府
贸易组织
特殊利益集团
产品
服务
市场
自然环境

组织的机会和威胁

图 4-1　组织和关键外部因素的关系

外部因素的变化也影响了产品和服务的消费需求。外部因素影响了企业的产品研发类型、市场细分和定位、企业提供的服务,以及企业兼并或出售的选择。外部因素直接影响了供应商和分销商,因此,识别和评价外部机会和威胁,能够帮助企业明确一个清晰的愿景,设计实现长期目标的战略,制定实现短期目标的各项政策。

二、基于产业内的企业外部环境分析

(一)产业内企业外部环境分析的理论基础：波特五力模型

波特五力模型广为人知，其所提供的就是帮助经理人进行这项分析的框架。波特的分析专注于决定产业内竞争的五种力量，如图 4-2 所示：(1)潜在竞争对手进入的风险；(2)产业内现有企业的竞争强度；(3)购买者讨价还价的能力；(4)供应商讨价还价的能力；(5)产业替代性产品的相似度。

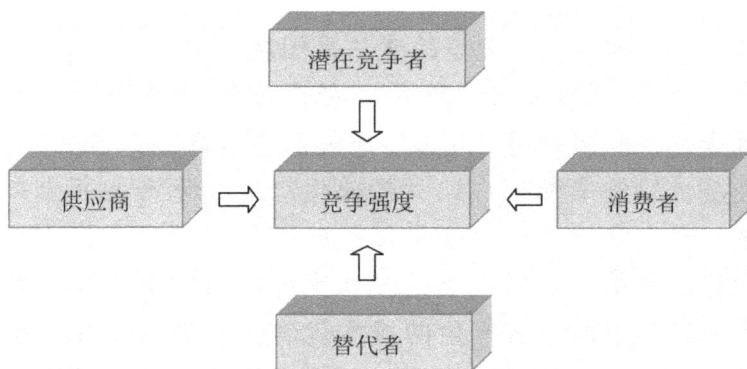

图 4-2 波特五力模型示意图

波特指出，其中任何一种力量越强，则现有企业就越难以提价和赢利。在波特的分析框架中，竞争力量强被视为威胁，因为它挤压利润；而竞争力量弱则被视为机会，因为公司可能获得更多的赢利。五种竞争力量的强弱可能会随时间和产业状况的变化而变化。管理者的任务是认清五种竞争力量的变化如何带来新的机会和威胁并做出适当的战略反应。此外，一家企业有可能通过自己的战略选择将一种或数种竞争力量转变为自己的优势。

(二)潜在竞争对手进入的风险

潜在竞争对手是当前不在行业内但是有能力进入本行业的

公司。例如，有线电视企业近来成为传统的电话企业的竞争对手。新的数字技术令有线电视企业可以通过传送电视信号的线路提供电话服务。产业内现有的企业通常会试图阻止潜在竞争对手进入本产业，因为竞争公司越多，现有企业越难以保住市场份额、越难以赢利。竞争对手进入的潜在可能性越高，对现有企业赢利的威胁越大。如果潜在的进入威胁小，现有企业可以利用这一机会提高价格和增加利润。潜在竞争对手的进入风险是进入壁垒高度——令进入产业的竞争者付出代价——的函数。代价越高，壁垒越高，这一竞争力量越弱。高的竞争壁垒将潜在的竞争者挡在产业之外，尽管本产业的利润很高。阻碍新竞争者进入的主要壁垒形式包括规模经济、品牌忠诚、绝对成本优势、顾客转移成本和政府管制。竞争战略总是围绕着建构进入壁垒（对于产业内企业）和克服进入壁垒（对于新进入者）而展开。

规模经济是同降低公司成本结构的大规模生产相关的优势。规模经济优势的来源有：（1）大规模生产标准化产品所带来的成本削减；（2）大宗购买原材料和部件的折扣；（3）固定生产成本均摊到大量产品单位上所产生的成本优势；（4）广告和营销费用均摊到大量产品单位上所产生的成本优势。如果这些成本优势很明显，新进入的生产规模不够的企业将严重缺乏成本优势。如果新企业希望直接进入规模生产实现规模经济，它将承担与大规模投资相对应的高风险。直接进入规模生产的另一个风险是产品供应的增加会压制价格并且引来现有企业的报复。因此，现有企业拥有规模经济的情况可以减少进入的威胁。

品牌忠诚是购买者对现有企业产品的偏好。一家企业可以通过持续投放广告、宣传本品牌产品、公司名称、专利保护、研发产生的产品创新、产品质量和良好的售后服务来创造品牌忠诚。强大的品牌忠诚令新企业难以从现有企业手中夺取市场份额。这将有效地阻止新企业的进入威胁，因为它们很可能得不偿失。以可乐市场为例，顾客们对可口可乐和百事可乐表现出强烈的品牌偏好，这让其他企业很难进入这一市场。

有时现有的企业相对于新进入的竞争者拥有绝对成本优势，新竞争者无法拥有现有企业的低成本结构。绝对成本优势有三个主要来源：(1)经验、专利和秘密工艺所带来的卓越的生产运营水平；(2)特殊生产要素的控制，例如，劳动力、材料、设备或管理技术；(3)便宜的资金成本，因为现有企业相对于新企业风险小。如果现有企业拥有绝对成本优势，则潜在竞争对手进入的威胁较小。

转移成本是顾客从现有企业的产品转向新企业产品所付出的时间、精力和金钱。如果转移成本高，顾客就被锁定在现有企业所提供的产品中，即使新企业提供的产品更好。

从历史上看，政府管制向来是许多产业的主要进入壁垒。在中国，不仅仅移动运营商需要牌照，就是手机生产也要有政府许可。这样的管制在很大程度上解释了为什么在业者能够保持很高的利润。对外资企业来说，政府管制更是进入东道国投资经营的先决条件。五力模型预言，政府管制解除和进入壁垒降低将导致新企业的涌入、产业竞争加剧和产业利润率下降。历史的发展证实了这一预言。

(三)现有产业内竞争

竞争对手指的是产业内互相竞争市场份额的企业。竞争的表现可以是价格、产品设计、广告和促销、直销、售后服务和支持。竞争激烈意味着价格下降、成本上升，它导致整个产业利润下降。因此，现有企业间的竞争对赢利能力构成威胁。竞争还会导致行业整合，使弱小的企业被淘汰出局。如果竞争不太激烈，产业内企业就有机会提高价格或减少在非价格竞争武器上的开支。产业内现有企业的竞争强度主要是以下四个因素的函数：(1)产业竞争结构；(2)需求状况；(3)成本状况；(4)产业退出壁垒。

产业的竞争结构指的是产业内企业的数目和大小的分布，是战略经理进行产业分析的出发点。不同的产业其结构各不相同，不同的结构导致不同的竞争强度。零散型产业内分布着众多的小型或中型企业，其中没有一家能够决定产业的定价。合并型产业由为数不多的大型企业（寡头）所把持，或者在更极端的情况下只有一家公司（垄断），这些企业有权决定价格。零散型企业的例子有农业、干洗业、录像带出租业、健身俱乐部、不动产经纪和太阳浴房。合并型产业的例子有航天业、汽车业、制药业和股票经纪业务。

许多零散型产业的进入壁垒很低，或者生产难以差异化的大路商品。这些特点决定了它会随着利润的升降时而繁荣时而萧条。进入壁垒低意味着只要需求旺盛、利润率高，新的企业就会迅速进入市场，期望从繁荣中获利。

新企业大举进入繁荣的零散型产业往往导致产能过剩，于是企业不得不削价以利用闲置的产能。难以体现同竞争对手产品之间的差异化会进一步加剧这一趋势。结果只能是价格战，产业利润下降，迫使某些企业退出，阻止新企业进入。

零散型产业结构形成的是威胁而不是机会。许多繁荣景象往往是过眼烟云，这是因为新企业容易大量涌入，随之而来的是价格战和破产。由于在这些产业中很难实现产品的差异化，企业最好的战略就是成本最小化，在繁荣期实现最大利润，在接下来的萧条期能够保持生存。或者，企业也可以试图改变产业的结构，将其从零散型产业转变为合并型产业，提高产业的赢利能力。

在合并型产业中，企业之间是相互依存的，因为其中任何一家企业的竞争行动或行为（价格、质量等）都会直接影响竞争对手的市场份额和赢利能力。只要其中一家采取行动，竞争对手通常会"被迫"做出反应，这种竞争依存可能会导致恶性的循环竞争。随着产业内企业竞相压低价格、向顾客提供更多的价值，整个产业的利润被压低了。航空业周期性爆发的机票价格大战就是说明这一过程的最佳事例。

合并型产业内的公司有时试图通过追随主导企业的定价来避免这一威胁。这样做的公司必须很小心，因为面对面的限价协议是违法的（未经直接或故意沟通达成的、默认的、间接的协议是合法的）。因此,各家企业只得相互观察、解释、预期和做出反应。然而,默认的价格领导协议经常会在不利的经济环境发生时遭到破坏。

产业需求的水平是现有企业间竞争强度的另一项决定因素。新顾客的加入和老顾客的反复购买意味着作为竞争对象的顾客(市场)范围的扩大,这会有助于缓和竞争,形成较高的产业利润。相反,市场需求下降会导致更激烈的竞争,因为公司会不惜代价保住市场份额和收入。需求下降是由于顾客正在脱离这一市场或每位顾客的购买量减少了。因此,需求下降是一个主要的威胁,它会加剧现有企业间的竞争。

产业内企业的成本结构是竞争强度的第三项决定因素。在固定成本很高的产业中,赢利能力对销售额非常敏感,提高销售的愿望可能导致激烈的竞争。固定成本是在企业实现销售之前必须付出的成本。在固定成本很高的产业,如果销售额不够,企业的收入将不足以补偿固定成本,必然倾向于降价或增加促销支出以提高销售额。如果需求增长不够快或采取相同行动(降价或增加促销支出)的企业过多,将导致激烈的竞争和低利润。研究发现,在一个产业中往往是最弱的企业首先发起降价,这是因为它们是最急于增加销售补偿固定成本的企业。

退出障碍是阻止企业离开本产业的因素,包括经济的、战略的和情感的因素。如果退出障碍很大,当整体需求平淡或下降时,企业就会被困在不赢利的产业里无法自拔,结果会导致过剩的产能。当企业试图通过降价获得订单以利用闲置产能时,内部的竞争就会变得更加激烈。常见的退出障碍包括:(1)投资资产缺乏转用价值或难以转手出售,比如特定用途的机器、设备和营运设施。如果企业打算脱离该产业,它就必须按账面资产价值注销这些资产。(2)退出产业要支付很高的固定成本,例如,企业停止营运之后不得不支付给离职员工的工资补偿、医疗福利和养老金等。(3)产业情感联结,公司的所有者或雇员由于面子或情感上的原因不愿意退出产业。(4)经济上的依赖,企业依靠单一产业获得收入和利润。(5)为了保留在产业内的力量而必须保持某一标准的或高于某一标准的昂贵的资产。(6)破产保护,这可能导致失去偿债能力的企业继续经营或进行重组,从而导致不能赢利的资产留在产业内,发生持续的产能过剩,延长了令产业供给回归需求的时间。

(四)消费者

波特五种竞争力量模型中的第三种是消费者的力量。产业内的消费者可能是产品的终端用户,也可能是将产业的产品向终端用户进行分销的企业,如零售商和批发商。例如,宝洁公司和联合利华公司生产的洗衣粉是由终端用户所消费的,但洗衣粉的主要购买者却是连锁超市的折扣店,再由它们将产品卖给终端用户。消费者讨价还价的能力是指购买者与产业内生产产品的公司砍价的能力,或者消费者通过要求更好的品质与服务抬高这些公司成本的能力。通过压低价格和抬高成本,强大的购买者可能令产业的利润空间被挤压。因此,强大的消费者是产业的威胁。相反,如果消费者讨价还价的能力较弱,产业内的企业可以提高价格,或者降低品质和服务来减少成本,提高产业的利润。

按照波特的观点,在下述情况下购买者是最强大的:(1)产业内有许多小公司提供特定的产品,消费者是大公司并且数目较少。这一情况令消费者得以控制供应产品的公司。(2)消费者的购买量很大。购买者可以利用自己的购买权力索取降价。(3)产业内绝大多数订单来自消费者。(4)转移成本很低,消费者在供应商之间交替压价。(5)消费者在不同供应商处进行购买在经济上是可行的,这样有利于利用供应商的竞争关系压价。(6)消费者本身就是产业的威胁之一,具备进入产业、自己生产产品来满足需求的能力,这也是压低产业价格的一种战术。

(五)供应商

供应商是向产业提供投入如物料、服务和劳动力(个人、工会组织等和提供合同劳务的企业)的组织。供应商讨价还价的能力指的是供应商抬高投入价格或通过降低投入和服务的品质来增加产业成本的能力。强大的供应商通过抬高产业内公司的成本挤压产业的利润。因此,强大的供应商是产业的威胁性竞争力量。反之,如果供应商力量较弱,产业内的公司将有机会,低投入的价格并且要求高品质的投入(生产力更高的劳动力)。同购买者一样,供应商对于企业的影响取决于两者间的相对力量对比。按照波特的观点,在下述情况下供应商是最强大的:(1)供应商销售的产品替代品很少,对于产业内的企业至关重要。(2)供应商赢利能力不受某一特定产业内企业购买能力的显著影响,换句话说,该产业不是供应商的重要顾客。(3)由于某一供应商的产品的独特性或差异性,产业内的企业转移成本很高。(4)在这种情况下,该公司依赖于某一特定供应商而无法利用供应商的竞争来压价。(5)供应商可以威胁进入其客户所在的产业,运用其投入来生产同现有企业直接竞争的产品。(6)产业内的公司无法威胁进入供应商的产业,无法将自行制造投入品作为降价的战术。

(六)替代性产品

替代性产品,即来自其他企业或产业的能够满足顾客类似需求的产品。例如,咖啡产业的企业同茶和软饮料产业之间存在直接竞争,因为这三者都满足顾客对非酒精类饮料的需求。密切替代性产品的存在是一种强大的竞争性威胁,因为它限制了产业内产品的价格和赢利能力。如果咖啡的价格相对于茶和软饮料上涨得太多,咖啡饮用者会转向那些替代品。

如果产业的产品几乎没有替代品,替代性产品的竞争力量较弱,则在其他条件不变的情况下,产业内的公司有更多的机会提高价格和赚取更多的利润。因此,正是因为微处理芯片没有密切替代品,像英特尔和 AMD 这样的企业才能保持较高的价格。

三、产业生命周期分析

产业竞争力量和由此而带来的机会和威胁的本质的重要决定因素之一是变化——随着时间而发生的变化。产业内企业间的相似与差异往往随着时间的变化而更加清晰，战略群组的结构也常常会发生变化。波特五力模型的每种力量的强度和本质也会出现变化，尤其是其中的潜在竞争者进入风险和现有企业间竞争强度这两种竞争力量。

产业生命周期模型是分析产业演变对竞争力量影响的有用工具，它将产业的演变划分为五个连续的阶段，对应着五种不同的产业环境：萌芽、成长、震荡、成熟和衰退。经理的任务是预测随着产业环境的演变，竞争力量的强度如何变化，并且制定相应的战略，把握机会，克服威胁。

（一）萌芽产业

萌芽产业是刚刚开始发展的产业，就像 1976 年的个人电脑产业。在这一阶段，产业成长较慢，这是因为购买者不熟悉产业的产品、企业无法实现规模经济导致的高价格以及分销渠道发展不完善所致。在这一阶段，产业进入壁垒来自掌握技术上的诀窍而不是规模经济所要求的成本或品牌忠诚。如果进入行业所需要的技术诀窍非常复杂、难以掌握，则进入壁垒将相当高，现有的企业由此受到保护。在萌芽阶段，竞争主要在于如何更有效地教育顾客、打开分销渠道、完善产品设计，而不是降低价格。这种竞争同样可能是非常激烈的，首先解决这些问题的企业将获得重要的市场地位。有时，萌芽产业可能只是一家公司的创新产物，例如，个人电脑（苹果公司）、复印机（施乐公司）和真空吸尘器（Hoover 公司）。在这种情况下，这家公司有机会利用竞争对手缺乏的机会充分获利并在市场上建立起强大的地位。

（二）成长产业

随着产品需求的上升，产业开始进入成长。在成长产业中，由于大量新顾客的涌入，首次消费需求增长迅速。成长阶段的典型特征是顾客对产品逐渐熟悉，经验曲线和规模经济的效应令价格下降，分销渠道也变得成熟起来。在整个 20 世纪 90 年代，美国移动电话市场都处于成长阶段。到 2004 年，用户数量超过 13 000 万，总需求还在以平稳的速度继续增长。

一般来说，当产业进入成长阶段后，技术知识作为壁垒的重要性已经消失。但由于几乎没有一家企业实现了规模经济或建立了品牌忠诚，产业进入壁垒也不是很高，在早期更是这样。因此，在这一阶段，来自潜在竞争者的威胁最大。然而高成长同时也意味着新进入者可以很容易被产业吸收而不至于加剧产业内的竞争。因此，产业内的竞争强度相对不大。需求的快速增长令公司比较容易实现收入和利润的增长而不必从别的公司那里争夺市场份额。有战略意识的公司会利用成长阶段相对平和的环境为即将到来的震荡阶段做好准备。

（三）产业震荡

爆炸性的增长不可能无限维持。增长速度早晚会降下来，这正是个人计算机产业现在的情形。在震荡阶段，需求接近成熟：绝大多数需求来自产品更新，首次购买者的人数已经很少了。

进入震荡阶段后，产业内的竞争加剧了。习惯于快速增长的企业同以往一样继续加大产能。然而，此时需求的增长速度已经下降，最终会导致产能过剩。在图 4-3 中，实线代表需求增长，虚线代表产能增长。在超过 t_1 时间点后，需求增长开始下降，产业进入成熟阶段。然而产能却仍然在持续增加，直到时间点 t_2，实线和虚线间的距离就是过剩的产能。为了充分利用过剩的产能，企业通常会选择降价，其结果可能是爆发价格战，导致许多效率不高的企业破产，这足以阻吓新的竞争者进入。

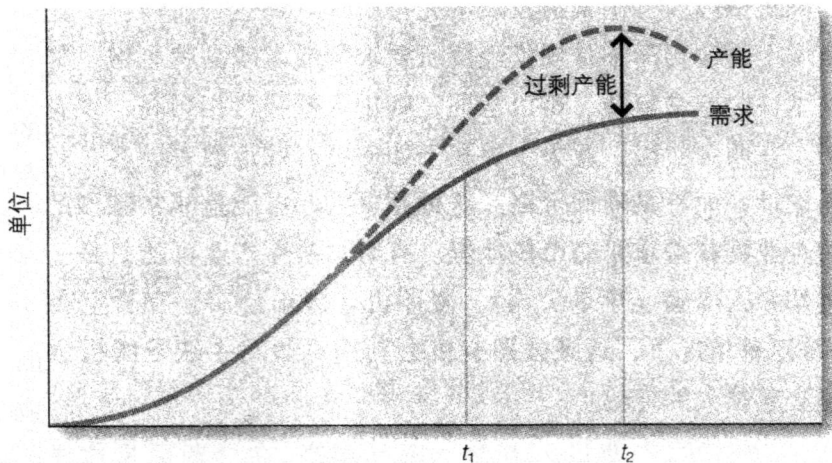

图 4-3　需求和产能的增长

（四）成熟产业

　　震荡阶段之后，产业进入了成熟阶段。市场充分成熟，需求完全来自产品更新，需求增长缓慢或者没有增长。增长仅仅来自人口增加为市场带来新的顾客或更新需求的增长。产业进入成熟阶段后，进入壁垒开始提高，潜在竞争者进入的威胁变小了。

　　随着需求增长的下降，企业已经不可能仅凭现有的市场份额实现过去那样的增长。此时，争夺市场份额的竞争开始了，这会导致价格下降。结果常常是价格战，航空业和个人计算机产业就是如此。为了生存，企业专注于成本最小化和建立品牌忠诚。例如，航空公司倾向于雇用非工会会员的员工以降低运营成本，实行常客优惠方案建立品牌忠诚。个人计算机产业通过良好的售后服务建立品牌忠诚，同时也致力于改善成本结构。进入成熟阶段，产业中的企业已经建立了品牌忠诚，实现了低成本运营。由于这些因素构成了重要的进入壁垒，潜在竞争者进入的风险大大降低了。成熟产业中较高的进入壁垒为企业提高价格和利润创造了机会。

　　作为产业震荡的结果，绝大多数成熟阶段的产业表现为合并型或寡头型。个人计算机产业似乎正处在这一过程中,戴尔公司所掀起的价格战导致某些企业退出或合并运营部门,结果将呈现一个更加合并化的产业结构。在成熟产业中,企业会认识到相互间的依存,尽量避免价格战。稳定的需求为它们创造了进入价格领导协议的机会。其净效应将是降低竞争强度和提高利润。然而,所谓成熟产业的稳定性总是处于价格战的威胁之下。一次普遍的经济调整可能引起产业需求下降。为了在需求下降的环境中保持收入稳定,企业可能破坏价格领导协议,产业内竞争加剧,价格和利润下降。

(五)衰退产业

绝大多数产业都会进入衰退阶段:在诸多因素的作用下,需求增长变成负数。原因可能是技术替代(如飞机取代火车成为主要旅行工具)、社会变革(健康意识提高打击了烟草销售)、人口因素(生育率下降损害了婴幼儿用品市场)和国际竞争(低成本外国竞争导致美国钢铁业陷入衰退)。在衰退产业中,现有企业间的竞争会加剧。根据衰退速度和退出障碍的大小,竞争压力可能像震荡阶段一样大。主要的原因在于需求下降导致产能过剩。为了利用产能,企业开始降价,陷入价格战。退出障碍也是影响过剩产能的因素之一。退出障碍越大,公司越不愿意削减产能,价格竞争的威胁越大。

总结起来,产业分析的第三项任务是找出不同产业环境下的机会和威胁,从而制定有效的商业模式和竞争战略。战略经理在制定战略时必须考虑产业环境的变化。他们必须学会判断产业发展中的关键点,预测震荡阶段和衰退阶段的出现。同样的要求也适用于对战略群组的分析。

(六)产业生命周期概念的局限

管理者们应当了解,产业生命周期只是一种归纳。在现实中,产业生命周期未必会按照理想的情况开展下去。在有些情况下,产业成长非常快,萌芽阶段完全被跳过去。有时产业一直不能越过萌芽阶段。经过长时期的衰退之后,在创新和社会变革的作用下,产业可能会恢复增长。例如,健康生活理念的兴起令自行车产业从衰退中恢复活力。

不同产业每一阶段的期间长度很不一样。如果产品已经成为生活中的基本需要,某些产业似乎可以无限制地停留在成熟阶段,如汽车产业。有些产业跳过成熟阶段直接进入衰退阶段,如电子管生产产业。晶体管很快取代电子管成为电子产品中的主要配件,尽管此时电子管产业还处于成长期。还有一些产业在进入成熟期之前要反复经历震荡,电信服务产业看来就是这样。

四、宏观环境的影响

正如战略经理的决定和行动经常会改变产业的竞争结构,商业环境或宏观环境的变化也会影响产业的竞争结构,这些宏观因素包括广泛的经济、技术、人口、社会以及政治因素。宏观环境的变化可能对波特模型中的一种或全部竞争力量产生直接的影响,改变这些力量之间的对比并进而影响产业的赢利能力。

(一)宏观经济因素

经济因素影响国家或地区的经济是否健康运行,后者又决定了企业或产业能否获得足够的回报。宏观环境中最重要的四项经济因素是经济增长率、利率、汇率和通货膨胀率(或通货紧缩率)。由于能够带来顾客消费的增加,经济增长通常会缓和产业的竞争。企业可以利用这个机会扩大规模提高利润。经济下降(衰退)会导致顾客消费减少,加剧产业内的竞争。在成熟产业中,经济低迷经常是价格战的诱发因素。

利率水平决定企业产品的需求。如果顾客需要周期性地借入资金购买企业的产品,利率对这种购买的影响会非常大。房地产市场是这方面的典型,抵押利率直接影响需求。利率还对汽车、家电、资本设备的销售有重大影响。对于这些产业中的企业而言,利率上升构成威胁,利率下降则出现机会。

利率还影响到公司的资本成本以及筹资和投资于新资产的能力。利率越低,资本成本越低,公司越有机会进行投资。这并不总是好事。在 20 世纪 90 年代后期,过低的资本成本令商业计划不健全的网络公司和电信公司获得了巨额资金并投资于计算机和电信设备(低资本成本降低了进入壁垒,新企业可以获得突破进入壁垒所需要的资本)。

汇率决定了不同国家间货币的相对价值。汇率变化对于企业产品在国际市场上的竞争力有着直接影响。例如,当美元价值相对于外国货币较低时,美国的产品相对比较便宜,外国产品相对比较贵一些。美元价值低或价值下降有助于减少外国竞争者的威胁,增加出口销售的机会。

通货膨胀破坏经济稳定,导致经济增长减慢、利率升高和汇率波动。如果通货膨胀率持续上升,投资计划的风险会非常高。通货膨胀的关键危害在于破坏了对未来的预测。在通货膨胀的环境下,企业可能完全无法预估 5 年内的真实回报率。这种高度的不确定性令企业不敢投资。它们的退缩引起经济活动收缩并最终导致经济陷入低谷。因此,通货膨胀率高是产业中的一种威胁力量。

通货紧缩也是经济中一项不稳定的因素。如果价格下降,固定支付费用的真实价格会上升。这对于必须按时支付固定费用的高负债的企业和个人特别有危害。在通货紧缩的环境下,债务真实价值的上升会将家庭和企业的现金流消耗殆尽,购买力降低,导致整体经济活动水平的下降。

(二)国际因素

过去 50 年来,国际经济体系发生了巨大的变化。国际贸易和投资的壁垒已经撤除,越来越多的国家享受到持续的经济增长。巴西、中国、印度这些国家的经济增长为企业创造了新的巨大的市场,通过进入这些国家的市场,企业可以获得更快的增长。国际投资和贸易壁垒的撤除令进入外国市场变得更加容易。仅20年前,西方企业在中国还不能开设运营机构。但现在每年西方企业和日本企业在中国的投资已经高达500亿美元。另外这也导致了本国市场进入壁垒的降低,从而令竞争加剧,赢利能力下降。许多从前封闭的本国市场现在成为更大的、竞争更加激烈的国际市场的一部分,给企业带来了无数的威胁与机会。

(三)技术因素

自第二次世界大战以来,技术变革的速度加快了。这样的过程被称为"长年不断的创造性破坏的飓风"。技术变革会导致现有产品在一夜之间变得过时,同时催生一大批新产品。正是在这个意义上,技术变革既是创造性的也是破坏性的,既是机会也是威胁。

技术变革最重要的作用是改变进入壁垒的高度,对产业结构进行重塑。例如,互联网的影响力有可能改变许多产业的竞争结构。它可能降低许多产业的进入壁垒,降低顾客转移的成本,这将导致竞争加剧和价格下降、利润缩减的结果。例如,互联网确实降低了某些产业的进入壁垒。金融信息提供商现在不得不同基于互联网的媒体争夺广告和顾客的注意,加剧了内部竞争,广告主有了更多的选择,支付给媒体的费用也减少了。

(四)人口因素

人口因素指的是人口特征变化对产业的影响,包括年龄、性别、民族、人种、性取向和社会阶层。人口因素也像其他因素一样为企业带来机会和威胁,并且可能对组织产生重大影响。

人口中年龄分布的变化是人口因素影响企业组织的另一例子。当前,随着出生率和死亡率的降低以及"婴儿潮一代"步入老年,几乎所有的工业化国家都面临着老龄化社会的问题。以德国为例,人口中超过65岁的人数比例将从1990年的15.4%上升至

2010 年的 20.7％；对于加拿大，这一比例是从 11.4％上升至 14.4％；日本将从 11.7％上升至 19.5％；而美国的相应数字则是 12.6％和 13.5％。

人口的老龄化为向老年人提供产品和服务的企业提供了机会，例如，家庭保健和娱乐产业的需求日渐上升。随着 20 世纪 50 年代末和 60 年代初"婴儿潮一代"步入老年，市场上出现了巨大的机会和威胁。在 20 世纪 80 年代，许多"婴儿潮一代"进入结婚年龄，由此产生了消费家用电器需求的猛烈上升，其中主要是结婚夫妇首次购买的。惠尔浦和通用电气这样的企业抓住了对洗衣机、洗碗机、干衣机等产品需求的上升势头。在 20 世纪 90 年代，"婴儿潮一代"中的许多人开始为退休进行储蓄，共同基金产业因此繁荣起来。在未来的 20 年里，这些人中会有许多人开始退休，退休社团又将盛行起来。

（五）社会因素

社会因素指的是社会道德观和价值观的变化对产业的影响及所带来的机会与威胁。近几十年一个主要的社会倾向是健康意识的觉醒。它的影响是巨大的，最早认识到的公司获得了丰厚的州报。例如，菲利普·莫里斯在收购了米勒啤酒公司后及时把握了这一潮流，引入了低卡路里的啤酒（米勒淡啤），改变了啤酒产业的竞争格局。与此相似，百事可乐是第一家向市场投放减肥可乐和果汁软饮料的企业，由此从竞争对手可口可乐那里抢到了市场份额。同时，健康潮流也对某些产业产生了威胁。烟草产业的衰退就是消费者提高吸烟有害健康认识的结果。

（六）政治与法律因素

政治与法律因素是法律和法规变化对产业的影响，它们来自社会政治和法律上的变化，对企业和经理都有重大影响。

政治进程影响社会的法律，它们对组织和经理构成约束，并创造出产业的机会和威胁力量。例如，在整个产业化社会中出现了解除管制和私有化的潮流。从前由国家管制的行业放开了，国有企业开始向私人出售。在美国，1979年民航业解除管制，1979—1993年间，共有29家新航空公司进入该产业。解除管制后，载客能力的大幅提高令许多航线出现运能过剩，竞争加剧，价格战爆发。为了应对竞争，航空公司不得不寻求降低运营成本的方法。枢纽辐射式机场系统的兴建，无工会组织的航空公司和折扣票简易服务都是这方面努力的反映。尽管做出了种种创新，航空业仍然面对着激烈的价格战，产业利润缩减，多家航空公司破产。

在大多数国家里，政治和法律的力量与产业竞争结构之间存在着双向的作用。政府设立的管制影响产业的竞争结构，而产业也通过各种方式影响政府的管制行为。首先，只要法律许可，它们会向政客和政党提供财务支持换取对产业的支持，或者直接游说政府立法者影响政府的管制工作。例如，从20世纪90年代末到21世纪初，今天已经破产的能源交易企业安然公司就曾经游说国会议员要求解除美国国内能源市场的管制，而安然将从中获利。其次，企业和产业还可以通过产业联盟游说政府。2002年，美国钢铁产业协会在劝说布什总统对进口钢材征收30％关税的努力中发挥了主要作用。征收关税的目的是为了保护美国钢铁业，减轻来自外国竞争者的压力，从而缓解美国钢铁产业内部的竞争。

第五章　中小企业总体战略

所谓总体战略实际是指中小企业的公司层战略。公司层战略（corporate-level strategy）是企业高级管理层为同时在几个行业和市场，获得竞争优势所做出的决策及采取的行动（即在哪里竞争）。管理者在制定公司层战略的时候，必须确定公司所要聚焦的具体产品市场和地理市场。虽然很多管理者都会为这个重要的决策过程投入精力，但公司层战略的责任最终还是落在首席执行官身上。

公司层战略指的是公司的经营范围，决定公司在三个方面的边界：产业价值链、产品和服务、地域范围（地方、国家还是全球市场）。为了确定这几个边界，高层管理者必须决定：

（1）公司在产业价值链中（按照纵向，将原材料转变成最终产品和服务的过程）所处的阶段。这决定了公司的纵向一体化。

（2）公司所要提供的产品和服务的范围。这决定了公司的横向一体化或多元化。

（3）在全球范围的竞争地域。这决定了公司的全球化战略。

这些是最基本的公司层战略决策。评估公司层战略的三个维度：横向一体化、纵向一体化和地域范围。公司的高层管理者必须将公司定位在由这三个维度构成的空间内，以获得竞争优势。

总体战略开展的一个重要理论基础是交易成本。交易成本指的是一场经济交易中涉及的所有成本。在战略管理中，交易成本经济学（transaction cost economics）作为一个理论框架，能够解释并预测公司的经营范围，这也是制定公司层战略的核心问题。

一场经济交易中所涉及的一切成本,是在公司内部或是在市场当中产生的。公司在开放市场进行交易时,通常会涉及寻找一家代理机构(公司或个人)所产生的成本,合同的协商、监督、执行等都能产生成本。

交易成本也会在企业内部产生。企业在计算行政成本(administrative costs)的时候,会将这个层级中涉及的经济活动的相关成本都算进去,像招聘员工、支付工资和福利、搭建工作场所、提供办公空间和电脑设备、对工作进行组织监督等都是需要成本的。行政成本也包括协调企业内部各业务单元之间(比如对生产要素的转移定价),以及同一总公司下面的各业务单元之间(包括关于资源分配等的重大决策)的经济活动所需的开销。企业的规模越大,结构越复杂,所需的行政成本也会越高。

基于竞争优势和交易成本两个方面的考虑,公司必须要决定采取何种发展战略,以保障自身长远的生存下去。从现有的理论来看,中小企业的总体战略包括四个方面,分别是一体化战略、多元化战略、并购战略和战略联盟,下面分别展开。

第一节　纵向一体化战略

纵向一体化(vertical integration)是指企业自行生产所需的投入要素,并且拥有产品的分销渠道。企业纵向一体化的程度通常与企业在产业价值链上直接参与的阶段数量成正比。图5-1描述了一般性的产业价值链。

一、纵向一体化的种类

产业价值链上存在不同程度的纵向一体化。全球最大的纸张和纸浆公司惠好是一家完全纵向一体化的企业;所有活动都在企业内进行。例如,惠好公司拥有森林,种植、砍伐、碾磨木材等活动都由企业自己完成,然后制成不同类型的纸张和建筑材料,再分销给零售网点和其他一些大客户。惠好的增值率高达100%。因此,惠好涉及多个产业的竞争,并且在每个产业中都有不同的竞争对手。此外,很多企业或多或少属于纵向分离的类型。这些企业只专注于产业价值链的一个或者少数几个阶段。

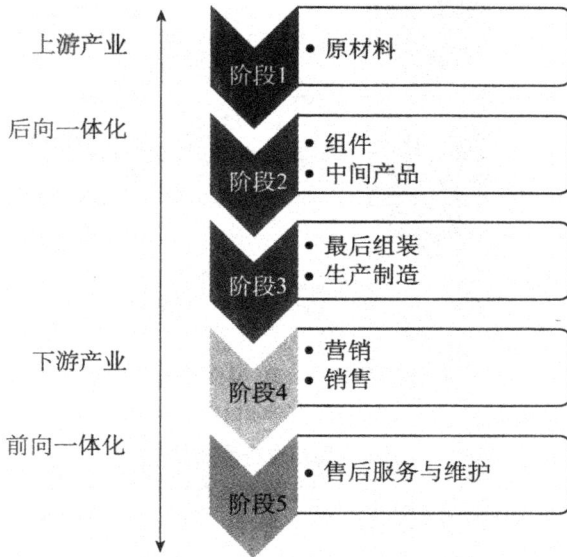

上游产业	阶段1	• 原材料
后向一体化	阶段2	• 组件 • 中间产品
	阶段3	• 最后组装 • 生产制造
下游产业	阶段4	• 营销 • 销售
前向一体化	阶段5	• 售后服务与维护

图 5-1　一般性产业价值链

谷歌为了与苹果的 iPhone 竞争,推出了 NexusOne 手机(2010 年),这是一款使用谷歌旗下对外开放的安卓操作系统的智能手机。谷歌的本质是一家软件公司,于是选择让中国台湾的 HTC 公司来生产该产品的硬件。图 5-2 展示了智能手机价值链的一部分。注意在该图中,HTC 从一家无名的制造商(如为谷歌生产智能手机)转变成在智能手机的设计、生产和销售方面都很有分量的角色,现在供应一系列 HTC 品牌的智能手机。HTC 能够随着时间的变化而提升自己的竞争力,尽管当初只是智能手机的制造商,如今也能够进行产品设计。这样一来,HTC 就实行了后向纵向一体化(backward vertical integration),即将企业所属的活动范围向价值链上游的起点(投入端)移动。此外,HTC 也向下游的销售阶段移动，并增加了品牌活动，这就是前向纵向一体化(forward vertical integration)，即将企业所属的活动范围向价值链的末端(顾客端)移动。

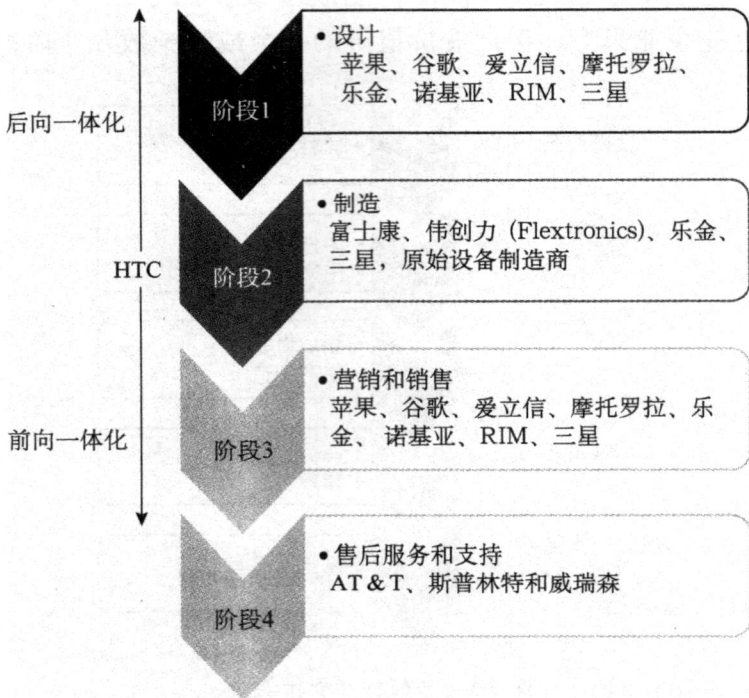

图 5-2　HTC 在智能产业价值链上的后向一体化和前向一体化

二、纵向一体化的益处与风险

在决定采取何种程度和类型的纵向一体化时，经理人需要考虑到纵向一体化有可能带来的利与弊。

（一）纵向一体化的益处

不管是前向还是后向的纵向一体化，都会有一些益处，其中包括：

（1）获得关键的供应服务。

（2）降低成本。

（3）提高质量。

（4）便于调度和规划。

（5）促进专属资产的投资。

之前讲过，HTC起初只是摩托罗拉、诺基亚等品牌移动设备公司的原始设备制造商。通过收购总部设在旧金山的一家设计公司实施后向一体化进入智能手机的设计阶段。这次收购让HTC获得了难得的设计能力，能够设计出具有高质量和内置特性的智能手机，因产品的差异化而更具吸引力。此外，HTC如今也能设计出可以充分利用其低成本制造能力的手机。

类似地，参与分销和销售的前向一体化有助于企业对需求变化做出更有效的计划和应对。向前移动到销售一体化之后，HTC就能直接向AT&T、斯普林特和威瑞森等无线服务提供商直接供应产品。它还可以直接通过网站向终端客户供应解锁机。因此，HTC现在的处境好了很多，万一最新款手机的需求量突然上升，它也能从容应对。

随着时间的推移，纵向一体化似乎呈周期循环的趋势。10年前，纵向一体化似乎不太受企业的欢迎，它们都专注于自己的核心活动，而将非核心活动外包出去。但是在近期，一些公司好像更倾向于实行纵向一体化。

产业价值链的纵向一体化也能促进专属资产的投资。专属资产（specialized assets）的预期用途价值远远高于其次优用途价值（也就是说它们的机会成本很高）。专属资产具有以下几种类型。

（1）位置的专属性。资产需要共置，例如，开采铝土矿和冶炼铝所需的设备应该放置于同一区位。

（2）有形资产的专属性。资产的物理性质和工程性质是为满足某一特定顾客而设计的，例如，为可口可乐和百事定制的灌装机。由于饮料瓶有不同的形状（甚至已经注册商标），所以需要独特的模具。

（3）人力资产的专属性。对人力资本投资以获得独特的知识和技能，例如，熟练掌握某个特定组织的日常事务和规程的能力是无法转移给另一位员工的。

（二）纵向一体化的风险

在有些情况下，纵向一体化存在以下风险。

（1）增加成本。

（2）降低质量。

（3）减少灵活性。

（4）增加潜在的法律后果。

较高程度的纵向一体化，可能会由于种种原因而导致成本的增加。由于不受市场竞争的影响，内部供应厂商的成本结构通常更高。由于不愁找不到买家，就没那么大的动力去降低成本。相反，开放市场中的供应商所服务的市场要大很多，可以实现内部供应商无法获得的规模经济。随着纵向一体化程度的加深，组织的复杂性也会上升，从而会增加各项行政成本。行政成本的产生来自部门之间的协调、资源的政治操纵、企业津贴的消费等，甚至连员工的懈怠都会产生行政费用。

皇帝女儿不愁嫁的观念，不仅会阻碍内部供应商降低成本的积极性，还会降低它们提高质量、推出新产品的动力。另外，由于外部供应商的规模更大，面对的顾客也更多，因此能学到更多，获得更多的经验，从而形成特有的竞争力或质量上的提高。

较高程度的纵向一体化也可能会降低公司的战略灵活性，尤其是在外部环境发生变化时，比如需求的波动和科技变化等。

监管机构允许纵向一体化的实施，认为纵向一体化能提高企业的效率，降低成本，反过来受益的还是顾客。然而出于对垄断的担心，纵向一体化的批准过程也不是一帆风顺。每一个国家通常都会有企业收购的审查法案，要求对企业的纵向一体化收购进行审查。

（三）纵向一体化的替代方案

理论上，大家都想找到一个能替代纵向一体化的方案，既获得与纵向一体化相似的益处，同时又免除风险。

1.锥形整合

锥形整合（taper integration）是纵向一体化的一种替代方案。它在精心组织企业后向一体化价值链活动的同时，也依赖外部市场的供应商，以及/或者在实行前向一体化的同时，也依赖外部市场的分销商。图 5-3 阐释了产业价值链上的锥形整合。在该方案中，企业的中间产品和组件既来自内部供应商，也来自外部供应商。类似地，企业通过自有零售店和独立的分销商来出售产品。

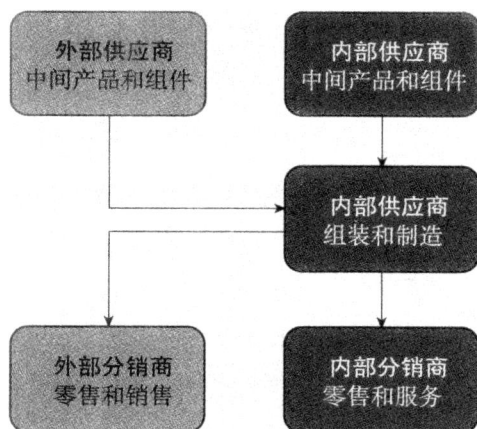

图 5-3　产业价值链上的锥形整合

锥形整合有一些好处。它使内部供应商和分销商参与到市场竞争中，便于业绩对比。这有助于企业保持在制造和零售方面的竞争力，而不是过度依赖外包以至于削弱竞争力。此外，锥形整合还能增强企业的灵活性。例如，企业为适应需求波动的变化，可以缩减分配给外部分销商的成品数量，而继续增加内部库存。企业采用锥形整合战略时，如果结合内外部的知识，还有可能为创新铺平道路。在对电脑业的 3 500 份产品书说明书进行研究之后，研究人员通过实证，证明了锥形整合是有益的。与专注于纵向一体化或者战略性外包的企业相比，实行锥形整合的企业在创新和财务业绩方面都要更胜一筹。

2. 战略性外包

纵向一体化的另一种替代方案是战略性外包，就是将企业内部价值链上的一项或多项活动交给外部产业价值链上的其他公司来完成。实行战略性外包会降低纵向一体化的程度。例如，大多数公司都不会建立自己的人力资源管理系统，而是将这种非核心活动外包给仁科、EDS 或者佩罗系统等公司，充分利用专长来产生规模效应。

第二节 多元化战略

所谓多元化实际是指通过增加产品或者竞争市场的多样性，以扩大公司的经营范围。常见的多元化战略种类主要有以下几种。

第一，在多个不同产品市场都很活跃的公司实行的是产品多元化战略（product diversification strategy）。

第二，在多个不同国家都很活跃的公司实行的是地域多元化战略（geographic diversification strategy）。

第三，既追求产品多元化，也追求地域多元化的公司，实行的是产品—市场多元化战略（product-market diversification strategy）。

一、企业多元化的种类

严格意义上的多元化战略种类如表 5-1 所示。

表 5-1　多元化战略的种类

多元化的种类	主要项目收益	示例
单一业务	＞95％	A
主导业务	70％～95％	A　B
相关多元化		
(1)相关限制	＜70％	A　B　C
(2)相关关联	＜70％	A　B　C
非相关多元化	＜70％	A　B　C

假如一家公司从单一业务中获得的收益不到 70％，同时也从其他一系列与主要活动相关的业务中获取收益，那么它采用的是相关多元化战略（related diversification strategy）。相关多元化战略背后的原理是从规模经济和范围经济中受益：多业务企业可以实现资源集中和共享，并将竞争力应用到不同的业务线中去。

相关多元化战略分为相关限制和相关关联。如果管理层只考虑使用现有的能力和资源的商业机会，该公司实行的就是相关限制多元化战略。因为这些业务需要通过共同的资源、能力和活动相关联，所以可选择的替代业务活动也是有限的。埃克森美孚石油公司向天然气发展的多元化战略就是一个相关限制多元化的例子。

如果管理层考虑开展新业务活动的时候和之前的业务活动存在一些关联，那么这家公司实行的就是相关关联多元化战略。

例如，迪士尼就实行相关关联多元化战略。它在许多业务活动中都很活跃，从有线电视、网络电视和电影到游乐园、巡游和零售，这些业务活动共享一些资源、能力和活动。类似地，亚马逊刚开始时只出售一种产品：图书。随着时间的推移，它将业务范围扩大到了CD，同时利用在线零售能力供应很多不同种类的产品。如今亚马逊已成为全球最大的在线零售商之一，考虑到建立大型数据中心来支持假期高峰需求量的必要性，亚马逊决定利用闲置的生产力来发展云计算，提供网上计算服务，这又是一个从范围和规模经济中获益的例子。

如果企业从单一业务中获得的收益少于70%，而且业务之间没有什么联系的话，它实行的就是非相关多元化战略。例如，通用电气公司就实行非相关多元化战略。它旗下的家用电器、电视节目、喷气发动机、超声波仪器和风力涡轮机等产品之间的关联度明显很小。所以，不足为奇的是，通用电气的各个部门都设有CEO，各业务单元自负盈亏。印度塔塔集团的多元化程度更高。其经营范围包括汽车（捷豹、路虎、Nano）、化学制品、钢铁、咨询、软件、咖啡、茶叶以及豪华度假酒店等。其中一些业务单元自身的规模相当大。塔塔集团旗下拥有亚洲最大的软件公司和印度最大的钢铁厂。著名的泰姬酒店也归它所有。

研究表明，非相关多元化战略具有其优势，因为这种战略能让集团克服新兴经济体所具有的制度缺陷（比如，缺乏资本市场、完善的法律体系和知识产权等），有助于企业获得与保持竞争优势。通用电气/伯克希尔哈撒韦、韩国乐金电子和塔塔集团等都是因为实施了非相关多元化战略而被看作大型联合企业。

二、利用核心竞争力来实现公司多元化

核心竞争力是独特的技能和优势，有助于企业提高产品和服务的感知价值，并且降低生产成本。公司要想生存和发展，就必须不断进步。对上市公司来说，更是如此，因为只有利润增长了，

它们才能创造股东价值。面对无情的增长压力，管理者利用现有的核心竞争力，来寻找未来的发展机遇。为了给多元化战略提供管理决策，战略顾问加里·哈默尔（Gary Hamel）和普拉哈拉德（C. K. Prahalad）深化了核心竞争力—市场矩阵分析法，如图 5-4 所示。管理层的首要任务，是确定企业现有核心竞争力，并了解企业当下的市场环境。如果从一个新的角度看待核心竞争力与市场的关系，我们可将其分为四个象限，其中每个象限都有各自的战略意义。

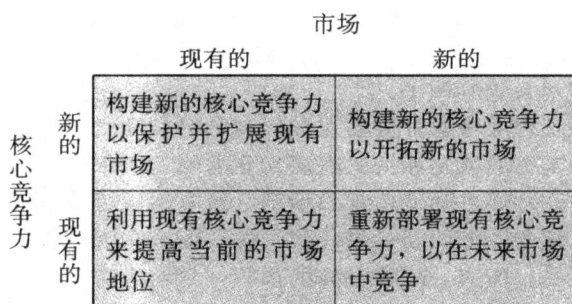

市场

	现有的	新的
新的 核心竞争力	构建新的核心竞争力以保护并扩展现有市场	构建新的核心竞争力以开拓新的市场
现有的	利用现有核心竞争力来提高当前的市场地位	重新部署现有核心竞争力，以在未来市场中竞争

图 5-4　核心竞争力—市场矩阵图

　　左下象限是现有核心竞争力与现有市场的结合。在这种情况下，管理者必须要思考如何利用现有核心竞争力来提升当前的市场地位。2010 年，美国银行是美国最大的银行（从存款额来看），在全美 50％ 的家庭中，每家至少有一名它的储户。而在 20 年前，美国银行还是北卡罗来纳的一家地方银行——北卡罗来纳国民银行（NCNB）。NCNB 的一个独特核心竞争力就是收购。20 世纪 70 年代和 80 年代间，它一直在并购小型银行，充实其有机增长，1989—1992 年间，它又收购了 200 多家地方社区和储蓄银行，进一步提高了市场地位。之后则将核心竞争力转移到国民银行上来，致力于成为全美第一银行。20 世纪 90 年代，它以国民银行的身份收购了巴尼特银行（Barnett Bank）、南方银行（Bank South）、富利银行（Fleet Bank）、拉萨尔银行（La Salle）、全国金融基金公司（Countrywide Mortgages）以及与它同名的美国银行。

这个例子说明了这家在 1998 年改名为"美国银行"的国民银行,如何磨炼和利用其在收购和整合其他商业银行方面所具有的核心竞争力,快速壮大规模,发展成为美国领先银行的经过。

右下象限,将现有核心竞争力与新的市场机会结合。在这种情况下,管理者需要重新部署现有核心竞争力,对未来市场的角逐进行战略规划。2008 年秋,金融危机最高峰时,美国银行以 500 亿美元的价格收购了投资银行美林公司。虽然收购之后很多问题随之而来,但它现已成为美国银行的投资和财富管理部门。美国银行的管理者们很好地将现有核心竞争力(收购和整合)运用到了新市场中。如今,这个组合体正在通过交叉销售来获得范围经济效应,例如,个人银行推荐客户到投资银行,从而获得后续服务。

左上象限将新的核心竞争力与现有市场机遇结合起来。在这种情况下,管理者需要构建新的核心竞争力,以保持和扩展公司当前的市场地位。

右上象限将新的核心竞争力与新的市场机遇结合起来。哈默尔和普拉哈拉德把该结合称为"绝佳机会"能够带来未来发展的重要机会。同时,这也可能是最具挑战性的多元化战略,因为它需要构建新的核心竞争力以开拓新的未来竞争市场。

总之,核心竞争力—市场矩阵分析法,在管理层思考如何实行多元化以实现持续增长的时候提供了指导。只要管理者们清楚地了解公司的核心竞争力,就拥有四种制定公司层战略的选择:(1)利用现有核心竞争力来提升当前的市场地位;(2)构建新的核心竞争力以保持并扩展现有市场;(3)重新部署现有核心竞争力以在未来市场中竞争;(4)构建新的核心竞争力以便创造新的未来市场。

三、企业多元化战略的选择

公司管理层都在追求多元化以获得与保持竞争优势。但是,多元化真的能带来优异的业绩吗？研究表明，多元化——业绩关系与多元化的具体类型相关。大量研究表明，多元化的类型与企业的整体业绩之间呈倒 U 形关系，如图 5-5 所示。一般来说，过高或过低的企业多元化程度都会带来较低的整体业绩，而适度的多元化能产生较高的业绩。这意味着那些专注于单一业务或者实行非相关多元化的公司，通常都不能创造更多的价值。如果企业在多个单一市场竞争，则有可能会将核心竞争力运用到相邻市场，进而从范围经济中获益。

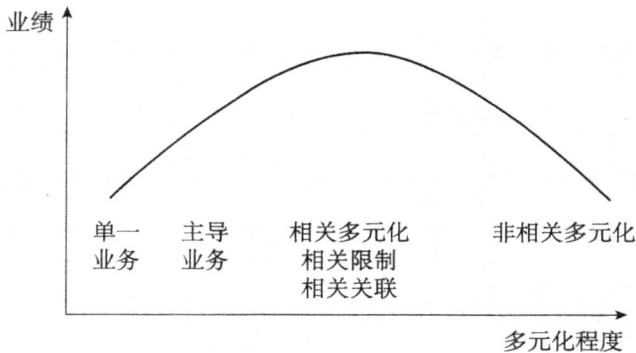

图 5-5   多元化业绩关系图示

实行非相关多元化战略的企业通常都无法创造增值，而且会因此在股票市场遭受多元化折价（diversification discount）：高度多元化企业的股票价格，会低于它各业务单元价值的总和。相反，实行相关多元化战略的企业更有可能提高自己的业绩，从而产生多元化溢价（diversification premium）：相关多元化企业的股票价格会高于各业务单元的总和。

从根本上讲，当价值创造高于成本投入时，多元化战略就能提高企业业绩。表 5-2 列出了价值创造的来源和不同种类企业多元化战略的成本，从纵向一体化战略到相关和非相关多元化战略。若要使多元化战略提高公司的业绩，必须符合下列条件中的一个。

（1）产生规模经济，从而降低成本。

（2）利用范围经济，从而增加价值。

（3）降低成本的同时增加价值。

表 5-2　纵向一体化与多元化：价值创造及成本的来源

总体战略	价值创造来源	成本来源
纵向一体化	获得关键的供应服务 降低成本 提高质量 便于调度和规划 促进专属资产的投资	增加成本 降低质量 降低灵活性 增加法律后果
相关多元化	范围经济 规模经济 重组 内部资本市场	协调成本 影响性成本
非相关多元化	重组 内部资本市场	影响性成本

（一）重组

重组是指将公司的业务单元和活动进行重新组织或撤销，从而使公司重新聚焦，使核心竞争力得到更充分利用的过程。管理者们可以对公司的业务组合进行重组，就如同一个投资者可以改变自己的股票组合。其中一种能指导公司进行组合规划的有用工具，是波士顿咨询集团矩阵，如图 5-6 所示。该矩阵从两个方面对公司各业务单元进行定位：相对市场份额（横轴）和市场增长速度（纵轴）。公司将其业务单元归到该矩阵四个象限中的其中一类（瘦狗、现金牛、明星和问号），每个类别的业务单元都需要不同的投资策略。

"瘦狗"业务单元相对比较容易确定，指的就是业绩低的那些业务单元。这些业务单元在低成长率的市场中占有很少的份额；收入低且不稳定，还带有中性或负现金流。战略建议就是剥离（卖掉）这类业务单元，或者对它们进行收割（停止投资，在关闭或卖掉之前尽可能多地将现金流挤出来）。

相反,"现金牛"业务单元虽是在低增长率的市场中竞争,却能占据大量份额。收入和现金流高且稳定。战略建议是向这类业务单元进行足够的投资,以保持它们现有的市场地位,避免向"瘦狗"转变(如箭头所示)。

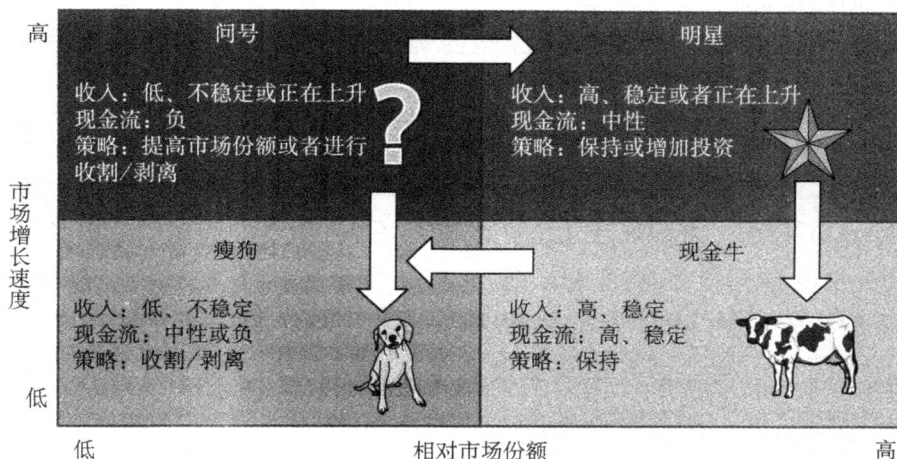

图5-6　公司业务组合重组:波士顿咨询集团矩阵法

企业的"明星"业务单元在快速增长的市场中拥有较高的市场份额,收入稳定或正在增长。对企业战略家的建议,就是进行足够的投资以维持"明星"企业的现有地位,或者为未来增长而增加投资。如图中箭头所示,如果该类业务单元所处的市场因进入成熟期而减缓增长速度,"明星"业务能变成"现金牛"业务。

有些业务单元属于"问号"型:不清楚它们会变成"瘦狗"还是"明星"业务单元。收入低且不稳定,但也有可能处于上升阶段。但是现金流一定是负的。从理想的角度说,公司管理层会想通过对这些"问号"型业务单元进行投资来增加其市场份额,进而将它们转变成"明星"业务单元。但是,如果市场条件发生了变化,或者整体的市场增长速度减慢,"问号"业务单元则可能变成"瘦狗"。在这种情况下,管理者们可能会想收获现金流,或剥离这类业务单元。

(二)内部资本市场

如果集团总部能通过预算过程实现更高效的资本配置,内部资本市场则可以在多元化战略中创造高于外部资本市场的价值。在私人信息的基础上,公司层经理们应该发现哪些战略业务单元会带来最高的投资回报。此外,内部资本市场有助于公司获得成本更低的融资渠道。

相比单一业务型企业的战略、主导业务型企业战略或非相关多元化战略,相关多元化战略(相关限制或相关关联)更有助于提高公司业绩。原因在于,价值创造不只通过重组完成,更重要的是,还应包括范围经济和规模经济所能带来的潜在利益。但是,要创造附加值,由增量价值创造所带来的利益必须超出其所需的成本。一个相关多元化战略会产生两种类型的成本:协调成本和影响性成本。协调成本的大小与相互关联的业务的数量、规模和类型有关。影响性成本的产生,是由于管理者对资本和资源的配置进行政治性操纵,以及对稀缺资源的次佳配置所引起的低效率产生的。总之,相关多元化战略比非相关多元化战略更有可能带来增量价值。

虽然从理论上说,多元化能创造股东价值,但在实际操作中却很难实现。那为什么还有这么多的公司实行多元化战略?其中一个原因就是管理者可能背离股东的利益。多元化的实行通常会导致更大实体的产生,从而使企业的管理层因此获得更多的权力、威望和报酬。

之所以有这么多公司实行多元化的另一个原因,是寡头产业结构中的相互依赖的竞争对手不得不实行多元化战略以应对直接竞争对手的行动。一些研究人员认为,这种现象属于"羊群效应",即企业照搬/模仿业内竞争对手的行动。例如近年来,电脑行业的相关多元化也出现了"羊群效应",硬件公司进入软件和服务领域,软件和服务公司也进入硬件领域。

总的来讲,多元化战略与竞争优势之间的关系取决于多元化的类型。多元化的层次与业绩的提高之间呈倒 U 形的关系。从平均的角度来讲,相关多元化(不管是相关限制还是相关关联)带来优异业绩的可能性最大,因为它能产生多种价值创造的来源(规模经济和范围经济、重组)。但是,如果要保证相关多元化对企业产生的净效果是正的,还必须要解决协调成本和影响性成本等额外费用的问题。

四、公司层战略:纵向一体化与多元化的结合

一家企业的整体公司层战略,通常会考虑纵向价值链的一体化和多元化的层次。管理层可以通过这种方法来决定企业的范围,进而增强企业在获得与保持竞争优势方面的能力。为明确企业的界线,管理者必须围绕三个重要的维度来制定公司层战略(图 5-7),即纵向一体化、横向一体化和全球范围。

网络关系的价值与用户数量呈正比关系。由于坐拥超过 5 亿用户,脸书因网络效应而大大获利:它吸引了世界顶尖的软件开发商为其开发一些应用软件,这是一项很重要的补充性服务。这些应用软件反过来加强了脸书的吸引力,进一步增加了用户数量。使用脸书的人越多,成为在线社区成员的价值就越大。由于脸书的用户可以更加自由地分享,并且不管在哪里上网,都可以随时连接朋友网络,脸书更清楚地了解到用户的喜好,并且提供更加定制化的网上广告。谷歌在 2010 年获得接近 300 亿美元的年收益,证明线上广告是一项高回报的生意。社交网络可能会变成赢家通吃的市场,脸书正是赢家。

企业往往会像人类个体一样,形成联盟以分享信息,追求共同的兴趣。组织也会加入网络体系,例如,创新中心(Inno Centive)为获取各种不同的知识和资源,以实现自己不能独立完成的战略目标,而对创新体系进行组织。除了内部有机增长之外,各公司往往还需要很多战略抉择来追求共同利益,巩固自己的竞争力并增加收益:收购、联盟和网络关系。

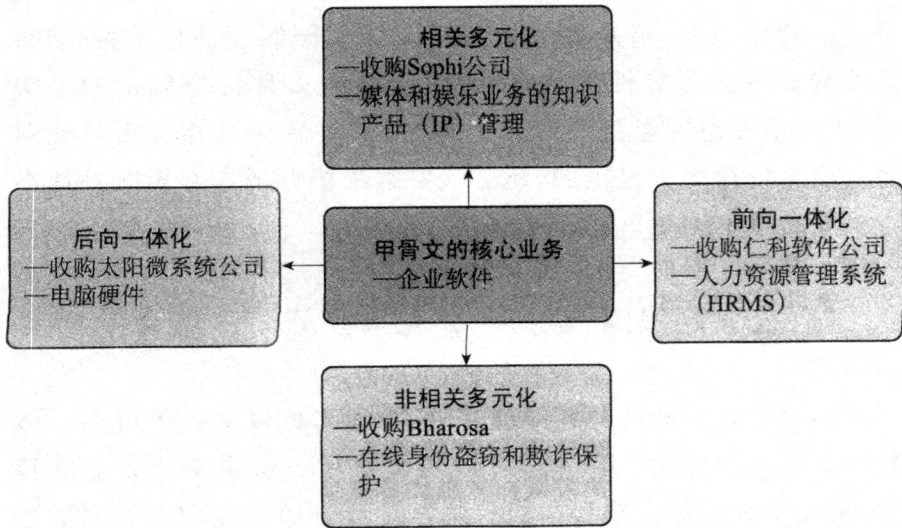

图 5-7　纵向一体化战略与多元化战略的结合案例

第三节　并购战略

一、并购的含义

并购是兼并与收购的简称。在执行公司战略时，兼并和收购（M&A）是一种传统又常用的方式，每年都会有成千上万个兼并和收购案，累计价值高达数万亿美元。虽然人们时常把这两个词当作同义词并且互换使用，但是兼并和收购在定义上是有区别的。兼并（merger）是指两家独立的公司联合而形成一家合并企业的经济行为。收购（acquisition）是指一家公司被另一家公司收购或者接管的情况。兼并显得更为友善一些：兼并中的目标公司一般都愿意接受收购。例如，迪士尼公司收购皮克斯动画工作室就是一次很友好的收购，双方都认为这次收购是一个非常好的想法。收购可以很友善，也可以不友善。如果目标公司不愿意被收购,这样的收购则被认为是敌意收购(hostile takeover)。例如,微软 2008 年收购雅虎的案例就是一个典型的敌意收购,最终也没有能够达成交易。

在定义兼并和收购时,公司的规模也是考虑因素。两家规模相仿的公司的合并通常被看作兼并(尽管有时真的是收购),例如,戴姆勒公司和克莱斯勒公司的合并就被看作一次兼并,虽然事实上是戴姆勒公司收购了克莱斯勒公司,并且在之后卖掉了它。相比而言,如塔塔集团、思科系统、通用电气等大企业收购一些创业公司,这种交易一般会被认为是收购。由此可以看出,兼并和收购之间的区别其实很模糊。

二、并购对企业发展的优势

竞争对手间的并购通常也被称为横向一体化战略。实行这一战略可以使企业在某一产业的战略地位得到提升。一个产业的横向一体化趋势可以转变为产业重构。

对于企业来说,竞争对手间的并购有四大好处。

(1)减弱竞争强度。

(2)增强差异化。

(3)降低成本。

(4)开拓新的市场和分销渠道。

表 5-3 说明了这一战略的价值创造来源和成本来源。

表 5-3　横向一体化的价值创造和成本的来源

价值创造来源	成本来源
减弱竞争强度	一体化失灵
降低成本	灵活性降低
增强差异化	增加潜在的法律后果
开拓新的市场和分销渠道	

（一）减弱竞争强度

通过横向一体化，企业的过剩产能将会被清除，横向一体化引起竞争的减弱。整体来说，产业结构变得更加统一，也潜在地带来了更高的利润率。如果幸存的公司发现它们正处在一个寡头产业结构中，并且它们比较关注非价格竞争，那么这个产业将变得更加有利可图，而且现有公司之间的对抗程度将得到缓解。

对现存企业来说，横向一体化有助于发挥波特五力模型中的某些力量：增强供应商对买家的议价能力，降低新进入者构成的威胁，减轻竞争者之间的压力。正因为其潜在地降低了业内竞争强度，市场监管方通常会对并购活动进行审查，以避免行业垄断现象的出现。

（二）降低成本

实证研究表明，公司采用横向一体化战略，可以通过规模经济效应降低成本，从而加强价值创造能力并且提升业绩。在一些固定成本较高的行业，降低成本的关键在于取得由产出带来的规模经济效益。如果公司只有少量的产品可以推销，那么对于公司来说固定成本有可能把自己拖垮。企业合并以后，这些公司就能够扩大市场，减少冗余的生产线和人员，降低固定成本。

（三）增强差异化

通过并购形成的横向一体化，可以通过增加产品和服务的差异化来提升其竞争地位。尤其是横向一体化可以帮助企业填补产品范围的空白，为消费者提供更全面的产品和服务。为了增强差异化的吸引力，一些公司通常会将互补者收纳进自己的麾下，向自己的顾客提供更丰富，功能更加完善的产品，提高自己在市场上的竞争力。

（四）开拓新的市场和分销渠道

横向一体化也可以使公司打开新的市场和分销渠道。一些重要的竞争对手通常占领着同公司一样或者略小的市场份额，拥有公司需要花费大量资源才能获得的市场营销渠道。在这种方式之下，公司一旦完成横向一体化战略，公司就能够获得竞争对手的市场资源，实现自身营销渠道拓展的目的。

三、企业开展并购活动的动因

（一）希望克服竞争劣势

在某些情况下，合并不是为了获得竞争优势而是为了克服竞争劣势。例如，为了更有效地与世界运动品牌佼佼者耐克竞争，阿迪达斯公司在 2006 年以 38 亿美元的价格收购了锐步公司（Reebok）。这次收购使阿迪达斯集团获得了与锐步在各自独立经营时所未曾获得的规模经济和范围经济效益。克服与耐克的竞争劣势，反过来就是加强了阿迪达斯的竞争地位。事实上，克服竞争劣势可以让一个企业踏上通往竞争优势的道路。

（二）卓越的收购和整合能力

企业间的收购和整合能力的分布并不均衡。虽然有明确的证据表明，平均来看，并购行为都会损害股东权益而不是为股东创造价值，但不排除有些公司能够通过对目标公司的确定、收购和整合来巩固自身的竞争地位。因为这种高超的收购和整合能力很有价值且难以被模仿，再加上积累的经验，就能带来竞争优势。

（三）委托—代理问题

作为代理人的管理者，理应是站在委托人，也就是股东一边，为其谋求最大利益。但是，经理人有时是出于别的动机而采取收购行为，并不是为了使股东利益增值，比如希望通过收购，建立起一个与声望、权力和高收入挂钩的更大的商业帝国。除了提供更高的收入和公司福利之外,更大规模的企业组织可以提供就业保障,对实施非相关多元化的企业而言更是如此。

一个相关的问题是管理者自大,这是管理者过度自信的一种自我错觉,而相关证据却恰恰相反地表明他们的表现不尽如人意。管理上的过度自大情绪主要表现为两种形式。第一种,收购方的管理者认为自己有能力经营好目标公司,当然也认为他们可以创造出更多的价值。第二种,尽管许多高层管理者知道并购往往会损害股东利益,但他们总是觉得自己会是例外。这种管理上的过度自信导致许多合并失败,造成了数十亿美元的损失。

第四节　战略联盟

战略联盟是企业间达成的一种志愿协议,可以共享知识、资源和能力,旨在共同开发生产过程、产品或者服务。企业建立各式各样的联盟,从对企业竞争力无足轻重的小型合同,到价值数百万美元,足以成就或者摧毁一家企业的合资公司。一个联盟,只有当它可以影响到企业的竞争优势时才能上升为战略层面。当战略联盟整合资源与知识,并符合现有价值的能够管理稀缺资源不可替代的战略联盟时,才具有帮助公司获得竞争优势的潜力。

一些研究者认为,竞争优势往往是在战略合作组织中被发掘,而不是在单个企业中。根据竞争优势的关系视图,一些关键的资源和能力经常被嵌入跨越企业界限的战略联盟。竞争优势的基础往往是在战略联盟形成价值高、难以被模仿的资源组合时形成的,联盟合理的组织恰好有利于价值的获取。

一、企业进入战略联盟的动因

为了能对企业的竞争优势产生影响,联盟必须保证在企业价值创造过程中起到积极的作用,具体来说,就是增加价值或者降低成本。公司加入联盟的普遍原因也反映了这样的逻辑。企业进入联盟的动因主要表现在以下几个方面。

（一）强化竞争定位

企业可以通过联盟，改变产业结构促进自身发展。企业常常在进行所谓的产业标准之战时采取战略联盟。有时企业也会牵头成立联盟，以挑战产业龙头并改变基本的市场结构。

（二）进入新市场

不管是出于地理、产品还是服务的原因，企业都会利用战略联盟进入新的市场。在某些情况下，一些国家（如沙特阿拉伯和中国）的政府会要求，在进该国发展前，外企必须有一个当地的合资企业伙伴。这些跨国战略联盟既能获得利益也面临风险。外国公司可以受益于合作伙伴对本土的了解和关系，同时其专有技术也存在被合作伙伴占用的风险。

（三）规避不确定性

在动态的市场中，战略联盟有助于企业控制市场中的不确定性。例如，在生物科技革命兴起的时候，现有的大型医药企业，如惠氏、辉瑞和罗氏都与一些生物技术创新公司建立了战略联盟。这种联盟使得大型医药企业可以小规模地投资于一些新创生物技术公司，而这些创新公司随时都有可能破坏现存的市场经济。在某种意义上，大型医药企业对这些生物技术实验拥有实物期权，当新药经生物技术公司研发出来，大型医药企业获得进一步投资的权利而并非义务。一旦这些待开发的新药品达到一定数量，不确定性因素就会被消除，大型公司则可以做出相应的反应。

（四）获取重要的互补性资产

新产品或服务的成功商业化需要市场营销、制造和售后服务等互补性资产。特别地，新公司往往需要这些资源来完成从上游创新到下游商品化的完整产业链过程。打造营销、管理专业知识或销售团队等下游互补性资产往往花费大而且耗时，因此往往不适合新成立的公司。战略联盟有助于企业与互补性技能和资源相匹配，以完成价值链活动。再者，此类许可经营能让合作伙伴从劳动分工中获益，使其各自专注于自己的强项。

（五）学习新的能力

企业加入战略联盟，是因为它们迫切想从合作伙伴身上学习新的能力。如果合作企业同是竞争者，竞合随即产生。这种竞合关系将会引发联盟中的学习竞赛，这种情况下，企业有动力组成学习联盟，但是每个企业学习的速度是不一样的。学得更快，达到目标更快速的公司更容易退出联盟，或者至少也会开始减少知识分享。由于合作企业同样也互为竞争者，同联盟伙伴相比，胜出企业会因为学习竞赛的积极影响获得竞争优势。

同时要注意的是，成立联盟的不同动机不一定是独立的，有可能具有复杂的相互关系。举个例子，企业间互相合作以获得重要的互补性资产，也会想通过彼此的学习最终实现纵向一体化。总而言之，结成战略联盟的通常动机是希望获得规模经济、范围经济、专业化和学习带来的效益。

二、参与战略联盟的管理

战略联盟是介于"购买"和"制造"之间的一种形式。联盟可以通过以下机制进行管理：（1）合约式的非股权式联盟；（2）股权式联盟；（3）合资企业。

（一）非股权式联盟

基于公司间的合约而建立的非股权式联盟是最常见的联盟形式。非股权式联盟的最常见形式包括供货协议、销售协定、特许经营。正如名称所示，这些契约性协议属于纵向战略联盟，将产业价值链上的不同部分连接起来。在非股权式联盟中，企业都乐意分享显性知识,即可编码的知识。专利、用户手册、情况说明书和科学出版物,都是获取某种特定方法(程序)或产品相关的显性知识的途径。由于非股权式联盟的契约性,因而非股权式联盟具有灵活性,而且易于建立(或终结)。然而,也由于它的暂时性,有时候会使联盟关系趋弱,导致合伙人之间不信任和不守承诺的情况发生。

(二)股权式联盟

在一个股权式联盟(equity alliance)里,至少会有一方获得其他一方的部分所有权。相对于契约式联盟和非股权式联盟,股权式联盟较为罕见,因为它通常需要更大的投资。由于股权式联盟是基于部分所有权,而不是契约,因此股权式联盟意味着很强的承诺要求。另外,股权式联盟允许共享隐性知识(tacit knowledge),即不能被编码的知识。它的重点在于知道如何去执行一项具体的任务。这只能通过积极参与其中才能获得。因此,在股权式联盟中,合作伙伴要频繁地进行人员交换,才有可能获取隐性知识。

另外一个被归类到股权式联盟这一广泛的课题下的管理机制,叫企业风险投资(CVC),这属于股权式投资,是通过冒险型创业模式来创立公司。CVC的预估价值每年都高达数百亿美元。大企业经常致力于CVC项目。与传统的风险投资者不同的是,企业风险投资的主要意图并不是获取经济利益。CVC引入了实物期权的概念,这意味着有权利获取新(可能是破坏性)的技术。研究表明,CVC对投资公司的价值创造有积极的作用,特别是对高技术产业,如半导体、计算机和医疗设备等产业。

相对非股权式联盟而言,股权式联盟往往在合作伙伴之间建立起一种更紧密的联系和信任。同时,也提供了开启新技术的一扇窗,就如一项实物期权,如果技术是成功的,就可以采用,如果技术不被看好,则可以放弃。股权式联盟的弊端就是会牵涉投资金额,并且在组建合作关系时缺乏弹性和效率。

(三)合资企业

合资企业(joint ventures,JV)是由两个或以上的母公司共同创立并共同拥有的独立组织。一旦合伙人入股合资企业,就负有长期的承诺。常见的做法是通过人事调动来交换显性和隐性知识。股权式联盟和合资企业,往往成为企业通过并购实现完全一体化的铺路石。本质上,它们都被当作"先尝后买"战略的实施行为。合资企业往往也会进入一些国外市场,东道国政府要求以合资企业的形式进入,以获得先进技术和诀窍。从采用频率来看,合资企业是三种战略联盟中使用率最低的一种。

合资企业的优势在于其坚实可靠的联系,合伙人之间具有信任和承诺。然而,他们要承担长期的谈判和重大投资的任务。如果联盟的运行不如预期,那么这家不成功的合资企业将会付出时间与金钱代价。更深层次的风险是,与新合伙人共享的知识,可能会被投机分子窃取。最后,合作所带来的效益也必须在合伙人中分摊。

(四)企业的联盟管理能力

联盟管理能力是一个企业同时有效地管理三个与联盟相关的任务的能力,通常跨越许多不同联盟的组合,如图 5-8 所示。

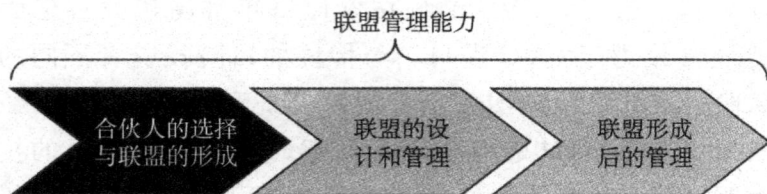

图 5-8　企业的联盟管理能力

1.合伙人的选择与联盟的形成

当为联盟进行筹备的时候,预期的联盟收益必须要超过其成本。当如下五个原因中的任何一个或者多个存在时,公司必须选择最可行的联盟伙伴来建立联盟。这五个原因分别是:强化竞争定位,进入新市场,规避不确定性,获取重要的互补性资产,学习新的能力。研究表明,合伙人的兼容性与承诺是联盟成功的关键。合伙人的兼容性可从不同公司的文化契合中获得。合伙人的承诺关注的是结盟方的意愿:提供必要的资源并愿意为了长期回报而牺牲短期的利益。

2.联盟的设计与管理

一旦两个或两个以上的企业同意结盟,管理者就必须对联盟进行设计,并从如下的三个选项中,选出合适的治理机制:非股权式联盟、股权联盟或合资企业。通过调查 640 个联盟,研究者发现:引进专有互补性资产,会增加联盟分层次治理的可能性。在联盟合伙人和设想任务存在不确定性的情况下,它的影响会更大。

除了正式的治理机制外,组织间的信任是评估联盟能否成功的重要维度。因为所有的契约都可能是不完整的,所以,联盟伙伴间的信任,在有效的联盟形成后的管理过程中,扮演了重要的角色。因此,有效管理的实现,只能通过巧妙地将正式与非正式的机制结合起来才能实现。

3.联盟形成后的管理

企业联盟管理能力第三个阶段关注的是联盟的持续管理。合伙企业只有创造符合 VRIO 内部分析框架标准的资源组合,才能成为竞争优势的来源。如图 5-9 所示,这需要联盟伙伴提供关系专属投资,建立知识共享规则和企业间的信任才能实现。

信任是任何联盟的一个重要方面。公司间的信任能够带来期望:每个联盟伙伴都以忠诚、互惠和公平原则共处。这有助于巩固公司之间的合作关系,从而增加了实现联盟预期目标的可能性。企业间的信任对于决策的快速制定也很重要。确实,有些企业,比如礼来公司、惠普公司、宝洁公司和 IBM 公司等,为了成为"候选合作伙伴"联盟以获得与规模较小的科技创业公司、大学以及独立投资者的合作，都在为"值得信赖的声誉"而比拼。

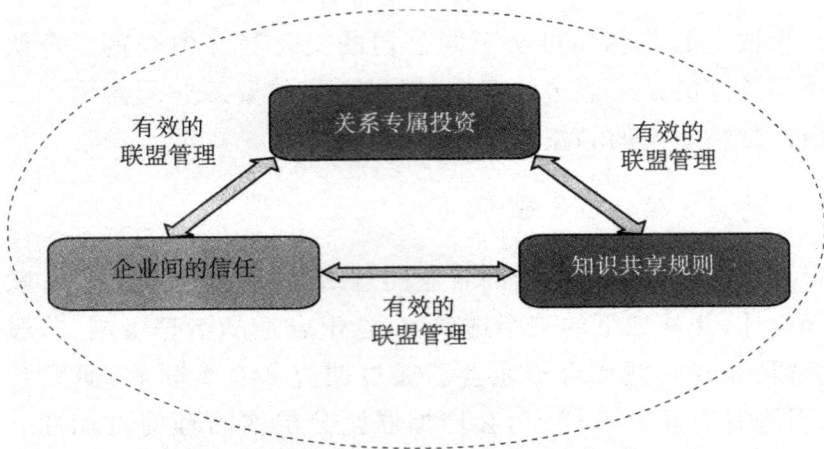

图 5-9　联盟管理的运行

联盟管理能力的系统性差异，的确能够成为竞争优势的来源。通过长期的实践积累而成，企业能够形成较强的联盟管理能力。不少实证研究都表明，企业通过与联盟成员的反复接触，会沿着学习曲线向下，从而在联盟管理方面表现得更好些。"干中学"的方法对小企业非常有价值，企业中有一些关键人物能够协调企业的活动。对于较大企业来说，却存在明显的局限性。事实上，如果合作同盟不是在企业层面的组合角度来运行的话，但会出现一些严重的负面影响。

为了实施有效的联盟管理，研究人员建议企业建立起专属联盟管理机制，并且由副总裁或联盟总监来领导，配备独有的资源和人员支持。专属联盟管理机制要从企业层面的角度，协调整个组织内的各种同盟关系的活动。它被当作拥有先前经验的智囊库，并且负责流程与结构的构建，从而在整个组织的各个层面传授和利用这些经验和知识。实证研究表明，拥有专属联盟管理机制的企业，能从联盟中创造出高于预期的价值。

一些企业也能够将通过管理联盟组合而获取的关系能力应用到成功的收购战略中。因此，战略研究者建议，公司层面管理者不仅要协调企业的联盟组合,还要利用他们的关系成功参与兼并和收购。也就是说,企业不要孤立地专注于开发联盟管理能力,而应该开发关系能力,以便于对包括战略联盟和并购的成功管理。

第六章　中小企业业务战略

业务战略是将中小企业总体战略具体化的一个环节。市场是非常残酷的,中小企业要在市场中展开自己的总体战略必须要直面竞争,在竞争中生存下来。中小企业的业务战略主要有基本竞争战略、动态竞争战略、国际化战略三个部分。

第一节　基本竞争战略

美国著名的战略管理学家麦克尔·波特在《竞争战略》一书中提出三种基本的竞争战略,也就是成本领先、集中一点和别具一格。图 6-1 为波特竞争优势模型。

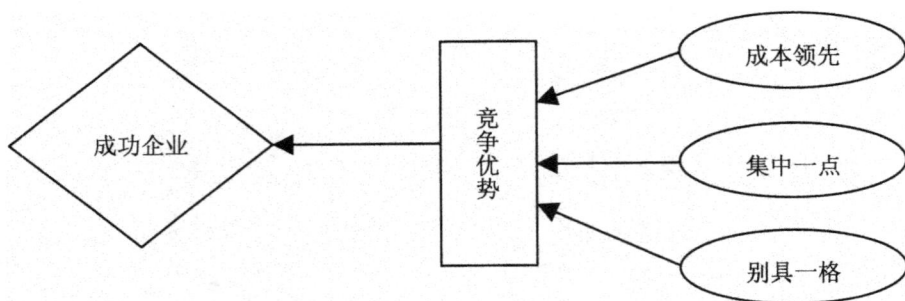

图 6-1　波特竞争优势模型

一、成本领先战略

（一）成本领先战略的含义

成本领先战略又称为低成本战略，其核心就是在追求产量规模经济效益的基础上，通过对企业的生产成本进行控制，通过一系列的方式和手段，在产品的研发、生产、销售、服务等方面降低企业产品的生产成本，用低于竞争对手的成本优势取得竞争胜利的一种策略。

但是成本领先战略并不是要降低产品的质量，降低成本不等于节省或减少成本，它运用的是成本效益观念来对新产品的开发设计改进工作进行指导。

要想采用成本领先战略取得成功，最主要的是企业通过提高员工的单位时间效率，提高员工的能力以及管理者的水平，这是企业降低成本的根本途径。

（二）成本领先战略实施的条件和途径

企业在实施成本领先战略时需要以一定的条件和途径为依托。

1.成本领先战略实施的条件

第一，需要有资金的持续进入。企业要实施成本领先战略，实现规模经济的目标，就需要有高科技的人员、先进的生产设施和信息化系统等条件来提高企业的生产效率，进而实现低成本的目的。这些都需要有强大的资金作为后盾。

第二，独特的工艺技术。企业在日常生产中，要不断提高技术水平，采取更加先进的工艺技术，保证自己的产品具有独特性，从而满足消费者的特殊需求。这样就可以使企业在市场竞争中处于优势地位。

第三,行业内产品的价格竞争要激烈。这是企业实行成本领先战略的一个绝对优势,因为在价格竞争中,企业有一个较低的生产成本,就可以利用这个优势使产品的定价比对手的价格低,这样就容易在市场上获得很大的份额,进而实现规模效益。

第四,企业要有一个畅通的销售渠道。企业只有将产品销售出去才能获得利润,销售关系到一个企业的成败。现在的销售渠道有多种,如广播、电视、报纸、杂志、商铺、网络等。不管哪种,企业的销售渠道要畅通才能保证企业的产品能销售出去进而获得价值。

2. 成本领先战略实施的途径

第一,实现规模经济。所谓规模经济指的是通过提高产品生产规模从而降低单位产品的生产成本。企业要想实施低成本战略,实现规模经济是一个重要的途径。

第二,利用学习曲线效应。学习曲线效应指单位产品成本随累积产量增加而下降。企业员工在进行产品生产时随着产品数量的增加,可以提高工作的熟练度,这有助于促使企业员工对产品的设计进行改进,从而达到降低成本的目的。

第三,将营销、研究、开发和服务的成本降到最低水平。这主要是因为企业的目标顾客对价格的需求比较高,因此,企业要在保证产品质量的前提下,降低企业其他生产环节的成本。

第四,对于生产运营和行政成本要进行严格控制。通常来看,企业在实施成本领先战略时其管理模式一般为扁平化、简单化和集权化,因此,企业以成本为导向,因此在创新方面比较弱,这就要求企业对于生产运营和行政成本严格控制。

(三)成本领先战略实施的优势和劣势

企业在实施成本领先战略时既会取得竞争上的优势,但也存在着不良的影响。

1.成本领先战略实施的优势

第一,可以保持企业在竞争中的领先地位。同一行业内的竞争企业,实施成本领先战略的企业可以对消费者有更大的吸引力,在市场中的占有率会提高,从而保持企业在市场中的领先地位。

第二,有利于降低进入者对本企业的威胁。企业实施成本领先战略,可以使本企业的产品有一个较低的价格,这对于想进入本行业的其他企业来说就有一个较高的障碍。

第三,有利于减少替代品对于本企业产品的威胁。由于企业实施成本领先战略,其产品在价格上具有竞争优势,因此,实施成本领先战略的企业在竞争方面会比对手更加灵活。由于产品替代是一个比较长的时间过程,这就给企业一个缓冲过程,企业可以充分发挥自身的优势,降低或缓解替代品的威胁。

第四,增加企业与购买合作者讨价还价的能力。企业在与强有力的购买者合作时,购买者对企业的要求会比较高,这对企业来说就是一个合作风险。实施成本领先战略的企业由于具有价格竞争优势,因此,在与强大的购买者合作时,能够承受由经济因素给企业利润带来的影响。

2.成本领先战略实施的劣势

第一,实行成本领先战略的企业,在前期的投资比较高。但是随着时间的推移和科技的进步,企业的竞争者也会不断发展,这就会使企业失去竞争优势。由于成本领先企业原来已经投入的巨资使他们转向新技术设备的转换成本过高,因此在技术转换中处于被动地位。

第二,对消费者需求的关注比较少。实行成本领先战略的企业如果对于此战略过度依赖就会将企业的重点放在降低成本上,对于消费者的需求关注则会减少,这样就不利于掌握消费者变化情况,生产出来的产品就有可能满足不了消费者的需要。由于企业生产产品最终是要卖给消费者的，如果产品得不到消费者的认可，企业产品的价值就无法实现，最终影响企业的发展。

第三，出现企业的模仿者。企业不止是为了获得利润，应当是为了获得长期的利润。这就要求企业保持领先战略的持久性。同行业新进入的竞争者为了减少风险，就会利用前人的生产管理经验，引进先进的技术设备等模仿企业实施成本领先战略，这就会给原来实行成本领先战略的企业造成巨大的冲击，降低其对消费者的吸引力。

第四，产品差异性欠缺。实行成本领先战略的企业其产品的差异性会欠缺，这会给企业带来致命的缺点。

二、差异化战略（别具一格）

（一）差异化战略概述

差异化战略指的是企业通过向市场提供独特的产品或服务来满足消费者特殊的需要，从而形成竞争优势的一种竞争战略。其根本是通过提高消费者效用来达到提高消费者价值的目的。归根到底，消费者进行消费是为了满足自身的需求，降低成本是有限度的，但是实行差异化的话可以使企业的产品得到认同并不断发展。

企业实行差异化战略可以从产品设计、品牌设计、生产技术、顾客服务、销售渠道等方面入手，创造出具有企业自身特点的产品或服务，使消费者的特殊需要得到满足并创造价值，从而获得利润，取得在市场竞争中的优势地位。

以消费者对差异化不同的需求和企业自身的状况为依据对差异化战略进行化分，可以分为产品质量差异化、产品功能差异化、销售服务差异化、产品创新差异化、产品品牌差异化等。

（二）差异化战略实施的条件和途径

实行差异化战略可以使企业得到更多的利润，由于差异化战略使得企业的产品更具有针对性，因此，在市场占有率方面会下降，企业需要处理好这两方面的关系。成功的差异化战略实施需要以下两个方面的条件和途径。

1. 企业差异化战略实施的条件

第一，企业要具有比较强的创新能力。现代社会，科技的不断发展使得产品或服务不断更新，消费者的选择余地也大大得到了扩展。市场竞争主要表现在企业要不断推出新的产品特色。这就要求企业的创新能力要很强，企业要有强烈的市场意识和创新意识，对于消费者需求的变化要及时掌握，对产品和服务不断进行改进来满足消费者的需要。

第二，企业要有较强的市场营销能力。企业的产品只有被消费者买到才能实现其价值，只有具有较高的营销能力，才能让消费者对本企业的产品有一个深入的了解和认识，并最终购买产品。此外，强有力的营销可以将企业的研发、制造等部门协调起来，实现企业的良性循环，最终实现企业产品在市场上获得利润。

第三，消费者有多种多样的需求。这是企业实行差异化战略的前提。只有消费者的需求具有多样性，企业才可以针对某一部分消费群体进行产品或服务研发。

2. 企业差异化战略实施的途径

第一，在产品功能方面实现差异化。当前来看，消费者对于产品不仅注重外观，也很看重产品的功能。这就需要企业在进行产品研发时注重一项或多项功能的研发，使其与其他企业的产品区别开来。

第二，在产品质量方面实现差异化。产品的质量是产品的灵魂，消费者都想要高质量的产品。但是在实际生活中市场上产品质量却有高有低，归根到底是因为消费者对产品质量的需求不同。以一次性筷子为例，虽然一次性筷子质量不高，但因为消费者不需要二次使用，是为了生活使用方便而有大量的客户群体。

第三，在服务方面实现差异化。产品在不同的销售阶段都需要有一个良好的服务，企业可以针对消费者的服务需求进行差异化处理。

第四，在品牌方面实现差异化。企业的品牌是一种宝贵的无形资产。通过企业品牌，消费者可以分辨出企业的产品和服务，企业可以通过建立品牌，实现对市场的占有。

（三）差异化战略实施的优势和劣势

1.差异化战略实施的优势

第一，减少消费者的敏感度。当消费者接受了企业实行差异化战略所提供的产品或服务，就会对该企业的产品或服务产生忠诚度。这就会降低消费者对该企业产品或服务价格方面的敏感度，从而使企业获得更大的利润。

第二，增强企业讨价还价的能力。企业实行差异化战略，其产品或服务由于满足了消费者的特殊需求因此价格比较高，这就使企业的利润也比较高，相对来说，企业的总成本就会下降，使企业在面对供应商涨价时其接受能力比较高，对供应商讨价还价的能力就会提高。

第三，对进入者设置的壁垒比较高。企业实行差异化战略其消费者的忠诚度就比较高。其他的企业想要进入该行业，就需要以比较高的产品或服务来吸引消费者，这就增加了潜在进入者进入市场的门槛，有利于降低企业的竞争风险。

第四，降低替代品的威胁。由于消费者的忠诚度较高，替代品想要吸引客户就必须要有一个更高的质量，还要同时满足顾客多样化的需求甚至还要克服消费者对原有产品的忠诚度。这给替代品进入市场设置了一个较高的门槛，降低其潜在的威胁。

2.差异化战略实施的劣势

第一，消费者需求的变化。消费者的需求是多种多样的，企业在实行差异化战略时要保证其方向的正确性，否则，就会因为方向的不正确导致战略的最后失败。

第二，战略实施的成本过高。由于实行差异化战略的成本过高，为了获得利润，企业产品或服务的价格就会高。如果消费者对于价格比较敏感，就会转向其他竞争者性价比高的产品，这就会导致企业的最后失败。

第三，差异化需求的降低。随着社会的发展，人民物质生活变好的同时，消费者的消费理念和行为也变得成熟而理性，这就导致消费者对产品的差异化需求大大降低。在此情况下，消费者更倾向于性价比高的产品。这就会使得企业丧失差异化战略优势。

第四，出现模仿者。一般来看，如果企业通过实行差异化竞争战略取得竞争优势的话，其有效因素一定会被竞争者模仿，从而使企业的产品或服务难以有效与竞争对手做出区分。如果竞争对手的创新能力比较强，企业受到的威胁就会加大。

三、重点集中战略（集中一点）

（一）重点集中战略概述

重点集中战略是指企业在经营活动中主攻某一个特定的客户群体，某产品系列的一个细分区段或某一个地区市场的竞争战略。它是以一个特定的市场为中心，进行密集性的市场经营活动，实行重点集中战略的企业要能够提供给消费者比竞争对手更好的产品或者服务。

重点集中战略可以有多种形式，虽然成本领先和差异化战略都是为了要在全产业范围内实现企业的目标，但是实行重点集中战略是围绕着为一特定目标服务这一中心而建立的，实行重点集中战略的每一项方针都是以此战略为目标。

企业实行重点集中战略有两种方式，一是通过产品差异化方法,二是通过低成本的方法。从这点来看,实行重点集中战略的企业就是特殊的差异化企业或特殊的成本领先企业。三种基本竞争战略之间的关系与区别如图6-2所示。

战略优势

被顾客察觉的独特性　　　　　　低成本地位

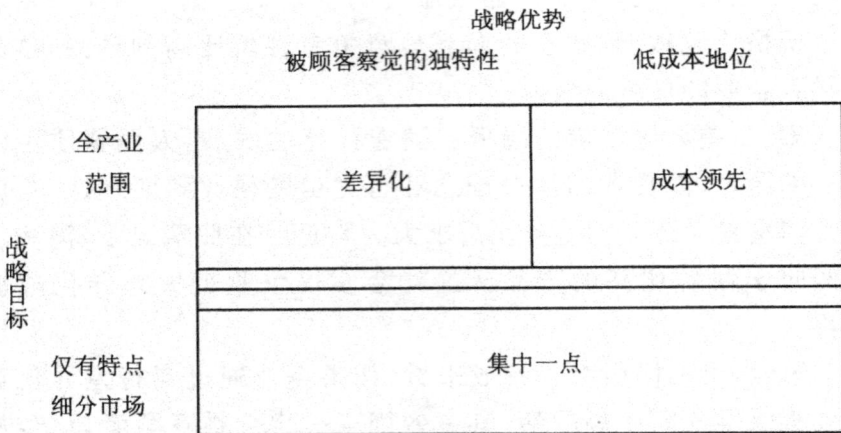

图6-2　三种基本竞争战略

(二)重点集中战略实施的条件和途径

1.重点集中战略实施的条件

第一,企业间的争夺重点不在目标市场。当企业在实行重点集中战略时,要选择那些不会引起行业内主要竞争企业兴趣的小市场,这样企业在实行重点集中战略时有发展的空间。

第二,企业的目标小市场要有一定的发展前景。这是企业发展壮大的前提,只有目标小市场有发展前景,才能在企业发展的过程中小市场的需求同步增长来吸纳企业的产品或服务。如果企业不能在小市场中获得利润,就要放弃。

第三,企业提供服务的能力较强。目标小市场上消费者的需求通常比较特殊,如果企业没有较强的服务能力,就无法满足这些需求,也就无法打开市场,企业要对自身情况做一个深入的了解,选择那些适合本企业的有吸引力的小市场。

第四,对挑战者做出有效防御。企业在实行重点集中战略时,要有效培育消费者对本企业产品或服务的忠诚度,这样对后来者就可以形成一个较高的壁垒,对挑战者做出有效的防御,从而保证企业在市场竞争中长期处于优势地位。

2.重点集中战略实施的途径

目标细分市场是企业实行重点集中战略的关键,选择目标细分市场的基本原则是选择那些竞争对手比较弱和不易受替代品冲击的目标小市场。

重点集中化战略有成本集中化战略和差异集中化战略两种,根据方式的不同实现的方式也不相同。选择成本集中化战略与成本领先战略、差异集中化与差异化战略的实现途径类似,在实行本战略的时候企业要注意到期对象是特定的市场和群体,所以企业应从以下方面入手。

第一,企业在选择好目标小市场,并且要确定在这一市场中企业的优势可以得到充分的发挥,保证企业在行业中处于领先地位。

第二,企业要具有创新能力和创新精神。企业要勇于引进先进技术和设备,针对市场内的需求做好产品的研发、生产和销售等环节,来保证企业有较大的收益。

第三,企业对于市场内消费者需求的变动要具有敏感性,要根据需求的变动适时调整企业的策略,从而保证企业可以不断满足消费者,保证企业长期良好地发展下去。

(三)重点集中战略实施的优势和劣势

1.重点集中战略的优势

第一,有助于保持企业的竞争优势。企业在实行本战略时,在一定程度上缩小了竞争的范围,有利于企业进行管理,由于范围小,企业可以对消费者的需求有一个更深入的了解,企业的产品和服务更具有针对性,也更专业化,从而提高了企业产品或服务的市场占有率,进而保证企业能够获得较高的利润。

第二,降低潜在进入者的威胁。实行本战略的企业做到一定程度，消费者的忠诚度就会增加，这就形成一种对潜在竞争者的无形壁垒，阻挡潜在竞争者进入该目标市场，有效降低了潜在进入者对企业的威胁。

第三，降低替代品的威胁。实施该战略的企业由于其产品或服务是针对消费者需求而研发的，可以有效地满足消费者的需求，这就大大提高了消费者对本企业的忠诚度。使得替代品在想进入该市场时有较高的阻力，有效地减少了替代品对本企业的产品或服务的威胁。

第四，企业讨价还价的能力得到增强。采用该战略的企业在产品和服务上的独特性使得企业在面对供应商时具有较强的谈判优势，增强了企业讨价还价的能力。

2. 重点集中战略的劣势

第一，出现替代品。实施该战略的企业将全部资源集中到一种产品或服务上，但由于消费者的需求是不断变化的，当消费者有新的需求时，有新的替代品并能够满足消费者的需求时，企业就会受到替代品的严重冲击。

第二，失去目标小市场的威胁。由于实施该战略的企业服务的小市场只是整个市场中的一部分，由此来看，对于整个行业的领先企业来说，实施该战略的企业有可能在竞争中处于劣势，如果该行业的领先企业通过强大的竞争力来抢占这部分小市场，那么原来实行重点集中战略的企业就会失去目标小市场。

第二节　动态竞争战略

从 20 世纪 90 年代初开如，有越来越多的管理者关注企业经营环境的动态化趋势以及其对企业间竞争的行为的影响，且在定位战略的基础对企业在动态条件下的战略行为做了研究。当前来看，企业面临的竞争环境呈复杂化趋势，企业间的竞争也越来越强烈，企业的竞争环境和竞争战略动态化发展趋势越来越明显。

一、动态竞争的含义和特点

(一)竞争优势循环

企业想要有更好的发展就需要不断创造和保持优势,这是一个企业持续不断的循环过程,如图 6-3 所示。

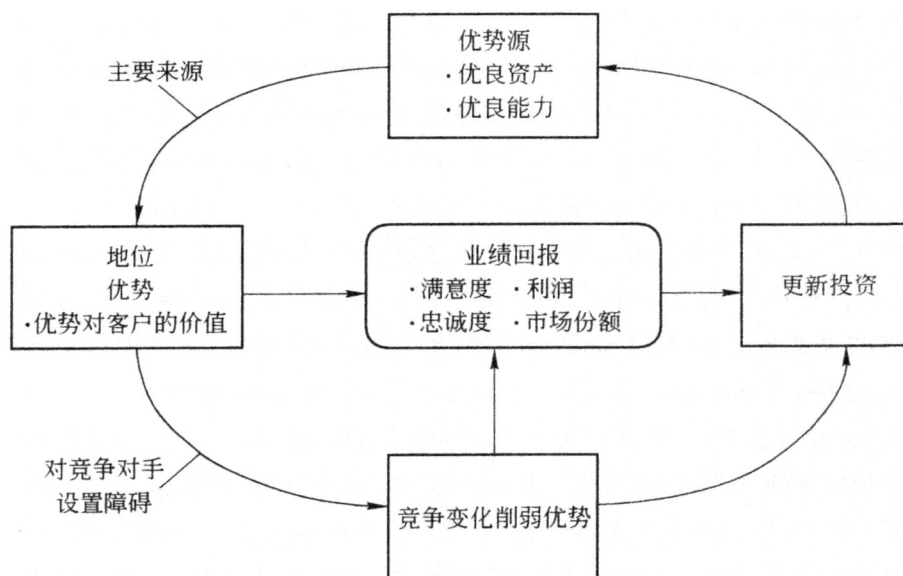

图 6-3　竞争优势循环

在市场竞争中,企业总是希望在竞争中可以有优势,而企业竞争优势的建立是以企业拥有一些优良的资产和优秀的管理能力为基础的。企业具有优势竞争地位会给企业带来巨大的市场份额和良好的利益回报,但是这种优势会随着市场竞争格局的变化而受到削弱。在动态循环中,企业实行竞争战略主要为了达到设置一个较高的障碍来防止竞争对手的发展从而保护本企业现有的竞争优势,但是这种障碍并不是一劳永逸的,它会受到各种因素的干扰而不断减弱,因此,企业要想一直保持在市场竞争中的优势地位就需要不断对新资产和新能力进行投资。竞争优势的创造和保持需要长期间的互动,在这个过程中企业既要不断投入大量的资金,也要有具有眼光的管理者。

（二）动态竞争的含义和特点

1.动态竞争的含义

动态竞争目前在学术界还没有一个明确的定义,从当前学者们使用的概念来说的话,动态竞争有广义和狭义之分。

狭义的动态竞争可以参见美国著名战略学者 Hiit、Ireland 和 Hoskisson 的定义:"在特定行业内,某个（某些）企业采取的一系列竞争行动,引起竞争对手的一系列反应,这些反应又会影响到原先行动的企业,这是一种竞争互动的过程"。

广义的动态竞争主要有三个层次,一是动态竞争（dynamic competition）是指企业在越来越动态的经营环境下竞争。经营环境的动态化正在越来越明显地从外部威胁着企业竞争优势的可保持性;二是竞争互动的动态化（dynamic competitive interaction）是指企业之间多点和快速互动的趋势越来越明显,竞争对手之间的博弈、学习、模仿和创新已经导致企业竞争优势的发挥和保持受到了威胁;三是竞争动力学（competitive dynamics）是指创新和速度正在代替规模而成为企业竞争优势的主要来源。由此可见,他们主要是在第二和第三个层次上理解动态竞争。

2.动态竞争的特点

动态竞争特点主要有以下几个。

一是动态竞争主要是以高强度和高速度的竞争为主要的特征,在动态竞争中每个竞争者都是在不断建立自己的竞争优势和削弱对手的实力。

二是在动态竞争中竞争对手之间的战略互动速度明显加快,决定竞争战略和经营战略的制定的决定因素是竞争互动。

三是在动态竞争中预测竞争对手的反应、改变市场需求或竞争规则的能力大小,比时间上的优势对竞争战略的有效性更有决定作用。

四是在动态竞争中没有一个企业可以一直保持竞争优势,企业所具有的竞争优势都是暂时的,都可能被对手打败。

二、动态竞争与行业竞争战略演化

对动态竞争研究来看,企业间的竞争不是静止的,它在本质上是发展变化的。在企业竞争的不同阶段,企业的竞争优势来源和战略选择是不同的。企业战略管理者要对行业内不同阶段的竞争和战略选择有一个准确的把握。如图 6-4 所示。

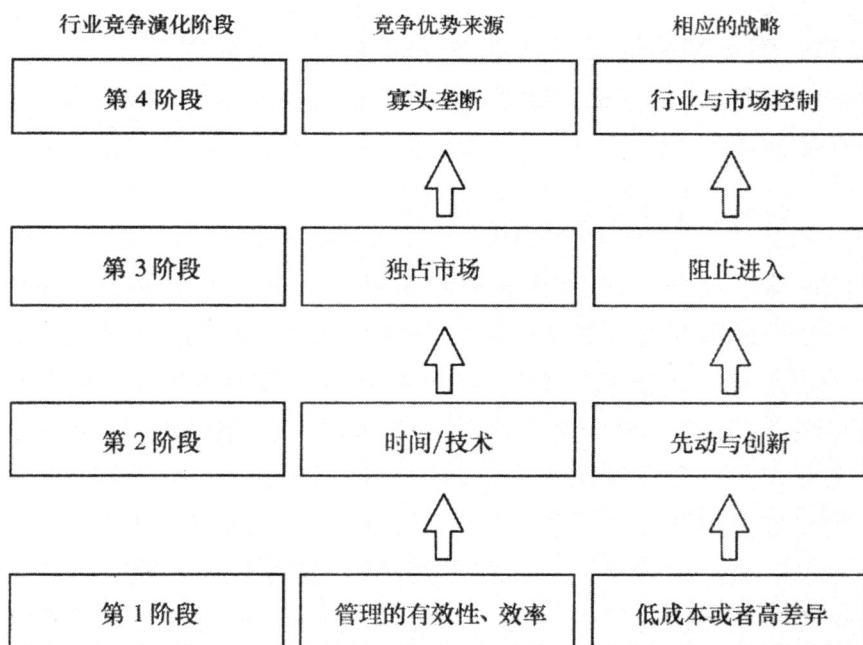

行业竞争演化阶段	竞争优势来源	相应的战略
第 4 阶段	寡头垄断	行业与市场控制
第 3 阶段	独占市场	阻止进入
第 2 阶段	时间/技术	先动与创新
第 1 阶段	管理的有效性、效率	低成本或者高差异

图 6-4　竞争互动与企业战略选择之间的动态演化

三、动态竞争条件下的战略思维模式

动态竞争和静态竞争是完全不同的,因此需要对动态竞争条件下的战略思维方式有全面的了解和把握,这样企业才能制定出有效的竞争战略。

(一)重视动态竞争互动

在静态竞争的条件下,企业很少对竞争对手的反应做出预测。但是在动态条件下,企业在制定竞争战略时要重视竞争互动,要对竞争对手的反应和攻击行为做出预测,这样才能保证企业竞争战略实施的有效性。企业要对以下方面内容有一个明确的掌握:竞争对手是谁;竞争对手的预期反应会是怎样的;企业应采取什么样的策略;企业的竞争行为对于行业市场和竞争格局的影响是什么。

(二)制定竞争战略的出发点不同

在静态竞争条件下,企业主要是对企业和竞争对手的价值链进行分析来制定竞争战略,来建立自己的竞争优势,这种情况的前提是竞争对手没有学习能力和竞争的互动只有一次的情况。但是现实中,动态竞争条件下其前提成立的可能性很小,企业会发现原有的竞争优势变得越来越小,究其原因:一是竞争对手在多次被打击后通过学习和模仿对弱点进行了克服和弥补;二是竞争对手会通过各种手段建立竞争优势;三是原来打击别人的企业过于依赖原有优势对于新情况没有及时应对,并建立新的竞争优势,在下一个回合的竞争互动中处于不利地位。

(三)制定竞争战略的目的是要创造新的竞争优势

企业在静态竞争条件下制定竞争战略是为了保持长期竞争优势,且认为竞争优势是可持续的。在动态竞争条件下,企业制定竞争战略是为了要创造新的竞争优势。动态竞争理论认为没有一个企业可以一直处于竞争中的优势地位,任何优势都具有暂时性,企业制定竞争战略虽然也是为了要保持企业在竞争中的优势地位,但更重要的是企业如何及时创造出新的竞争优势来打击对手,或者通过使竞争格局发生变化来削弱竞争对手的优势。

(四)采用动态分析方法

静态分析如传统的 SWOT 分析、波士顿矩阵及迈克尔·波特的 5 种竞争力分析模型等方法,都是以企业的优势是可以长期保持的情况下为前提,其竞争只是一个回合。在动态竞争条件下,企业的竞争优势会发生变化,因此其立足点要在竞争对手之间的互动上。企业在制定竞争战略时要在原有的分析模式上添加动态的分析方法,如博弈论、情景分析、仿真模型、系统动力模型、"战争"模型等,通过动态方法对于竞争对手的分析会更加准确,更有助于企业竞争战略的制定。

(五)建立核心竞争力

在静态竞争条件下,人们关注的重点是企业经营的环境、市场和行业结构对企业的影响。但是在动态竞争条件下,管理者认识到企业的核心竞争力是企业保持竞争优势的关键,企业只有建立起自己的核心竞争力,才能在面对环境、市场结构和行业竞争变化时做出更有效的反应,不断创造出竞争优势,保持企业在市场竞争中处于优势地位。

第三节　国际化战略

20 世纪 50 年代以来,市场竞争日趋激烈,许多企业为了寻求更好的生存或者进一步发展,纷纷把战略眼光投向更为广泛的国际市场,各国企业经营活动开始走出国门,扩大竞争范围,推动了全球化的进程。信息技术的迅猛发展、交通以及物流行业的日益发达为企业实施国际化经营提供了关键性的基础保障。随着世界经济的发展，企业寻求国际化战略的行为也越发主动和频繁。由此可见，企业活动的国际化已经成为世界经济发展的必然趋势。

对于企业来说，国际市场极具诱惑力，其背后蕴涵着巨大的商机，并且可为企业整体价值带来潜在的上升空间。然而，制订并实施国际化战略并不是一件易事，"一着错，满盘皆输"，企业面对的是一个比国内市场竞争更为激烈且复杂的国际市场，想获得可观的回报必然要付出更为艰辛的努力。"工欲善其事，必先利其器"，因此，企业在选择国际化经营的具体道路之前，冷静理智地分析自身的优势、劣势以及辨别所处的国际环境，选择合适的进入方式，做到"全球化思维，本土化行动"，不失为明智之举。

一、国际化战略的经济价值

国际化战略是多元化战略的一种。因此，该战略要具有经济价值，就必须满足两个价值标准：能充分利用范围经济，对外部投资者来说实现范围经济成本巨大。当企业经营多个业务时，在战略联盟、企业多元化、并购战略背景下就会产生范围经济。当企业在多个区域市场经营时，也同样会产生范围经济。

要想成为有价值的国际化战略必须能使企业利用环境中的机遇或避免威胁。从这个意义上来说，在相对于没有实施国际化战略的情况下，国际化战略能使企业对外部环境迅速做出反应，降低企业成本或增强消费者的购买意愿。实施国际化战略的企业范围经济的潜在来源主要有以下几个。

（一）获取低成本的生产要素

对于寻求国际化机遇的企业来说，获得新客户能够实现重要的范围经济。同样，获得低成本的生产要素如原材料、技术和劳动力也能实现范围经济。

1. 原材料

获取低成本的原材料大概是企业开展国际化业务最传统的原因。例如,在 1600 年,英国东印度公司在其成立初期投资 70 000 美元从事英国和远东(包括印度)之间的贸易。在 1601 年,英国东印度公司的第三支船队驶向印度,购买丁香、胡椒、丝绸、咖啡、硝石和其他产品,实现了 234% 的投资回报。东印度公司用这些利润又分别在 1602 年成立了荷兰东印度公司,1664 年成立了法国东印度公司。类似的企业相继成立,管理着新世界的贸易。Hudson Bay 公司成立于 1670 年,经营毛皮贸易。出于同样的目的,其竞争对手 North West 公司于 1784 年成立。所有这些企业的成立都是为了获得国外市场廉价的原材料。

获得低成本原材料也是企业开展国际化业务的一个重要原因。在一些行业(包括石油和天然气行业),获得低廉的原材料是企业开展国际化业务的唯一理由。

2. 技术

通过国际化经营,企业可以获得低成本的另一生产要素是技术。历史上,日本企业试图通过与非日本企业合作获得技术。尽管非日本公司往往在日本为其现有产品或服务寻求新客户,但是日本企业则利用国外企业进入日本市场的契机而获得国外技术。

这种模式不断地被反复采用,现在这种模式也出现在中国。政府政策使国外企业采用与中国企业合作的方式进入中国市场成为必然。在许多情况下,中国企业不仅帮助国外合作者进入中国市场,而且还学习并使用合作伙伴的技术。这种趋势暴露了中国知识产权保护不完善的弊端。

3. 劳动力

获得廉价劳动力是企业开展国际化业务的一个重要目的。

第二次世界大战后，日本成为世界上劳动力成本最低，但是劳动生产率最高的国家。然而，随着时间变迁，日本经济改善，日元升值提高了日本的劳动力成本，韩国、中国台湾、新加坡和马来西亚成为低劳动力成本、高生产力的新兴地区。在过去几年中，中国大陆、墨西哥、越南在世界经济中逐渐承担了这些角色。

尽管获得低成本劳动力是企业国际化进程的一个重要决定因素，但是这不足以激发企业进入某一特定的国家。毕竟，相对劳动力成本会随着时间改变。例如，韩国曾经是运动鞋制造大国，在 1990 年，韩国制造商在 302 家工厂雇用了 13 万名工人，然而到 1993 年，只有 8 000 人受雇于制鞋企业，并只剩下 244 家制鞋厂（大多数雇员少于 100 人）。相当一部分制造商已经把业务从韩国转移到中国，因为相对韩国（工人月工资大约为 800 美元），中国具有劳动力成本优势（工人月工资大约为 40 美元）。

此外，如果劳动力并不能有效生产高质量产品，那廉价劳动力并不会给企业带来利益。直到最近，中国也没获得相关制造技术和发展相关配套产业，因而不能有效生产高档运动鞋和登山鞋；而韩国却掌握了这些技术，因而能在运动鞋制造业赢得一席之地。然而，若某个国家拥有高学历、高素质人才，支持性技术和产业，那相对低廉的劳动力将吸引企业在该国开展业务。

（二）培养新的核心竞争力

企业开展国际化经营最重要的驱动原因就是为了提高现有核心竞争力和培养新的核心竞争力。通过在国外市场开展业务，企业能对其核心竞争力的优势和劣势有更深入的了解。在新的竞争环境下运用这些竞争力，企业能不断完善其传统竞争力，培养新的竞争力。

国际化业务也会对企业核心竞争力造成影响。企业必须从国外市场中不断吸取经验。此外，一旦开发出新的核心竞争力，企业必须把它运用到企业的其他业务中，以充分发挥核心竞争力的经济潜能。

1.从国际化业务中学习

从国际化业务中学习是一种自觉行为。许多在国际市场开展业务的企业一旦遇到困难和挑战就立刻放弃国际化进程。而其他试图开展国际化业务的企业却不懂得如何改进和完善核心竞争力。

一份针对几个战略联盟进行的调查研究,试图发现为什么联盟中的有些企业能够从国际化经营中不断学习成长,完善它们的核心竞争力并培养新的核心竞争力,而有些企业却不能。该项研究识别出学习意图、合作伙伴的透明度以及学习接受能力决定了企业在国际化经营中的学习能力。

(1)学习意图

拥有强烈学习意图的企业比那些没有学习意图的企业更能从国际化经营中学到知识。此外,这种意图必须传递到每一个参与国际化活动的成员。例如,比较下面两段话,一段引用自没有从国际化经营中学到知识的经理人,一段来自从国际化经营中学到知识的经理人:

"我们的工程师和合作伙伴的工程师一样优秀。事实上,合作伙伴的工程师技术有限,不过他们更加明白公司到底在做什么。他们知道他们在那里的目的就是学习,但是我们的人却不知道。"

"我们想形成一种自律的学习机制。我们每天都会问员工:'今天从我们的合作伙伴那里学到了什么?'我们会每天监测和记录学习情况。"

显然,第二个企业从国际化经营中学习知识,完善现有核心竞争力,培养新的核心竞争力比第一个企业处于更有利的位置。从国际化经营中学习知识需要精心设计而不是默认其自然发展。

(2)透明度

当企业与具有透明度的商业伙伴合作时,企业更可能从国际化经营中学到知识。一些国际化商业伙伴比其他企业更开放和易于接近。不同的可接近性反映了不同的组织哲学、实践和程序以及与企业母国文化的差异。中国文化及其他亚洲文化都有其特定背景并深深植根于广泛的社会系统中。这使得很多西方经理人很难理解和领会中国商业实践和中国文化的微妙之处。因而制约了西方经理人从中国市场的经营中学习或向他们的中国合作伙伴学习。

与此相反，许多西方文化知识往往不具有特定背景，也很少植根于社会系统，记录、传授和传播这样的知识成本低。在西方国家工作的日本经理人容易理解和领会西方商业实践，因而也更容易从西方国家业务和合作伙伴那里学到知识。

（3）学习接受能力

企业之间的学习接受能力也不同。一个企业的学习接受能力受其文化、运营程序和历史影响。有关组织学习的研究表明，在企业从国际化经营中学习之前，它们必须先做好组织忘记的准备。组织忘记要求企业完善或放弃传统的业务方式。忘记是很困难的，尤其是企业曾经利用旧的行为模式取得过成功，或者旧的行为模式反映了组织结构、管理控制系统和薪酬体系。

即使忘记是可能的，企业也可能缺乏学习所需的资源。如果一个企业动用其所有可用的管理时间、人才、资金和技术只是为了日常竞争，那国际化业务中的学习任务将会被忽略。在这种情况下，即使经理人明白通过国际化业务的学习来完善已有核心竞争力、培养新的核心竞争力的重要性，但是他们已经没有时间和精力这么做了。

即使经理人洞察到有许多知识需要学习，企业的学习能力也可能被妨碍。企业往往很难清楚地知道如何才能让企业从现有的状态转变到企业能够运用新的、更有价值的核心能力的状态。当企业现有状态和理想状态之间的差距很大时，会加剧这种困难。

2.在其他市场利用新的核心竞争力

一旦企业能够从国际化业务中学到知识，完善其传统的核心竞争力,形成新的核心能力,那企业就能把这些竞争力运用到国内外业务中以充分实现它们的价值。如果企业内部设置有恰当的组织结构、控制系统和薪酬体系,且有过在多个业务中运用核心竞争力的经历,那么该企业往往能抓住国际化业务中的机遇。

(三)采用新方法利用现有核心竞争力

国际化业务也能为企业用新的方式利用其传统核心竞争力提供机会。这种能力与企业通过国际化业务获得新顾客的方式有关联却又有所不同。当企业现有产品或服务获得新顾客时,企业往往是在跨国界利用其国内核心竞争力。当企业采用新方式利用其核心竞争力时,它们不仅开阔了跨国界业务,也能在跨产品或服务中运用这种能力,这种方式可能在国内市场是不可行的。

例如日本本田,已经在设计和传动系制造方面形成了核心竞争力,这已经被广泛认同。本田运用这种核心竞争力进入各种产品市场——包括摩托车、汽车、除雪机——不仅在日本市场,也包括国外市场(如美国)。然而,本田开始在美国发掘一些发挥能力的机会,这种机会在日本市场是不存在的。例如,本田开始为美国家庭设计和制造各种不同尺寸的割草机——割草机非常依赖于本田在传统传动系方面的竞争力。然而,由于日本拥挤的居住环境,日本消费者对割草机的需求一直都很小。而美国对割草机的需求很大,尤其是对高品质割草机的消费需求非常巨大。本田能有机会利用传动系竞争力开拓美国割草机市场仅仅是因为本田在国外开展业务。

(四)现有产品或服务获得新顾客

激励企业寻求国际化战略给企业带来最明显的范围经济是该战略能为现有产品或服务带来潜在的新顾客,在某种程度上,就是国外顾客愿意且能够购买企业的现有产品或服务。实施国际化战略能直接增加企业的收入。当企业产品或服务处于产品生命周期的不同阶段时,获得这些客户能够帮助企业管理国内需求变化。最后,获得新客户能够增加企业的产量,如果生产过程受规模经济的影响,国际化战略也同样会对企业成本的降低产生影响。

1.国际化和企业收入

如果国外市场的消费者愿意且能够购买企业产品或服务,企业在这些市场销售产品会增加收入。然而,能够在国内市场销售的产品或服务能否也在国外市场销售并不总是明确的。

(1)企业产品或服务要满足国外顾客的需求

国内和国外顾客的偏好有很大的差距。这些不同的偏好要求企业在实施国际化战略时对现有产品或服务进行很大的调整,这样国外顾客才会愿意购买这些产品或服务。

许多美国家用电器制造商在欧洲和亚洲拓展业务时就面临这种挑战。在美国,绝大多数家用电器(洗衣机、烘干机、电冰箱、洗碗机等)的体积都是标准化的,这些标准体积适用于各种新居、公寓。同样,欧洲和亚洲也拥有标准体积。然而,这些国家的标准体积要比美国的标准体积小很多。因此,美国制造商不得不对制造过程进行大幅度调整,从而使生产的产品吸引欧洲和亚洲的顾客。

不同的体积标准要求实施国际化战略的企业对销往国外的产品进行调整。然而,体积标准还是很容易测量和描述的。企业要想把产品或服务销往国外市场,各个国家不同的风格对企业来说是更大的挑战。

迪士尼在国外市场就遭遇风格不同的挑战,最后形成两种战略结果——东京迪士尼和巴黎迪士尼。当日本迪士尼乐园在1983年4月开园时,对主题公园的方案做一些调整是非常必要的,虽然这些方案在加利福尼亚和佛罗伦萨迪士尼获得了极大的成功。例如,东京乐园的主门并没有采用"世纪之交的美国大街"主题,取而代之的是以来自世界各地的文化和其他展览。此外,东京迪士尼以迪士尼的传统卡通人物(米老鼠、高菲和唐老鸭)为特色,外加电影童话人物(木偶匹诺曹、白雪公主、灰姑娘)以及许多游乐设施和景点,最初是为了开发其美国业务。尽管东京迪士尼乐园几乎从开园那天起就获得了财务上的成功,但是迪士尼公司一开始就限制对东京迪士尼的金融股权投资。迪士尼把其卡通人物和技术授权给日本投资者,并以门票收入的10%和其他收入的5%作为回报。这样的财务安排严重制约了迪士尼从东京迪士尼获取收益。最近,一些财务限制得以放宽,迪士尼决定增加在东京迪士尼乐园的投资。

当迪士尼公司在欧洲开展主题公园的业务时,就明白不会再丧失这次获利机会。迪士尼在国外成功创立迪士尼主题公园的鼓舞下,对进入欧洲主题公园市场充满了信心。另外,公司对传统的迪士尼方案进行了修改以符合欧洲人的风格。此外,这次迪士尼公司在国外投资中持有49%的所有权股份(法国法律所允许的最大持股比例)。作为回报,迪士尼获得10%的入场费、5%的食品和商品收入、管理费、奖励费以及49%的利润。然而不幸的是,在日本运作得非常好的修改方案并未在欧洲迪士尼产生预期的需求。在欧洲迪士尼,许多美国主题冒犯了一些欧洲游客。而且迪士尼附近的宾馆也与欧洲人能普遍接受的宾馆有很大差别(通常更贵)。因此,迪士尼不得不重建其金融业务,试图增强赢利的可能性。

对于实施国际化战略的企业来说,现有产品或服务要想赢得新顾客并形成范围经济,企业的产品或服务就必须满足国外市场顾客的需求、欲望和偏好,而且现有产品或服务至少不能比其替代品差,这一点现在已经很明确。寻求国际化机遇的企业不得不实施成本领先和产品差异化战略,调整产品以满足国外特定市场需求。只有这样,国外市场消费者才会愿意购买企业的产品或服务。

(2)影响国外顾客购买企业产品或服务的因素

①缺少分销渠道。

分销渠道少会使国外顾客很难接触到企业的现有产品或服务。在一些国外市场,存在着丰富的分销渠道却受限于已有企业在这些市场的业务。许多欧洲企业在试图进入美国市场时就遇到这种情况。在这种情况下，寻求国际化机遇的企业或者构建自己的分销网络（成本巨大），或者与当地企业合作，利用已有的分销网络。在一个新市场利用已有分销网络的边际成本几乎为零。这样，通过与拥有分销网络的企业建立战略联盟通常要优于自己重新构建网络。

然而，一些寻求国际化机遇的企业面临的问题不是分销渠道受限于已有企业的业务经营，而是根本不存在分销渠道或是与国内市场分销网络的经营方式差别很大。当企业想把业务扩展到发展中国家时情况更糟。交通、仓储和零售设施的不完善使企业的产品或服务很难运送到新的市场区域。这类问题阻碍了企业在中国和俄罗斯的投资。例如，当雀巢进入中国乳业市场时，不得不修建分销网络道路以连接工厂奶站和奶农所在的村子。为了获得修路权，雀巢花了13年与中国政府协商。

这样的问题不仅限于发展中国家。日本零售分销历来比美国或西欧系统更分散、更没效率。日本零售分销网络是由无数小型的家庭式业务控制，而不是大型杂货商店、折扣零售业务和零售超市。西方企业发现这个分销网络与它们国内市场的网络有很大差别，难以利用。但是宝洁和一些其他企业却打开了日本分销系统的大门，抓住了日本巨大的销售机会。

②国外顾客支付能力不足。

如果顾客缺乏足够资金或硬通货，那范围经济的潜在价值就难以实现。

消费者财富不足会制约企业把产品销往市场的能力。例如，津巴布韦的年人均国民生产总值是200美元，刚果是300美元，尼泊尔是1 200美元，海地是1 300美元。与此相比，列支敦士登的人均年国民生产总值是22 200美元，卡塔尔是121 400美元，美国是46 400美元。在一些贫困国家，对为富裕的西方国家所设计的产品或服务不大可能会有很大需求，印度也同样如此。印度中产阶级相当庞大且不断增加，这样的收入水平足以产生一些消费品需求。例如,吉列估计,印度使用吉列剃须产品的消费者有2.4亿人。雀巢认为面条、番茄酱和速溶咖啡在印度市场上有超过1亿的消费者。然而,印度高端产品的潜在市场则相对较小。例如,博士伦认为印度只有约2 000万消费者买得起其高档太阳眼镜和软性隐形眼镜。在一个新国家开展业务,消费者财富水平是一个重要的经济潜在因素。麦当劳根据当地市场的人均收入来调整它所期望进入的市场内的餐厅数量。

即使国家有足够的财富创造市场需求,但是硬通货的缺乏也会阻碍国际化进程。硬通货能在国际货币市场流通交易,因而具有价值。当国际化企业在具有硬通货的国家开展业务时,企业可以把税后利润兑换成任何其他硬通货,包括其总部所在国家的货币。此外,由于硬通货的价值随着世界经济不断波动,企业可以通过在世界货币市场采用各种套期保值策略来管理货币风险。一些企业不仅仅是为了避免货币风险,而是试图从货币交易活动中获利。例如,雀巢从货币交易中获得的利润在企业全球利润中超过5%。

当企业在缺乏硬通货的国家开展业务时,就不太可能获得这些优势。事实上,缺乏硬通货,企业在该国收到的现金支付在国外不具有太大的价值。尽管这些货币可以用于该国国内的其他投资,但国际化企业从缺乏硬通货的国家抽取利润的能力有限。在这种情况下,企业也难以避免货币浮动风险。硬通货的缺乏阻碍了企业及时进入许多国家,包括印度、俄罗斯和中国,即使这些国家对企业产品或服务有巨大的需求。

解决国外市场缺乏硬通货的方法之一就是反向贸易。当国际化企业进行反向贸易时,它们接受其他产品或服务作为付款方式而不是该国货币。这些产品或服务能够转卖到世界市场。反向贸易是企业进入苏联市场的一个非常重要的方式。例如,Marc Rich公司(瑞士一家期货贸易公司)曾经做过下面的业务:Marc Rich公司从巴西公开市场购买70 000吨原糖,运到乌克兰精炼,接着把这批精炼糖(后来把一部分精炼糖支付给精炼厂作为加工费)运到西伯利亚,用这批糖换了130 000吨石油产品,再把石油运到蒙古换取 3 500 吨铜精矿,再把铜精矿运到哈萨克斯坦精炼成铜,最后把铜卖到世界市场获得硬通货。如果国际化企业想在缺乏硬通货的国家开展业务并赚取利润,这个复杂的反向贸易就是一种典型行为。实际上,各种形式的反向贸易是相当普遍的。据估计,反向贸易在国际贸易中占 10%～20% 的份额。

尽管反向贸易能使企业在缺乏硬通货的国家开展业务,但是企业也会因此遇到一些困难。尤其是,为了开展业务,企业必须接受产品或商品的付款方式,然后再销售这些产品获得硬通货。这对于专门从事商品交易的企业来说可能不是问题。然而,没有商品交易经验的企业就会发现它们在某个国家销售产品或服务,结果换回来的可能是天然气、种子或藤条等类似的东西。如果企业对这些商品缺乏了解,就得雇用经纪人或其他顾问完成这些交易。作为一种促进国际业务的方式,反向贸易的成本会因此增加。

③贸易壁垒的限制。

国际化企业进入国外市场会受到各种关税和非关税贸易壁垒的限制,如表 6-1 所示。贸易壁垒,无论其具体形式是什么,都会增加企业在新区域市场销售其现有产品或服务的成本,从而很难实现国际化战略的范围经济。

表 6-1　关税、壁垒和非关税贸易壁垒

向进口货物或服务征收的税收	进口产品或服务的数量限制	非关税壁垒:增加进口产品或服务成本的规则、规章和政策	
进口关税 附加税 差额税 边境税 反补贴税	资源配额 非资源配额 限制进出口许可证 进口最低限额禁运	政府政策	政府采购政策 政府支持的出口补贴 国内援助计划
		海关政策	估价制度 关税分类 文件要求 费用
		质量标准	包装标准 标签标准

尽管全球都在追求自由贸易和减少关税壁垒，但关税、配额和非关税壁垒仍然是寻求扩大国际业务的企业需要着重考虑的问题。事实上，许多国家仍有针对特定产品征税的复杂征税计划。例如，美国征收关税的产品种类繁多，包括滑雪手套（5.5％）、越野滑雪手套（3.3％）、姜（2.4％）和菠萝蜜（2.1％）。总体上，美国的平均关税从1932年的60％，第二次世界大战后的14％降到了现在的5％。

配额也是一个重要的贸易壁垒。进口配额限制通过限制某特定产品的进口总量（一个简单指标）或对超过一定数量的进口产品征收高额关税（税率配额）来制约进口。配额壁垒，如日本、韩国和菲律宾限制进口大米总量。税率配额壁垒，如韩国对进口蜂蜜的超额部分征收243％的关税，美国对进口糖的超额部分征收17％的关税。

最后，其他非关税、非配额贸易壁垒也影响着全球扩张。例如，巴西规定进口药品必须经过严格的检测，即使这些药品已经过其他政府机构（包括美国食品药品管理局）的检测。马来西亚要求所有肉类和家禽进口进行现场检测，以确保这些肉类符合伊斯兰法。泰国只允许外国银行开设一家分支机构，并禁止它们使用自动取款机。哈萨克斯坦规定石油公司只能从哈萨克斯坦国有企业购买石油产品。埃及规定新建的计算机相关企业管理层必须有60％是埃及人。这些例子只是政府利用特殊规定增加企业全球扩张的成本的例子中的一小部分。

政府设置贸易壁垒出于多种原因：增加政府收入、保护本国就业、鼓励当地生产替代进口、保护新行业免受竞争、鼓励国外直接投资和促进出口活动。然而，对于寻求国际化战略的企业来说，不管出于何种目的而设立的贸易壁垒都会增加实施这些战略的成本。实际上，贸易壁垒可以看作人为进入壁垒的一种特殊情况。这些进入壁垒使得一些经济上可行的战略无法实施。

2. 国际化和成本降低

获得新客户能够增加企业现有产品或服务的销量。如果企业在生产过程方面对规模经济很敏感,那销量的增加会降低企业成本,使企业在国内外市场获得成本优势。

多年来,许多学者指出国际化经营能够产生规模经济。其中绝大多数学者意识到要实现国际化经营的规模经济,需要高度的跨企业边界整合。整合必须集中在那些能够实现规模经济的业务中。例如,麦当劳试图通过成立一个统一的管理培训中心为其所有的国际化业务培训员工,进而产生基于培训的规模效应。浮法玻璃、彩色电视和化工企业都试图在国际化业务中实现生产制造的规模经济。

全球汽车行业内的许多企业也试图通过国际化业务实现生产制造的规模经济。据估计,单一小型汽车制造厂的最小有效生产规模是年产 40 万辆。这样的制造厂大概生产英国、意大利或法国汽车销售总量的 20%。显然,如果充分利用年产 40 万辆的有效产能,欧洲汽车企业就不能仅仅在单一国家市场销售汽车。这样,国际化战略的实施使企业实现了重要的制造规模经济。

尽管在国际化业务中规模经济的潜在来源很多,但是最近的实证研究表明,国际化业务中最可能成为国际化规模经济来源的是研发和市场营销。该研究表明,在绝大多数国际化产业,规模经济正成为经济价值的一个非常重要的来源。

3. 国际化和产品生命周期

获得新客户不仅能直接增加企业的收入,还能使企业通过产品生命周期来对其产品或服务进行管理。如图 6-5 所示,描述了一个典型的产品生命周期。产品生命周期中各个阶段根据产品需求的不同增长率来划分。在第一阶段(图中称为导入期),只有少数生产企业,客户也相对较少,产品需求增长率也较低。在第二个阶段(成长期)需求快速增加,许多新企业进入并开始提供产品或服务。在产品生命周期的第三个阶段(成熟期),提供产品或服务的企业数量保持稳定,需求增长水平下降,企业把投入转向已有产品的完善,避免开发全新产品。在生命周期最后阶段(衰退期），当引进先进技术产品或服务时，原有产品需求下降。

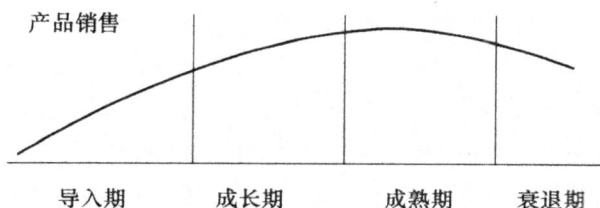

图6-5　产品生命周期

从国际化战略视角来看，最重要的发现就是同一产品或服务在不同的国家可能处于生命周期的不同阶段。因此，企业可以把其在国内市场某个特定产品生命周期阶段形成的能力和资源转移到处于同一阶段的国外市场。这会极大地提高企业的经济绩效。

（五）企业风险管理

虽然企业运用不完全相关现金流实现跨业务的多元化能够降低企业风险，但是外部股东自身可以通过股票多元化的投资组合来更有效地进行风险管理。这样，如果雇用经理人的唯一目的是分散风险，那股东对雇用经理人来管理多元化的投资组合业务并没有直接兴趣。这样的多元化能间接地受益于股东。在某种程度上，员工和其他企业股东更容易进行特定投资，而该投资在某种程度上又能为企业带来经济利益。

同样的结论可以运用到寻求国际化战略的企业中，不过有一个条件。当企业自身运用不相关的现金流在多个市场寻找业务机会以降低风险，而股东自己能够运用更有效的方式降低风险时，企业所追求的战略并不能直接给股东带来价值。然而在一些情况下，某个特定市场的股东在跨市场中很难多元化他们的投资组合。在某种程度上，阻碍单个股东多元化的壁垒并不能成为寻求国际化战略的企业的障碍，这样股东就能直接受益于企业多元化风险降低。通常，当存在国际资金流壁垒时，个人投资者可能无法跨国界多元化他们的投资组合。这种情况下，个人投资者可以通过购买跨国多元化企业的股票，间接多元化他们的投资组合。

实证证据表明，至少在一些国家存在着国际化资金流壁垒，这些壁垒会增加个人投资者在国外资本市场的投资成本。这些壁垒包括不同国家的税收结构、不同的会计准则、不同的证券法规和不同的政策和经济体系。相对于国际市场股票，资金流壁垒使投资者在他们的投资组合中持有更多的国内股票。

也有实证证据表明，当存在资金流壁垒时，寻求国际多元化企业战略能够直接受益于股东。在这种情况下，如果给定其他条件，采取国际多元化战略的企业股票比那些没有采取这些战略的企业价格更高。

不过，实施国际化战略的企业应该谨慎对待降低风险的诱因。跨国的资金流壁垒并不稳定。随着时间的推移，这些壁垒有望随着世界经济增长、经济一体化的提高而降低。现在已经有各种各样的货币市场，个人投资者可以以低成本进入这些市场（通过共同基金直接或间接进入）。当资金流壁垒消失时，降低风险自身已经不能直接有益于持股人。这就意味着从长远来看，旨在降低企业风险的国际化战略不再直接给企业带来巨大的经济价值。企业具有降低风险的多元化动机，如果企业寻求国际化战略是为了利用其他的有价值的范围经济，那该战略也会对企业风险水平的降低有影响。

（六）本地化经营/国际一体化

对于寻求范围经济的企业来说，它们要权衡在国外市场中实施本地化经营的优势和在多个市场中实施一体化的整合优势。

一方面，本地化经营能够帮助企业满足国外顾客的当地需求，进而增加企业现有产品或服务的需求。此外，在新的竞争情况下，本地化经营还能利用企业的传统核心竞争力，因而能为企业提升核心竞争力、培养新的核心竞争力带来更多的机会。最后,如果企业要在国外市场采用新方式利用其传统竞争力,那就必须详细掌握当地情况。本田之所以能够在美国市场利用其传统竞争力,就是基于对当地情况的了解,并做到了当地化。

另一方面,只有当企业在其经营的市场中进行完全整合,才能充分利用规模效应在国外市场销售其现有产品或服务。获得低成本生产要素不仅能使企业在特定的国外市场获得成功,还能使企业在其他所有市场获得成功,只要这些生产要素能运用到企业的其他市场中。在特定的某个国内市场,采用新的方式培养新的核心竞争力、利用传统核心竞争力能使企业受益。然而,只有当范围经济从某个特定的国内市场转移运用到企业的其他市场时,才能真正实现范围经济的所有价值。

通常,人们认为企业只能在本地化经营和国际一体化之间做出选择。例如,爱嘉基(瑞士化工公司)、雀巢(瑞士食品公司)和飞利浦(荷兰消费电子产品企业)都突出强调其本地化经营。例如,雀巢在全球有 8 000 多个品牌,但只有 750 个品牌在多于一个的国家注册,只有 80 个品牌在多于 10 个国家中注册。雀巢不断调整其产品特性以满足当地消费者需求,采用能使当地消费者产生共鸣的品牌名称,并在各国建立了具有长期赢利能力的品牌。例如,雀巢在美国的炼奶品牌名称是康乃馨(因收购康乃馨公司而得名),在亚洲,同样的产品名称是倍爱。雀巢将品牌管理权力下放给各国经理人,经理人可以根据当地口味和喜好来调整传统的营销和生产战略。例如,泰国雀巢管理团队将以往注重咖啡的口感、香味和提神作用的营销策略转变为咖啡是一种促进放松、提升浪漫感的饮料。这种营销策略在充满城市压力的泰国引起共鸣,雀巢咖啡在泰国的销售大幅增长。

所有的本地化经营都是有成本的。强调本地化经营的企业很难实现原本在国际一体化战略中实现的规模和范围经济。很多企业注重获得规模和范围经济,因而更倾向于采用国际一体化战略。这样的企业包括 IBM、通用电气、丰田汽车公司和绝大部分制造主导企业等。

国际一体化企业将业务职能和活动转移到具有比较优势的国家。例如,大多数消费电子产品的组件制造是研究密集型、资本密集型,并受规模效应的影响。为了成功管理组件制造,绝大部分国际一体化的消费电子产品企业将组件工序转移到技术发达的国家(如美国和日本)。由于组装元件是劳动密集型,大多数国际一体化消费电子产品企业将元件组装转移到劳动力成本相对低廉的国家(如墨西哥和中国)。

把这些不同业务职能和活动转移到不同区域的成本之一就是这些不同的职能和活动必须能够衔接和整合。在某一国家集中生产特定元件是非常有效的。然而,一旦有误差的元件运到组装地或元件在不恰当的时间运到组装地,企业因不同国家的比较优势而带来的任何优势都可能丧失。运输成本也会降低国际一体化的收益。

为了确保国际一体化企业的各项业务相互协调,相对于本地化经营的企业来说,国际一体化的企业更倾向于生产标准化的产品、采用标准化的元件。标准化使这些企业实现了巨大的规模和范围经济,但不能对个别市场的特殊需求做出快速反应。当存在国际通用的生产标准时,如个人电脑行业和半导体芯片行业,标准化就不再是一个问题。而且,当本地化经营只需对标准化产品做出一些小小的调整时(如改变插头形状或产品颜色),国际一体化将会非常有效。当然,如果本地化经营必须要非常了解当地情况并对产品做出较大调整时,对寻求国际化战略的企业来说,国际一体化会出现很多问题。

(七)跨国战略

有学者指出,国际一体化和本地化经营的权衡问题可由跨国战略解决,该战略能同时利用国际一体化和本地化经营的优势。实施跨国战略的企业把国际化业务看成一个整合的分销网络以及相互依存的资源和能力。在这种情况下,企业在各个国家的业务不再仅仅是只满足当地市场需求的独立活动,这些活动还是观念、技术和管理方法的集合,能够应用到企业的其他国际化业务中。换句话说,企业在不同国家的业务都可以看作企业构建新的核心竞争力的一次"尝试"。一些尝试会发挥作用并形成新的、重要的核心竞争力,而另一些尝试则不会给企业带来任何利益。

当企业在某个特定国家的业务在生产某种特定产品、提供某种特定服务或从事某项特定活动(这些活动能够被运用到其他国家业务中)时形成了竞争力,那该国业务就会因首次提供这种产品、服务或活动而实现国际化的规模经济。这样,本地化经营就是各国经理人不断在特定市场发掘新的竞争力,最大化企业收益的尝试。当各国业务形成独特竞争力并运用到其他国际化业务中时,企业就能实现国际一体化和经济效应。

管理同时追求本地化经营和国际一体化的企业并不是一项简单的任务,接下来将讨论企业面临的一些国际化挑战。

(八)国际化战略中的金融和政治风险

对寻求国际化战略的企业来说,实现范围经济是其经济价值的来源。然而,国际化战略的本质就是极具风险的,因而不可能实现所有的范围经济。除了具体实施的问题外,金融环境和政治事件都会显著降低国际化战略的价值。

1.金融风险

企业在实施国际化战略过程中,经常会遇到的风险有汇率波动和通货膨胀。

当企业开始实施国际化战略时,它们就面临金融风险,这在单个国内市场并不明显。特别是,汇率的波动会显著影响企业国际化投资的价值。在汇率波动下,原本亏损的投资开始获利(好消息),原本赢利的投资开始亏损(坏消息)。除了汇率波动外,各个国家不同的通货膨胀率也要求企业采取不同的管理方法、经营战略和会计实务。企业一旦开展国际化业务,这些金融风险都足以令人畏惧。

当前,企业可通过各种金融工具和战略来规避绝大多数风险。货币市场的发展以及在高通货膨胀国家经营经验的积累大大降低了实施国际化战略企业的金融风险。需要注意的是,这些金融工具和积累的经验并不会自动为企业带来收益。实施国际化战略的企业必须形成管理这些金融风险的资源和能力。此外,当企业进入国外市场时,规避战略并不能降低企业的业务风险。例如,国外市场的消费者就是不想购买企业的产品或服务,这种情况下,企业就无法实现范围经济。同时,金融战略无法管理企业实施国际化战略时遇到的政治风险。

2.政治风险

政治环境是所有战略决策都需要考虑的一个重要因素。政治游戏规则的改变会增加某些环境威胁、降低其他威胁,进而改变企业资源和能力的价值。因此,政治环境会给寻求国际化战略的企业带来更多问题。

(1)政治风险类型

政治能够从微观和宏观两个层面影响企业国际化战略的价值。在宏观层面,国家政治形势的广泛变革会改变投资价值。例如,第二次世界大战以后,许多中东国家的国民政府执政。这些政府对位于该国的石油和天然气企业的资产征收很少或不征收补偿金。当伊朗国王被推翻,智利新政府当选,安哥拉、埃塞俄比亚、委内瑞拉、玻利维亚的新政府上台时,这些国家都没收了国外企业资产。

在一些国家,政治动荡和随之而来的风险关乎国际化企业的生死。例如,盛产石油的尼日利亚。自从1960年独立,尼日利亚经历了几次成功政变,1次内战,两届国民政府和6届军事政权。对在尼日利亚开展业务活动的企业来说,谨慎的做法就是期待本届政府能进行相应的变革和计划。

(2)政治风险管理

不同于金融风险,国际化战略中政治风险管理工具相对较少。显然,选择之一就是在政治风险低的国家寻求国际化机遇。然而,重大的商业机遇往往存在于政治风险很高的国家。此外,企业也可以限制它们在政治风险环境中的投资。不过,制约性投资并不能使企业在该国业务中充分实现范围经济的优势。

政治风险管理的另一个方法就是把政治风险的每个决定因素看成企业进入该国市场的一个谈判点。在许多情况下,企业试图进入国外市场的收益与企业在已有市场中的业务收益一样多。有时,国际化企业可以利用讨价还价能力对准入条件进行谈判,这样能减少甚至消除一些国家政治风险来源。当然,无论企业在准入条件的谈判中技能有多娴熟,政府变革或法律的改变会立马否认任何协议。

政治风险管理的最后一个方法就是把风险转变为机遇。斯伦贝谢成功地运用了这一方式。斯伦贝谢是一家国际石油服务企业,在纽约、巴黎和加勒比地区都设有总部,是一家真正的国际化公司。斯伦贝谢管理者在与发展中国家的互动中,采取严格中立的政策。正是由于这个政策,斯伦贝谢能够避免政治纠纷,并且能够在被许多企业认为政治风险很大的地区开展业务。换句话说,斯伦贝谢已经在政治风险管理中形成了有价值的、稀缺的和难以模仿的资源和能力,并运用这些资源为企业带来高水平的经济绩效。

(3)政治风险评估

对实施全球化战略的企业来说,现在已经有各种方法能系统地评估政治风险。这些方法在细节上有所不同,国际国家风险指南中所运用的标准被广泛采纳,该指南由 PSR 集团开发,如表 6-2 所示,国际业务中政治风险的量化得分越高,该国的政治风险越低。在该方法中,政治风险是 12 项因素的函数,从政府稳定性到官僚组织特性。一个国家在这些维度上得分越高,说明在该国实施国际化战略的政治风险越低。例如,2009 年,海地具有很高的政治风险(42.5 分),在社会经济条件(0/12)、腐败(1/6)和官僚组织特性(0/4)方面的得分都非常低。芬兰的政治风险最低(92

分)，在投资概括(12/12)、腐败(6/6)、军事政治(6/6)、宗教紧张
程度方面得分很高。美国的政治风险接近芬兰，总分为82.5。

表6-2 国际业务中政治风险的量化得分

政府稳定性	政府统一性	12分
	执法力度	
	民众的支持	
社会经济条件	失业率	12分
	消费者信心	
	贫穷	
投资概括	合同可行性	12分
	收益返国	
	拖延支付	
内部冲突	内战	12分
	恐怖主义	
	民事骚乱	
外部冲突	战争	12分
	跨边境冲突	
	国外压力	
腐败		6分
军事政治		6分
宗教紧张关系		6分
法律和秩序		6分
种族关系紧张程度		6分
民主责任制		6分
官僚组织特性		4分

（九）国际化战略的价值：实证证据

总的来说，对实施国际化战略的经济结果的研究没有统一定
论。有些研究发现实施国际化战略的企业绩效优于那些只有国

内市场的企业。然而,大部分研究并没有对企业国际化战略中试图实现的特定范围经济进行考察。此外,一些研究则试图采用会计绩效评价方法来评估国际化战略对企业绩效的影响。其他研究发现采取国际化战略的企业风险调整后的绩效与仅采取国内战略的企业相同。

这些矛盾的结论并不令人吃惊,因为国际化战略的经济价值取决于企业实施该战略时是否在寻求有价值的范围经济。绝大部分实证研究都没有对基于国际化战略的范围经济进行考察。此外,即使企业能够在国际化战略中真正实现范围经济,要想成为可持续竞争优势的来源,范围经济必须是稀缺的、难以模仿的,且企业能够充分组织起来实现这个目标。

二、国际化战略和可持续竞争优势

(一)国际化战略的稀缺性

在许多方面,国际化战略对绝大多数竞争性企业而言已不具有稀缺性。有几个原因使得国际化战略变得很普遍。最重要的原因是国际化战略能带来巨大的范围经济。除此之外,国际经济组织的一些变革也促使国际化战略变得普遍。例如,世界贸易组织、欧洲共同市场、安第斯共同市场、东南亚国家联盟、北美自由贸易区以及其他自由贸易区的发展都大大降低了关税和非关税壁垒。这些变革不仅促进了合约国之间的贸易,也促使企业利用这些机遇扩大在这些国家的业务。

业务基础设施的改善也是促使追求国际化战略的企业数量增多的一个重要因素。交通(尤其是航空)和通信(网络)的发展使企业更容易监管和整合国际业务,这在几年前是不能实现的。基础设施的改善有助于降低企业实施国际化战略的成本,增加企业寻求机遇的可能性。

最后,各种通信、技术和会计准则的出现也促进了国际化战略的发展。例如,个人电脑行业已经出台了世界通用标准,同时,在这些电脑上运行的大多数软件都具有变通性和可交替性。例如,你可以在印度的一台电脑上写份报告,然后毫无困难地从法国的一台电脑中打印出来。实际上,英语已经成为全球通用的商业语言。非英语国家的文化要求管理者学习本地母语,不过运用英语是能够管理国际化业务的。

虽然越来越多企业实施国际化战略,但并不能因此判断这些战略在竞争性企业中就不再稀缺。国际化战略日益流行,但是稀缺的国际化战略至少仍以两种方式存在着。由于大量商机遍布全球,实施国际化战略的企业并不一定会兵戎相见。前面介绍的稀缺性要求企业用于实施国际化战略的资源和能力都是稀缺的。如果在一个特定的国际化机遇中,恰巧只有少数直接竞争对手,那稀缺性的标准就很容易满足。

即使一些企业争相利用同样的国际化机遇,稀缺标准同样能满足,只要某一企业在国际化竞争中采用的资源和能力是稀缺的。稀缺资源和能力包括独特的营销技能、高度差异化的产品、特殊技术、卓越的管理人才和规模经济。从某种程度上来说,在竞争性企业中,某个企业能够运用稀缺资源和能力实现一项范围经济,那它就能从国际化战略中获得至少是暂时性的竞争优势。

(二)国际化战略的模仿性

1.国际化战略的直接复制

在评估国际化战略直接复制的可能性之前,必须先回答两个问题:第一,企业会试图复制有价值的、稀缺的国际化战略吗?第二,企业能够复制这些有价值的、稀缺的国际化战略吗?

毫无疑问,在没有人为壁垒的情况下,企业有价值的、稀缺的国际化战略所带来的利润会促使其他企业试图模仿实施这些战略所需的资源和能力。这使得许多行业都在采取国际化战略,包括电信业和食品加工业。

然而,试图模仿成功企业的国际化战略的竞争性企业并不意味着它们有能力这样做。在某种程度上,一家成功的企业在国际化进程中所利用的资源和能力具有路径依赖性、不确定性和社会复杂性,直接复制成本巨大,因而国际化战略可能成为可持续竞争优势的来源。事实上,我们有理由相信,在国际化战略中,可能至少有一些资源和能力的模仿成本是高昂的。

例如,详细了解国外市场情况要求企业的管理团队具有丰富的国外经验。一些企业的高层团队中可能具有这种经验,而其他企业可能没有。近期一项世界范围内针对 433 名 CEO 的调查表明,有 14% 的美国 CEO 没有任何国外经验,有 56% 的美国 CEO 仅有国外旅行经验。更近期的一项调查显示只有 22% 的跨国企业 CEO 具有丰富的国际经验。当然,对于管理团队中没有丰富的国际经验的企业来说,积累这种经验需要很长的时间。缺乏这种经验的企业只能从外部组织引进经理人,或在内部组织中逐渐积累这种经验。当然,所有这些活动的成本都很高。企业管理团队积累国外经验的成本可以看作直接复制成本。

2. 国际化战略的替代战略

即使直接复制企业的国际化战略成本巨大,但是仍有替代战略能够制约国际化战略成为可持续竞争优势。特别是,因为国际化战略是企业一般性战略的特殊情况,其他任何企业战略,包括战略联盟、多元化和兼并都能在一定程度上替代国际化战略。

例如,通过在单一的国家市场内实施企业多元化战略,企业至少能够获得一些范围经济,尤其当该市场非常巨大且地理多样化。美国就是这样的一个市场。最初在美国东北地区从事业务的企业能够通过在美国南部西海岸或太平洋西北地区开展业务获得国际化收益。从这个意义说,美国地理多元化至少能部分替代国际化战略,这也就是为什么美国企业在国际化进程中已经落后于欧洲和亚洲企业。

然而，一些范围经济只能通过国际化战略才能获得。例如，由于绝大多数国家对资金流的限制很少，风险管理只对那些在有资金流壁垒的国家经营业务的企业股东有益。此外，相对于单纯的国内环境，一些范围经济在国际化环境下的潜在价值更大。例如，一般而言，采取国际化战略的企业比采取替代战略的企业在培养新的核心竞争力方面具有更强的能力。

三、国际化战略型组织分析

为了实现有价值的、稀缺的、难以模仿的国际化战略的所有潜在价值，企业必须具有一个合理的组织。

（一）成为国际型组织：组织选择

当企业在跨国界多元化其商业业务时，企业实施的就是国际化战略。这样，企业就能以各种方式组织它们的国际化业务。一些最常见的方式如表 6-3 所示，包括简单的出口业务和管理外商独资企业等。这些选择体现了企业现有国际化活动的不同整合程度。随着企业日益融入国际业务，企业在国外市场的直接投资水平不断增加。这种投资称为对外直接投资。

表 6-3　寻求国际化战略的企业的组织选择

市场治理	出口
中级市场治理	特许经营
	非股份制联盟
	股权联盟
	合资
分级治理	兼并
	收购
	全资子公司

1. 市场治理、出口和国际化战略

企业在维持自身与国外顾客之间传统的正常市场关系时，仍能实施国际化战略。只要把企业产品或服务出口到国外市场并限制任何对国外市场的直接投资就能实现这个目的。当然，出口型企业需要一些合作伙伴在国外市场接收、销售和分销它们的产品。然而，出口型企业也能利用完全合同来管理它们和国外合作伙伴之间的关系，从而维持它们之间的正常关系——始终制约对外直接投资。

采用出口的方式来管理国际化战略的优势包括其相对较低的成本，以这种方式寻求国际化机遇的企业面临的风险相对小。刚实施国际化战略的企业可以利用基于市场的出口来探测国际化的深浅，考察是否有针对它们现有产品或服务的需求，积累一些在国外市场经营的经验，或发展一些对随后的国际化战略进程有重要作用的关系。如果企业发现国外市场对它们的产品或服务并没有太多需求，或发现它们并没有资源和能力在这些市场进行有效竞争，企业就应该暂停它们的出口业务。暂停出口业务的直接成本相当低，尤其当企业的出口量小，并且企业并没有为了促进出口而对工厂和设备进行投资。当然，如果企业限制了对外直接投资，暂停出口业务就不用担心投资亏损风险。

然而，限制企业国际化经营仅仅依靠出口的机会成本是很高的。在一些范围经济中，通过出口只能实现为企业现有产品或服务赢得顾客这一范围经济，而其他范围经济（这些范围经济能够增加企业抓住国际化业务机遇的可能性）是企业仅靠出口所不能实现的。对一些企业来说，获得新顾客所实现的利润就足够了，而出口是一个可行的长期战略。对于企业所能实现的范围经济来说，仅仅依靠出口会制约企业获取经济利润。

2. 中级市场治理、战略联盟和国际化战略

如果企业在国际化战略中不满足于市场治理和出口，则有各

种中级市场治理策略可行的战略联盟。这些联盟从简单的特许经营（即国内企业授权国外一家企业使用其产品和品牌，在国外市场销售其产品）到成熟的合资企业（即国内企业和国外企业共同创立一个独立的组织实体管理国际化业务）。采用战略联盟战略的企业数量增多是国际化战略普遍化的直接结果。战略联盟是企业管理国际化业务最常见的方式之一。

战略联盟的价值性、稀缺性、模仿性以及组织性的绝大部分讨论同样适用于国际化战略中的战略联盟。然而，战略联盟作为一种合作战略，在国际化战略联盟的环境下，其管理挑战和机遇都在加剧。

例如，有学者指出机会主义行为（表现形式为逆向选择、道德风险、敲竹杠）会威胁国内战略联盟的稳定性。机会主义之所以是一个问题是因为战略联盟中的合作伙伴监测和评估另一个合作伙伴的绩效成本很高。显然，评价国际联盟合作伙伴绩效的成本和难度都要大于国内联盟。地理距离、传统商业实践差距、语言障碍和文化差异都使企业很难评估国际战略合作伙伴的绩效和意图。

这些挑战表现在国际战略联盟的多个层面上。例如，一份研究表明，美国机构经理人通常具有不同于中国机构经理人的谈判风格。相对于美国经理人，中国经理人往往会中途打断对方并询问很多问题。因此当美国和中国企业洽谈合作协议时，美国经理人很难判断中国谈判风格是否反映出中国经理人对美国经理根本就不信任，还仅仅是中国传统商业实践和文化的体现。

文化和风格冲突导致所谓的机会主义问题不仅仅发生在亚洲和西方机构联盟之间。美国企业在和墨西哥企业合作时经常出现许多微妙的、复杂的文化差异。例如，一家美国企业在墨西哥的普埃布拉开设了一家钢铁传送带厂，并在该厂实施三阶段申述政策。员工第一次申述时直接找他的直线领导，然后顺着命令链逐级往上申述直到申述以某种方式得到解决。美国经理人对这个系统很满意,并很高兴看到没有一起申述发生——直到有一天,整个工厂爆发了罢工。原来员工有很多不满,但是墨西哥员工认为因为这些问题而和直线领导发生直接对抗是不妥的,因为在墨西哥文化中,这种对抗被认为是反社会的。

尽管管理跨国界的战略联盟存在巨大的挑战,但是同时也存在巨大的机遇。战略联盟能使企业实现多种范围经济。其次,如果企业在管理战略联盟过程中形成有价值的、稀缺的和难以模仿的资源和能力,在国际环境下,联盟战略能够成为可持续竞争优势的来源。

3.分级治理、整合和国际化战略

企业可以通过在国外市场收购一家公司或成立一家新的全资子公司管理国外市场业务来整合它们的国际业务。显然,这两种国际投资都涉及企业长期的、巨大的对外直接投资。而且这些投资还面临政治和经济风险。当国际化经营能够实现巨大的范围经济,且其他实现范围经济的方式无效或低效时,才会采取这样的投资。

尽管分级治理和国际业务整合成本高且具有风险性,但它们能为国际化企业带来一些非常重要的优势。首先,正如战略联盟,该方法也能使国际化企业实现范围经济。其次,相对于国际治理中的市场形式或中级市场形式,整合能使经理人运用更广泛的组织控制来制约机会主义威胁。最后,不同于战略联盟,国际业务整合能使企业从国际业务中获得所有的经济利润。

(二)国际多元化企业的管理

在许多方面,国际业务的管理可以看作多元化企业管理的特殊情况。但是国际多元化企业管理又有其独特的机遇和挑战。

1.组织结构

寻求国际化战略的企业,主要有四种基本的组织结构可以选择,如表 6-4 所示。虽然每种组织结构都有一些特性,但它们都是事业部制结构的特殊情况。

表 6-4　寻求国际化战略的企业的组织结构选择

分权式联盟	战略和业务决策权都下放给各部门/各国家子公司
协同联盟	业务决策权下放给各部门/各国家子公司;战略决策权保留在企业总部
中央集权	战略和业务决策权都保留在企业总部
跨国结构	战略和业务决策权都下放到各业务实体

(1)分权式联盟

一些企业采用分权式联盟的方式来组织它们的国际业务。在这种组织结构中,企业在某个国家大的业务损益由一位部门总经理负责,该部门总经理通常是企业在该国的业务总裁。在分权式联盟中,不同部门/各国家子公司很少拥有共同的活动或其他范围经济,企业总部的战略角色发挥有限。企业员工的职能仅限于从各部门/各国家子公司收集会计和其他绩效信息,并向相关政府官员和金融市场发布这些信息。在分权式联盟中,各部门/各国家分公司的员工甚至都没有意识到自己是大型国际多元化企业的一部分。在这种组织结构中,战略和业务决策权都下放给各部门总经理/各国家的业务总裁。在今天的世界经济体中,很少有完全的分权式联盟,但像雀巢、汽巴-嘉基和伊莱克斯这样的企业仍具有分权式联盟的一些特性。

(2)协同联盟

国际化企业的第二种结构选择是协同联盟。在协同联盟中,各国家的业务就是一个利润中心,部门总经理可能成为国家分公司的业务总裁。然而,在协同联盟中,战略和业务决策权并没有完全下放给部门总经理。业务决策权授权给部门总经理/各国家分公司的业务总裁,但是重要的战略决策权仍保留在企业总部。此外,协同联盟试图在各部门/各国家分公司之间利用各种共同活动和其他范围经济。有企业赞助的中央研发实验室、制造和技术开发活动、管理培训和开发作业在协同联盟中非常常见。在今天的世界经济中,有关协同联盟的例子很多,包括通用电气、通用汽车、IBM 和可口可乐。

（3）中央集权

国际化企业的第三种结构选择是中央集权。在中央集权中,不同国家的业务组成各自的利润中心,部门总经理可能成为国家分公司的总裁。然而,这些公司的绝大部分战略和业务决策都由企业总部做出。在中央集权企业,各部门或国家分公司的角色仅仅是执行总部做出的战略、策略和政策。当然,各部门/国家分公司也是总部决策的信息来源。然而,在中央集权中,战略和业务决策权仍保留在企业总部。许多日本和韩国企业都采用中央集权,包括丰田、三菱和日本电气公司(日本),金星、大宇和现代(韩国)。

（4）跨国结构

国际化企业的第四种结构选择是跨国结构。在许多方面,跨国结构都类似于协同联盟,两者的大部分战略决策权都保留在企业总部,业务决策权主要下放给部门总经理/各国家分公司总裁。然而,两者之间也存在重要的区别。

在协同联盟结构中,活动共享和其他跨部门/跨国界的范围经济由企业总部统一管理。这样,对于许多这样的企业来说,如果研发是一种具有潜在价值的范围经济,则企业总部将负责创建和管理中心研发实验室。在跨国结构中,这些企业范围经济中心可能由企业总部来管理。然而,它们更可能由企业的特定部门/国家分公司来管理。例如,如果某部门/国家分公司在正在进行的业务活动中形成了有价值的、稀缺的和难以模仿的研发能力,那该部门/国家分公司就会成为整个企业的研发活动中心。如果某部门/国家分公司在正在进行的业务活动中形成了有价值的、稀缺的和难以模仿的制造技术开发技能,那该部门/国家分公司就会成为整个企业的制造技术开发中心。

在跨国结构中,企业总部的角色就是持续监测在各个不同国家的业务经营,以获得能为企业其他部门/国家分公司带来竞争优势的资源和能力。一旦锁定这些特殊技能,企业就该决定采用何种最优方式利用这些范围经济——它们是否应该由单一部门/国家分公司来开发(获得规模经济),然后转移到其他部门/国家分公司;或者由两个或更多的部门/国家分公司联合开发(获得范围经济),然后再转移到其他部门/国家分公司;再或者在企业总部由整个企业来进行再开发。这种情况不会出现在分权联盟(分权联盟往往让单个部门/国家分公司培养自身竞争力),也不会出现在协同联盟,或中央集权(中央集权往往在企业层面开发适用于整个企业的范围经济)。成功运用跨国结构的企业包括福特(欧洲福特在汽车设计领域已成为整个福特汽车公司的领先者)和爱立信(爱立信澳大利亚子公司为瑞典公司开发出第一个电子通信转换器,企业总部把该技术运用到其他爱立信子公司)。

2.管理控制系统和薪酬体系

任何一种组织结构都不能在缺乏管理控制系统和薪酬体系的支持下独立存在。所有管理流程控制,包括部门的绩效评估、资金分配和部门间中间产品的转换管理,都对实施国际化战略的企业非常重要。薪酬管理中的挑战和机遇同样适用于国际化战略组织。

需要注意的是,在一些情况下,当最初用于管理国内市场多元化的组织流程扩展到国际多元化管理中时,许多管理挑战在国际化背景下变得更具挑战性。在国际多元化企业,这会加重高层管理者选择控制系统和薪酬体系的负担,控制系统和薪酬体系关系到能否激励各部门/各国家分公司之间相互合作进而实现范围经济——这是企业实施国际化战略的最初动力。

3.组织结构、本地化经验和国际整合

现在很明确,在实施国际化战略进程中,采用四种组织结构中的哪一种取决于企业在本地化经营和国际整合之间的权衡,如

图 6-6 所示。试图最大化本地经营的企业通常选择分权联盟结构；寻求国际整合最大化的企业倾向于选择中央集权结构；企业想在本地化经营和国际整合之间寻求均衡则会采用协同联盟；如果企业想同时实现本地化经营和国际整合的优化，企业往往选择跨国组织结构。

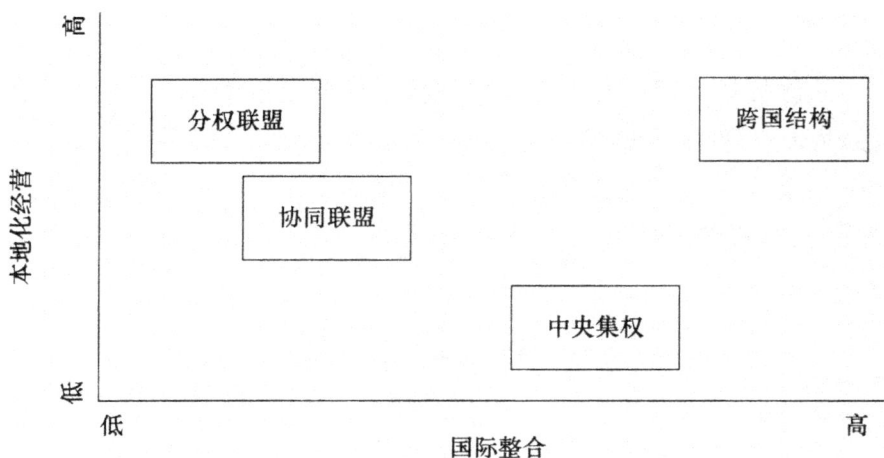

图 6-6　本地化经营、国际整合和组织结构

第七章　中小企业职能战略

职能战略,即职能部门战略,通常是指支撑中小企业部门发展的战略。职能战略是中小企业总体战略展开的关键一步。对于中小企业来说重要的职能战略主要包括三个方面,分别是财务战略、人力资源战略和市场营销战略。

第一节　财务战略

一、企业财务战略的含义

企业财务战略是财务管理和企业战略管理的一个结合体,具有财务管理和战略管理的共同属性。科学定义财务战略的内涵,应该一方面体现它的战略属性,另一方面则要体现它的财务属性。在战略方面,企业的资金运动应从属于企业的整体战略之下,为企业的整体战略服务。在财务方面,企业应妥善安排资金的去处,进行资金的保值增值。所以,企业财务战略管理都是妥善安排企业现有资金运动,一方面为企业的宏观战略服务,另一方面要做到企业资金的保值增值。

不论是为企业的宏观战略服务还是实现企业资金的保值增值,企业财务管理都要安排好企业现金流动,实现现金的均衡、有效流动。现金均衡流动是指现金流入与现金流出之间实现的恰当匹配。也就是企业的现金需求能够及时满足,企业的现金余额能够最大限度地创造价值。如果企业的现金不能均衡流动,那么企业有可能就面临资金链条断裂或者闲置资金不能创造最大价值的情况。然而这并非易事。对于一个企业来说,其现金流动往往要受到多个因素的影响。有些因素是常规性的,而有些因素则是突发性的。企业必须要在常规因素影响之外保持适当的现金流,以增强对于突发环境的适应能力。也就是说,企业要保持一定的现金盈余。

总之,企业财务战略可以定义为在企业的总体战略之下,分析内外部环境对企业价值创造活动的影响,谋求企业现金的均衡流动,并最终实现企业现金流转和资本运作的全局性、长期性和创造性筹划。

二、企业财务战略的目标

(一)设定财务战略目标的原则——风险与回报

财务理论的一个基本原则是,投资者要求回报与预期的风险相称。

图 7-1 为"风险—回报曲线"。这条曲线显示在任何一个特定的风险水平上,企业可以得到的必要回报。虽然这个被简单地标示为"风险"和"回报"。但是实际上,它们却代表着"预期风险"和"必要回报"。如果一家企业不了解其发展战略中要承担的全部风险,这家企业对于发展战略中未来有可能产生的必要回报就缺乏了解,有可能低于更加明智投资者所要求的回报。对于一个成熟的企业来说,其投资往往是要经过多个方面的审核,因此出现巨额亏损的概率很低。然而一个没有经验的企业可能会对风险过于敏感,而且估计过高,所要求的回报也就会更高。因此,企业的战略投资必须在财务上精准衡量其面临的风险,这对企业的财务战略制定具有至关重要的意义。

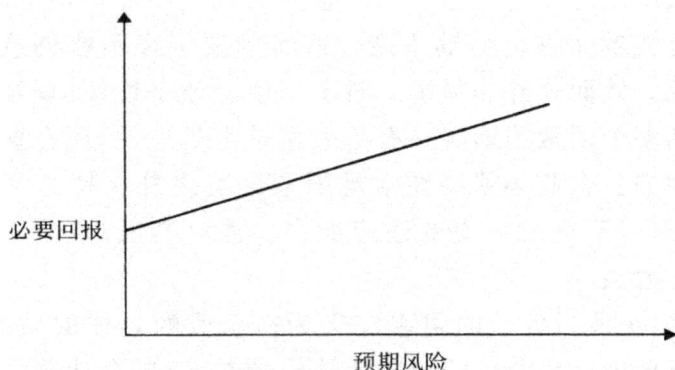

图 7-1　风险—回报曲线

（二）企业财务战略的总体目标——创造股东价值

在一个完全竞争的市场中，市场的约束力量降低了企业的风险投资收益，创造的股东价值极少。企业只有利用市场的不完善性，才能获取巨额的风险收益，创造股东价值。

在当前的市场经济体系中，最为不完善的市场来自于产品市场，也就是销售商品的真实市场。在这个市场中，企业可以通过正确的竞争战略创造持续的竞争优势，从而为股东创造价值。例如，当企业进入某一个产业之后，可以迅速创造新的产品，引领该市场产品消费的潮流。这个引领过程，实际上就是企业创造价值、设置市场进入壁垒的过程。在这个过程中，企业会通过各种手段将竞争者排挤出市场，设置较高的行业准则，从而长期持续创造股东价值。这个过程运作的结果是企业创造了超额的股东投资回报，而实际上企业在运作的过程中已经投入了巨量的资金，使得产额回报转化成为必要回报。例如，肯德基和麦当劳，这两家企业是全球快餐的领袖型企业。他们的工作模式和产品形式实际上为快餐行业设置了一定的行业标准，也是肯德基和麦当劳能够获得超额回报的基础。然而，对于肯德基和麦当劳整体来说，他们常年都有巨额的广告投入。而对于每一家肯德基和麦当劳餐厅来说，餐厅日常运营的投入也是非常巨大的。

　　对于资金的运作来说,通常可以划分为两个步骤,分别是投资于某一个企业和企业再投资于某一个项目。而对于企业来说,需要准备两个方面的工作,首先是对项目的风险和回报进行衡量,并形成报告,从市场上寻找资金。另一个是在寻找资金以后对项目进行正常监督,以维护企业的信誉。因此,对于企业来说,企业财务战略的内涵是以最适合于企业自身及其竞争战略的方式融资,并在组织内部管理和使用好这些资金。

　　在完全竞争市场中,任何企业的整体项目组合只能恰好满足投资者要求的风险调整回报。事实上,现代财务管理理论的研究更加明确地认为,对于企业所承担的不必要风险,以及管理者造成的浪费,投资者不可能得到财务补偿。因此,投资者通过分散投资方式减少整体投资的风险,以减少对于单个企业的依赖。因此,企业要在有效的金融市场中对这种情况有所了解并熟悉。了解自身在金融市场中的地位,并衡量自身的战略在金融市场中的吸引力,以此来吸引到足够的战略投资。

　　这种从投资者出发并反馈到企业的财务管理观念意味着,若企业的投资选择不够恰当,所投资的项目组合会增加企业的整体经营风险,企业的财务战略执行以及企业的整体价值必然会面临风险。在专业投资者看来,高风险必须有高回报作为必要的补偿。因此,对于企业财务战略展开来说,企业必须要对财务战略进行适当的监管与资源的整合,在控制项目风险的同时获得较高水平的收益,以回报投资者。企业的资源整合可以参考投资者的投资策略,进行多方向投资,降低企业整体的财务风险。

　　相对来说,较为有趣的是,有一部分企业采取的多样化产品投资战略,有可能是破坏而非提升股东的价值。若企业在创造和管理这样一个业务组合中投入了巨量的成本,企业就有可能产生过多的成本负担,降低投资者的利益。对于那些明智的投资者来说,必须要创建自己的多样化投资组合,以更低的成本降低投资风险这一目标。因此,一个有效和理性的金融市场必然会惩罚那些不创造价值反而会影响总体管理成本的企业投资方式。事实上,在投资实践中,企业的这种做法也是为了创造更多的股东价值。如图 7-2 所示,任何在"风险—回报"曲线上方的战略都将创造股东价值,而任何位于该曲线下方的战略都将损害股东价值。损害股东价值的企业其长期价值将会受到影响。因此,对于企业的财务战略安排来说,这不仅仅是一个增加回报或者降低风险的简单问题,而是要在适当的风险预期之下提出相对应回报水平的投资组合。

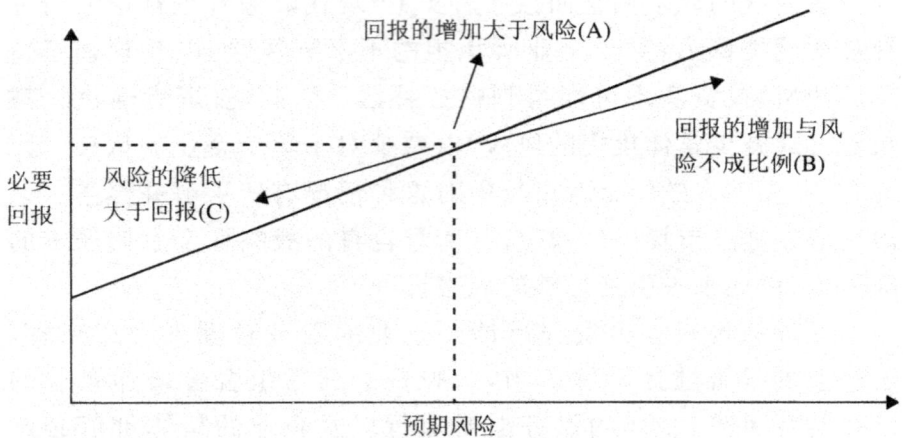

图 7-2　价值创造的不同选择

很明显,在图 7-2 中,A 型战略安排会增加企业价值,对于股东来说会产生超额收益。而 B 战略则会损害股东价值。因为股东些许的价值回报是以更大的风险增加为代价的。在这种战略之下,企业的价值会移动到曲线下方。一旦市场识破此战略,企业的股价也必然会下跌。对于 C 战略来说,C 战略在价值和风险上都明显呈现收缩。然而这种价值仍然在"风险—回报"曲线的上方,对于一般企业来说,C 战略仍旧会增加企业的价值。C 战略可以有一个合理的解释,也就是企业为自己的经营购买了一份大额保单,防范企业应为不可抗力风险而产生巨额的价值损害。采取 C 战略的一个更加深刻的例子是海南橡胶企业。由于地理位置和所处行业的关系，海南橡胶极易受到恶劣自然灾害的影响，台风几乎在每年都会光顾海南，每年都会影响到海南橡胶的产值。因此，在企业财务战略方面，海南橡胶每一年都会购买保险。2014 年 11 月，中国人民财产保险企业同意向海南橡胶预付 1 000 万人民币的补偿①。

　　然而，必须要指出的是，企业的领导者和投资者通常会对"风险—回报"曲线的分析产生一定的冲突。这种冲突最终也会影响到他们对企业目标的理解上。理论上的分析通常认定每个对于风险的分析是相同的。然而在实践中，这种情况是不可能的。专业的投资者和企业的管理者所站的角度不同，对待风险的看法也不相同。不同类型的投资者对待风险的观点也不相同。对于投资者来说，他们往往是尽可能地采取多样化投资的方式降低总体风险。然而对于企业来说，这一点是难以做到的。企业管理者的精力有限，投资方向有限，而且有主营业务的限制。因此，任何一家企业都会集中安排几个投资方向。一旦一个主营项目出现问题，这个企业的运营状况就会存在问题。因此，企业的财务战略并不会多样化投资，而是在积极调查和精准监控的基础上有效应对来自于企业外部和内部的风险。

　　企业的运行风险还和经理人有很大关系。某一个经理人往往是行业内较为了解的专家。他们对于降低企业运营风险有较为丰富的经验。因此，经验丰富的经理人往往能够将企业的风险状况限制在一个较低的水平上。而一旦这个经理人出现问题，那么这个企业的项目运营就会出现很大的问题。企业会从原本可接受的风险程度发展为较高风险。而这一点或许是投资者并不了解的。图 7-3 对此进行了解释。从图 7-3 可以看出，企业风险和经理人有很大的关系。经验丰富的经理人能够带来项目的高价值低风险。

---

　　① 海南橡胶因台风影响收到 1 000 万保险赔偿[DB/OL]. http://finance. sina. com. cn/stock/t/20140729/192719853651. shtml.

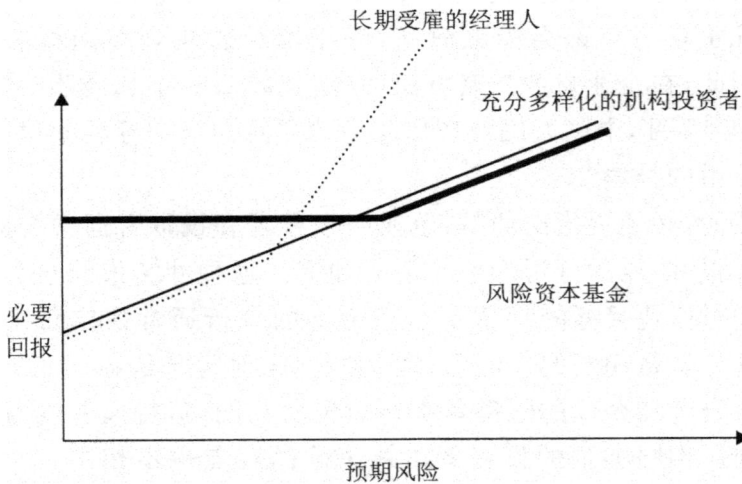

图 7-3　不同利益相关者集团的风险属性

图 7-3 还显示了市场中存在的另外一种投资者，也就是风险资本家。风险资本家可以被归为仅对高风险高收益投资感兴趣的投资者。他们往往不是特别关注那些低风险低收益的项目。一旦这种项目达到一个较高的收益水平以后，就会引起他们的关注。不可避免地，这种项目的风险也会较高。然而在市场中，还存在风险厌恶型和风险中立型的投资者。风险厌恶型的投资者只能够接受特定水平以下的投资风险，一旦投资风险超过这个水平，那么他们会极度厌恶这类企业。对于风险中立者来说，他们并不是对风险无所谓，而是要在适当收益的情况下尽可能降低风险。这也说明，企业的财务战略没有必要迎合所有投资者喜好，而是要迎合特定投资者的喜好。

（三）企业财务战略目标保持股东和其他相关利益者的利益均衡

战略经营决策的体制会受到许多来自内部或者外部的相关利益者的压力。作为战略决策的一个重要组成部分，企业也必须考虑到财务战略所受到的相关利益者的压力。

企业的每一个相关利益集团对于某一特定战略的决策都产生不同方面的兴趣。每一个石化工厂在一个地区落地都会遭遇到巨大的阻碍,不是因为别的,而是因为化工厂的污染已经危及周围居民的生命与财产安全。在一些冲突十分剧烈的地区,化工厂不得不考虑搬迁。

　　企业与贷款人和股东之间的相关理论关系会随着时间产生不同程度的推移变化。虽然股东是企业的拥有者,但是贷款人则可以通过贷款协议行使对企业的一定全力。因此,在企业出现财务困难的时候,企业会发现,最能够影响企业的往往是贷款人。企业财务战略的利益相关者群体如图 7-4 所示。

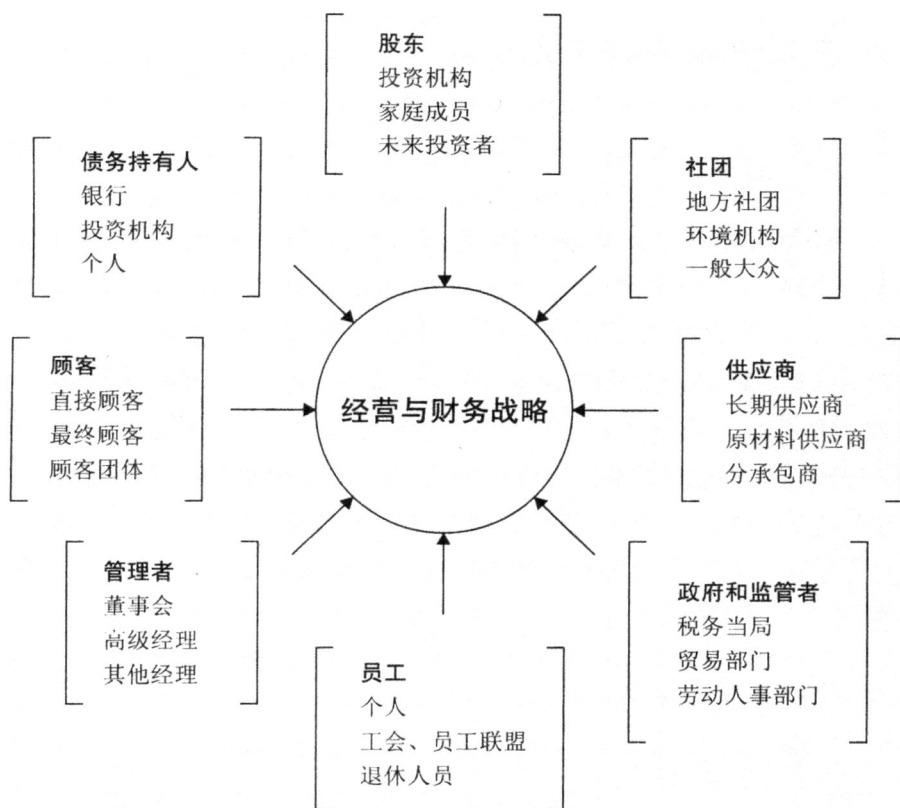

图 7-4　企业财务战略的利益相关者群体

　　企业在考虑利益相关者的同时,必须考虑到股东。股东是企业的所有者,为了持续获得未来资金必须维持他们的满意度。供应商为企业提供了一定数额的产品必须获得相应的报酬。顾客购买了企业的产品，支付了一定数额的货币，必须要能够获得及时的服务。员工按照企业的相关规定完成了具体的劳动，就必须获得付出劳动的报酬。贷款人向企业的运营提供了资金支持，就要获得必要的报偿。政府要征收一定数额的货款。每个利益相关者都知道他们与企业建立关系的结果，并且希望自己能够如愿以偿的获得相关的利益。对于企业来说，企业的管理者必须按照一定的法律关系公平对待他们，行使管理者的责任。

三、财务战略的特征

（一）支持性

财务战略是企业整体战略的一个组成部分，对于企业战略来说，则构成了企业战略的执行与保障体系。企业战略是全局性的战略，它以对竞争对手的分析为出发点，以谋求企业竞争优势为目标，凭借企业所拥有的技术优势、产品差别优势、成本优势等实现上述目标。因此，企业战略指导着财务战略以及其他职能战略的制定。企业的财务战略通过合理安排企业的资本结构以及现金流动，提高企业资金的使用效率，建立健全企业风险的危机预警系统，为企业的整体战略目标实现提供良好的财务保障基础。

（二）相对独立性

企业战略是多元化的，包含着多个方面的安排。也就是说，企业战略不仅包含企业整体意义的战略，而且也包含着执行层次的战略。财务方面就是企业执行过程中的一个战略。从企业战略的角度看，财务战略的相对独立性基于两个事实，一个是市场经济环境下财务管理不再是企业生产经营过程中的附属职能，而是有自身特定的内容，主要包括企业的投融资和股利分配。另一个是企业的财务战略与其他职能战略之间既相对独立又密切联系。财务战略管理的资金投放与使用和企业的其他方面战略是不可分割的。企业的销售为财务管理带来一定的资金来源，生产则消耗了企业的资金，即使是企业所有者权益也不能单纯划分为财务问题，总需要和企业内部融资。

（三）动态性

由于企业所处的环境不断发展变化，因此企业的财务战略必须保持动态的调整。一般来说，企业战略需要立足于长期规划，具有一定的超前性。但是，战略是在企业所处环境的基础上产生的，而环境的变动是不可预期的。在 2008 年之前，只有少数人能够预测到经济危机的发生。在政府出台某一项政策之前，也只有少数人有内部消息。这些重大的环境变化对于企业来说影响无疑是空前的。一旦出现这类变动，企业财务战略必须迅速做出调整，适应新的环境发展需要。

（四）综合性

所谓综合性是指企业财务战略必须要反映企业现状以及未来发展的全貌，对企业的供、产、销等方面的资金需求以及资金来源有全面的预期。只有在这个基础上，企业财务战略才能综合把握企业的需求，对企业宏观战略采取全面支持。企业财务战略的综合性是由企业财务管理中的资金运动综合性所决定的。

（五）全员性

尽管企业财务战略的制定和实施的主体是财务职能部门，但是这并不意味着企业的其他管理者在财务战略制定过程中没有起到作用。由于企业财务战略是涉及企业多方面的综合性管理活动，企业的其他部门必须要参与到其中，以确定企业财务活动对本部门的支持。因此，在企业管理过程中，无论是高层管理者和财务部门，还是其他事业部，都要参与到财务战略的制定中。

四、财务战略决策需要考虑的内容

（一）企业财务战略决策面临的四个主要问题

企业的资产规模是企业财务战略面临的第一个问题。资产规模的大小决定了企业运营过程中所牵涉问题的层次和复杂性。一般来说，企业的资产规模越大，企业所面临的问题就越多，也越复杂。

第二个问题是企业的债务资本和权益资本比例。MM 定理告诉管理者这并不影响企业的盈利。然而，在实践中，这却是有显著影响的。债务资本和权益资本的属性不同。企业必须要为债务资本付出利息，却可以不必支付股息。因此，对于企业来说，要在不同的时期确定不同的债务资本与权益资本比例。

第三个问题是利润中股息支付和留存收益的比例。这涉及了企业股息支付和发展的问题。一般来说，对于急于扩张的企业来说，股息支付会较少，对于成熟企业来说，股息支付则相对较多。

第四个问题是否要进行权益资本扩张。权益资本扩张涉及问题很多，企业往往会从多个方面慎重考虑。回答这个问题的管理者主要是企业的高层管理者和所有者。

（二）企业财务战略考虑的两种风险

对于所有企业来说，至少要面临一种风险，就是经营风险。而对于财务管理来说，则需要额外承担另外一种风险，即财务风险。对于一个正常运行的企业来说，风险来自于企业的经营风险和财务风险两个方面。图 7-5 对此进行了描述。通过图 7-5 可以看出，企业的高经营风险和高财务风险、低经营风险、低财务风险都是不可取的战略。企业应尽量避免出现第二象限和第三象限的情况，第一和第四象限是两个比较好的选择，平衡了经营风险和财务风险。

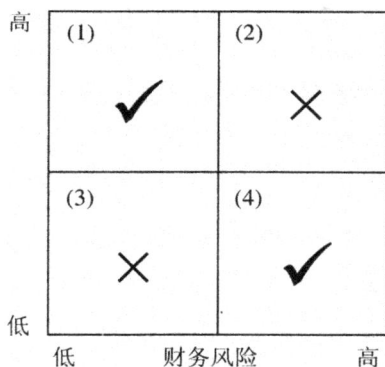

图 7-5　企业的经营风险和财务风险矩阵

（三）企业的生命周期

运用产品生命周期模型评估做出了企业的生命周期模型。企业生命周期模型显示了企业在不同发展阶段的业务变化。在这种情况下，企业所面临的经营风险和财务风险也就不同。图 7-6 为企业的生命周期模型。

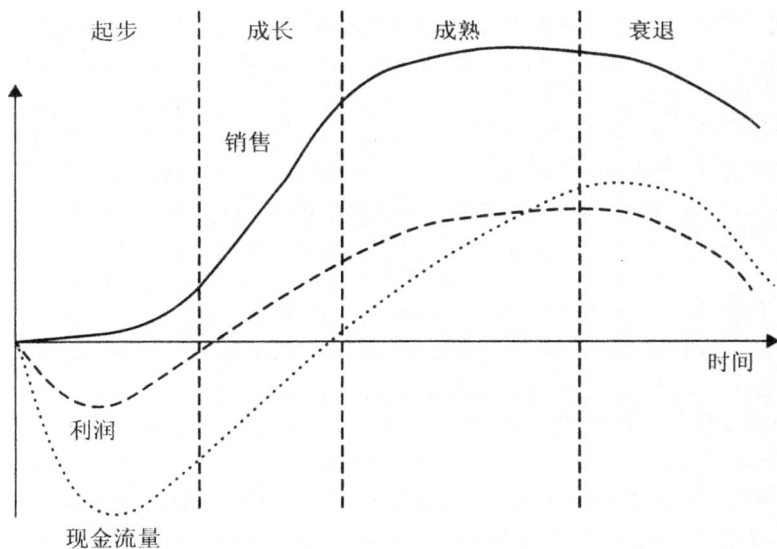

图 7-6　企业的生命周期模型

图 7-6 显示，企业产品的销售、利润和现金流水平将会随着时间的变化而不断变化。在生命周期的初期，产品是亏损的，现金流为负。进入成长期以后，企业产品将会出现盈利，但是由于巨量的资产投资，企业的现金流依然可能为负。在进入成熟期以后，企业的盈利水平稳定，现金流则会转为正值。依附于产品生产、销售和服务的企业则有可能会随着产品的盈利情况，一同存在这种状况。因此，对于企业的财务战略安排来说，必须要尽快进行调整，安排不同的产品对抗来自于产品生命周期的威胁。

（四）债务融资和权益融资的权衡

在早期高经营风险的影响下，企业通过负债筹集资金的方式是不可取的。这对于企业来说，将会增加自身的整体风险，有可能导致现金流出。因此，在初创期，公司的高风险资本筹资应该借助乐于接受高风险的资本，例如风险投资。

在企业的成长期，企业虽然依然存在经营风险。但是，企业的产品已经开始盈利，企业对于未来的发展状态往往会产生较好的心理预期。因此，对于企业发展来说，企业在这个时期可以举债运营，尽快缩短产品的成长期，尽快进入成熟稳定期，达到压缩产品生命周期的目的。但是，在这个时期，债务资本对于企业来说还是相对有些昂贵，因为企业产品能否进入成熟稳定期还是未知数，企业财务风险的增加有可能导致企业破产。在成熟稳定期，企业可尽量采用廉价的债务资本代替权益资本，实现产品的大规模扩张。

五、目标资本结构的现实决策

从理论上看，企业的目标资本结构是指达到股东价值最大化的负债价值和权益价值之间的比例。然而，在实践中，企业的最终目标结构受到多方面因素的影响。因此，对于一个企业来说，所要追求的不是理论上的目标资本结构,而是能够在实践中使企业持续不断为股东创造令人满意价值的目标资本结构。

(一)影响企业资本结构的实际因素

在企业财务管理的实践中,影响企业资本结构的因素主要有企业资本的使用期限与资产期限的匹配、目标资产负债率、盈利能力和现金流量水平、资本成本、贷款人的放贷决策方式等几个因素。

1.企业资本使用期限与资产期限的匹配

从会计的角度看,企业的总资产可以划分为流动资产和长期资产。一般来说,长期资产需要长期资本来支撑,例如权益性融资、长期银行借款或者公司债券融资。流动资产中的存货可以通过商业信用采用赊购的方式解决。其他短期资产需求可以通过短期银行贷款解决。在一些跨国公司中,比较推崇的"零营运资本"的管理理念就是资产期限与资金来源期限匹配的具体应用。

2.目标资产负债率

资产负债率是企业偿债能力评价的一个基本指标。行业内的标准值通常会被视作评价的基本指标之一。一些企业在进行财务战略管理的时候会通常将行业内的一些重要参考值视为发展中最为重要的一些因素。

3.盈利能力与现金流量水平

一般来说,企业的盈利能力和现金流入量的能力越强,该企业的举债经营能力也就越强。企业也就可以维持较高的财务杠杆水平。据一些调查统计资料显示,一个企业要维持稳定的企业运营状态,其息税前利润应保持在利息支出至少3倍以上。或者说,利息支出不应超过息税前利润的三分之一。企业向银行或者公司债持有人偿还债务还要考虑到企业的未来现金流量水平，特别是经营活动产生的现金流量水平的预期也影响着企业对未来是否举债融资以及举债融资大小的决策。

4.资本成本

在理想状态下，企业总是追求比较低的加权平均资本成本。同样金额的融资方案中，企业通常偏向于负债融资方案。然而，在实践中，企业的负债要受到多个因素的制约，例如行业的资产负债水平、企业的盈利能力和产生经营活动现金流量的水平、贷款人的态度等。

5.贷款人的放贷决策方式

贷款人的放贷决策方式对于企业的影响主要体现在以下两个方面。

第一，银行贷款人的企业信用评价办法和对企业财务报表的分析方法，会对企业申请贷款能否通过产生影响。因此，对于企业来说，会尽量通过经营和管理的办法将其所送财务报表的相关指标符合银行的要求。在资产负债率水平上，每一个行业都有不同的判断标准，对于制造业来说，企业应将资产负债率维持在60%以下的水平，才能得到相对较高的评价。

第二，公司债的发行通常是要通过投资银行和证券监管部门的审核。一般来说，其评价标准同银行贷款人类似。作为企业来讲，发行公司债仍然要在经营管理上下功夫，报送的财务报表要符合投资银行和证券监管部门的要求。

(二)现实中资本结构决策的方法

企业常见的资本结构决策方法有比较法、EBIT-EPS 分析法和 EBIT-ROE 分析法及其他综合分析方法等。

1.比较法

由于现实因素的制约，企业在融资的时候往往不会选择单一的一种模式。在进行融资决策的时候,企业需要根据企业的实际情况计算所需的平均成本。在对各种筹集方案进行比较时,需要选择平均成本最低的方案。

比较法是指企业在进行筹资的时候,首先拟定多个备选方案,分别计算各个方案的加权成本,通过比较确定最佳资本结构。使用比较法,需要企业首先选择多个筹资方案,进行合理分析与比较,选择平均成本最低方案。运用这个方法需要考虑两个前提条件,分别是能够通过举债进行筹资和具备偿还能力。

企业资本结构决策根据时间轴来算可以划分为两个方面,分别是初始资本结构决策和追加资本结构决策。在初始资本决策的状态下,企业综合资本成本率的高低取决于各种筹资方式的筹资额以及拟定筹资比重的大小。对于追加资本结构来说,其成本核算可以通过直接测算的方式追加边际资本成本,选择最佳方案,也可以通过备选筹资方案和最佳资本方案汇总,测算多项筹资条件下的加权平均资本成本,确定最佳方案。

2. EBIT-EPS 分析法

EBIT-EPS 分析法也就是息税前利润—每股收益分析法。这种方法是将企业的盈利能力与负债对股东财富的影响结合起来考虑,以分析资本结构和每股收益之间的关系,进而确定资本结构的方法。在 EBIT-EPS 分析法中,企业负债的偿还能力是基于企业的盈利能力上的。负债筹资是通过其杠杆作用增加财富的,确定资本结构是考虑它对股东财富的影响。

EBIT-EPS 分析方法是一种定量分析方法。在这个方法中,假定每股收益最大,企业的股票价格最高。然而,在实践中,企业的负债增加,投资风险也会加大,企业的价值和股票价格也会受到负面影响。所以单纯用 EBIT-EPS 分析法也会产生错误决策。在资本市场不完善的时候,投资人根据每股收益的多少来做出投资决策,每股收益增加的确有利于股票价格的上升。

3. EBIT-ROE 分析法

EBIT-ROE 分析法是息税前利润—股东权益报酬率分析法。与 EBIT-EPS 分析法不同的是,这个方法将债务融资和权益融资所对应的每股收益转变成两种融资方案下股东权益报酬率的比较,隐含了将股东权益报酬率的高低作为股东价值高低的替代指标。

4. 其他综合分析方法

综合评价方法是运用多指标对多个参评目标进行评价,基本思路就是将多个指标转化为一个能够反映综合情况的指标来进行评价。如不同国家经济实力、不同地区社会发展水平、小康生活水平达标进程、企业经济效益评价等都可以应用这种方法。

综合评价方法的主要要素有评价者、被评价目标、评价指标、权重系数和综合评价模型,具体步骤如下述流程如图 7-7 所示。

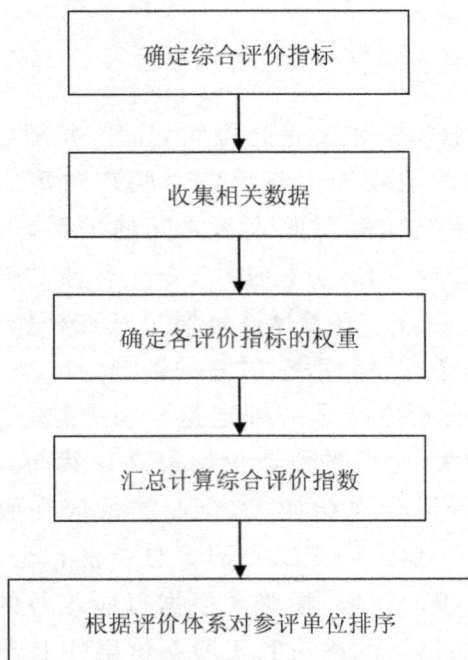

```
┌─────────────────────────┐
│      确定综合评价指标       │
└─────────────────────────┘
            │
            ▼
┌─────────────────────────┐
│        收集相关数据        │
└─────────────────────────┘
            │
            ▼
┌─────────────────────────┐
│     确定各评价指标的权重     │
└─────────────────────────┘
            │
            ▼
┌─────────────────────────┐
│     汇总计算综合评价指数     │
└─────────────────────────┘
            │
            ▼
┌─────────────────────────┐
│   根据评价体系对参评单位排序   │
└─────────────────────────┘
```

图 7-7 综合评价分析方法

第二节　人力资源战略

　　每一家公司都需要本公司的人力资源管理政策和活动能够与组织的总体战略目标相吻合。人力资源战略管理意味着制定和实施有助于组织获得为实现其战略目标所需的员工胜任素质和行为的一系列人力资源政策和措施。

　　人力资源战略管理背后的理念非常简单，这就是在制定人力资源管理政策和措施时，管理者的出发点必须是帮助公司获得为实现公司战略所需要的员工技能和行为。图7-8形象地描绘了这样一种观点。公司高层管理者首先要制定一项战略规划。该项战略规划隐含着某种特点的员工队伍要求，同样也隐含着人力资源管理过程中的规划、绩效评估和价值评估措施。

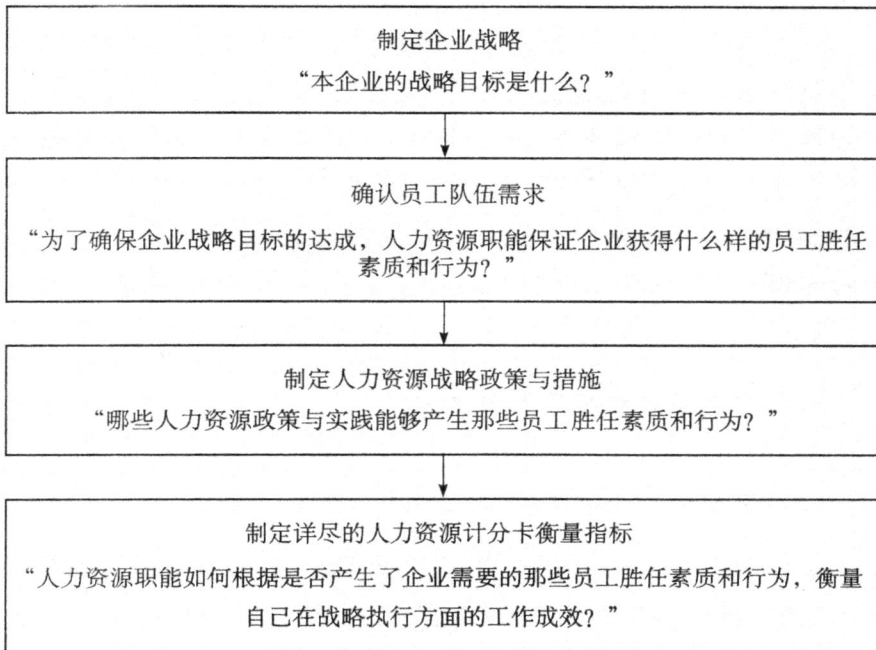

```
┌─────────────────────────────────────────┐
│              制定企业战略                   │
│        "本企业的战略目标是什么？"            │
└─────────────────────────────────────────┘
                    ↓
┌─────────────────────────────────────────┐
│              确认员工队伍需求                │
│ "为了确保企业战略目标的达成，人力资源职能保证  │
│   企业获得什么样的员工胜任素质和行为？"        │
└─────────────────────────────────────────┘
                    ↓
┌─────────────────────────────────────────┐
│          制定人力资源战略政策与措施          │
│ "哪些人力资源政策与实践能够产生那些员工胜任素质和行为？" │
└─────────────────────────────────────────┘
                    ↓
┌─────────────────────────────────────────┐
│        制定详尽的人力资源计分卡衡量指标        │
│ "人力资源职能如何根据是否产生了企业需要的那些员工胜任素质和行为， │
│     衡量自己在战略执行方面的工作成效？"        │
└─────────────────────────────────────────┘
```

图 7-8　基于公司战略管理的人力资源战略模型

一、人力资源战略管理概述

（一）人力资源战略管理的含义

作为一种观点，人力资源战略管理产生于 20 世纪 80 年代。学者 Walker 于 1978 年在其文章《将人力资源规划与战略规划联系起来》中，提出了人力资源战略管理的基本思想。1981 年，戴瓦纳（Devanna）写的《人力资源管理：一个战略观》标志着人力资源战略的诞生。这篇文章深刻分析了企业战略与人力资源管理的相互依存关系。

虽然学界当前还没有一个公允的人力资源战略管理定义，但是在其基本内容方面，学界已经认可了人力资源战略管理是企业战略管理的一个部门层面的策略，是通过人才管理的战略措施实现对企业战略管理的支持。

从人力资源管理活动出发，人力资源战略居于统摄的地位。人力资源管理的职能更加偏重于企业的战略层次决策、规划与实践活动，而非具体人力资源管理事务的执行。人力资源管理者的角色从过去的一般执行者、协助者角色参与到企业关键战略的制定者与倡导者。因此，人力资源管理战略提高了人力资源管理部门的受重视程度，也提高了人力资源经理的受重视程度。

（二）人力资源战略管理的类型

1. 依据形成员工队伍的方式划分

按照吸引员工的不同方式，人力资源战略管理可以被划分为诱引战略、投资战略、参与战略三类。诱引战略是指通过丰厚的薪酬和良好的内部环境来吸引和招募人才。这类战略的人力成本支出较高，为了控制成本，往往会采取裁汰冗员的手段进行支持。投资战略是指聘用较多的员工,形成一个备用人才库,通过多种手段考核以后,发现值得投资的员工,注重对员工的长期开发与培训。人力资源管理人员的职责是确保员工得到所需的资源,获得培训和发展。所谓参与战略是指给予员工较大的决策参与机会,使大多数员工能够参与决策,提高员工的参与性、主动性和创造性,增强员工的归属感与责任感,从而促使员工自己提升自己的素质。采取这种战略的往往把重点集中在团队建设、自我管理和授权管理上。

2.按对人力资源的认识不同分类

按照这种划分方法,人力资源管理战略可以被划分为累积型战略、效用型战略和协助型战略三种。所谓累积型战略是指看待人力资源管理工作是通过长久的累积实现的,注重人力资源的培训与开发,通过较长时期的工作获取最为合适的人才。这种战略以长期雇佣为原则,讲究公平对待员工,员工的晋升也较慢。所谓效用型战略是指以短期观点看待人力资源管理工作,较少提供培训,如果人力出现缺口立即在人才市场上开展招聘予以填补。这种战略与累积型战略相反,不提倡终身雇佣,员工晋升速度快。所谓协助型战略是介于累积型和效用型战略之间,员工个人需要具备技术性能力,要在同事之间建立良好的人际关系。培训过程中,公司的职责是协助,员工负有学习的责任。

3.按照企业变革的程度划分

依据这种划分方法,人力资源管理战略可以划分为四个类型,分别是家长式战略、任务式战略、发展式战略和转型式战略。家长式战略是指公司集中开展针对人事的管理活动,采取硬性的任免制度,重视操作与监督。这种制度的基础是奖惩和协议,注重组织发展的规范性。这种管理方式多存在于传统企业之中,对于新型企业来说,这种模式显然是不合适的。任务式战略是指企业发展围绕某一个特定项目展开,人力资源工作强调围绕某一个项目展开工作的设计和规划，注重规划与合作，这种战略非常重视部门的组织文化建设，希望通过组织文化提升组织成员对部门发展的认识。由于这类战略通常是将不同类型的人员组织在一起，因此这种战略最重要的一点就是围绕企业的战略展开制度安排，并且加强基于制度的管理工作。所谓发展式战略是指当企业处于不断变化与发展的环境中，企业采用渐进和发展的人力资源战略适应不断变化和发展的环境。所谓转型式战略是指企业因为陷入危机或者意识到自己将要陷入危机，不得不采用大范围的转型，对人力战略、组织机构和认识进行重大变革。

公司所处的环境是不同的，采取的人力资源战略也会有所不同。对于一个公司来说，由于自身的发展问题，公司往往会采取复合式发展战略，并不固定采取某一特定的策略，仅仅有可能在某一个时期采取一种特定的思路。

二、人力资源战略管理的模式

（一）最佳实践人力资源战略模式

这种模式认为在既定的人力资源管理环境中，最合适的人力资源活动可以提高组织的生产绩效。企业可以通过建立并实施各种各样的机制，如提高员工能力，得到员工的信任，激励员工和选择合适的工作方法等来实现效益最大化。

最佳实践模式影响企业绩效主要从以下几方面入手。

①甄选方面。选择员工招聘来源、甄选测验的效度、结构化的甄选程序、认知与能力测验以及加权申请表格等五种甄选活动能提高企业盈利、盈利增长率以及整体绩效。

②培训方面。结构化的员工训练对企业绩效有显著的正向影响。

③绩效评估和薪酬方面。关键绩效管理模式对企业绩效有显著的正向影响。

（二）权变模式

在企业不断变化的经营环境中，最佳实践模式的策略遭受到了一些企业管理者的质疑。他们认为企业绩效只由人力资源管理活动影响，排除其他影响因素是与企业管理活动明显不符的。企业必须根据自己当前所处的环境采取更为具体的管理策略，将企业目标落实下来，企业绩效才会有显著的发展。一项探讨战略性人力资源管理对组织运作影响的实证研究，以美国银行业为研究对象，发现特定的人力资源管理活动对组织绩效有正向影响，如利润分享计划、工作保障等，当然必须配合内部职业发展机会、结果导向的绩效评估与员工参与等特定的人力资源管理活动，才会有较佳的组织绩效。

（三）最佳配合模式

最佳配合模式认为不同类型的人力资源战略管理适合于不同类型的企业条件。企业组织需要界定在各个方面适合自身的人力资源战略，包括产品市场、劳动力市场、企业规模、企业结构、企业战略和其他相关因素。对于一个组织合适的人力资源战略对其他组织就不一定合适。

一般来说，最佳配合模式主要有三种，分别是生命周期模式、组织结构模式和人力资源模式。生命周期模式将人力资源战略政策选择与企业在其生命周期的不同阶段中不同的需求联系起来。该模式认为，在每一个阶段企业都有不同的经营上的优先考虑，这些不同的考虑反过来需要有不同的人力资源战略。组织结构模式认为有效的人力资源管理系统能够提高组织的效益，而且这些系统能从内部适合企业战略的需要。该模式认为，管理人员应该将人力资源管理作为一个完整的工具运用到战略决策中去，关键的管理任务是调整正式的结构与人力资源系统，从而使它们共同推进实现组织的战略目标。人力资源模式着力将公司的竞争战略与人力资源管理实践相联系，通过总结符合既定的企业战略需要的理想员工的"角色"行为来构思人力资源战略。该模式的关键点不仅在于人力资源的行为，而且在于引起行为的人力资源的知识、技能、态度和胜任力素质，这些对企业的长期生存会产生更持续的影响。

三、人力资源管理规划

人力资源管理规划是人力资源战略展开的第一步，是人力资源战略之下的人力资源发展计划。从内容上看，人力资源规划主要包括人力资源岗位数量，某一岗位需要的人数，岗位人才的流失率预估，人力资源部门需要制定的激励措施。

（一）人力资源规划的类型

人力资源规划的类型有许多种，其中主要有：人事计划、人力资源规划、战略人力资源规划和战术人力资源规划。

（1）人事计划。这是一种传统式的人力资源规划，主要考虑人员的招聘与解雇。没有重点考虑人力资源的保留与提高，因此很难达到企业的目标，在现代企业中较少运用。

（2）人力资源规划。这是一种现代人力资源规划，全面考虑企业的需求，同时关注企业人力资源的引进、保留、提高和流出四个环节。

（3）战略人力资源规划。这种方式主要是将企业的战略目标融入进来，对企业人力资源的发展状况进行了长达三年以上的人力资源规划。这种规划主要考虑了宏观影响因素。

（4）战术人力资源规划。这种方式是考虑企业的战术目标而制定的，是一种年度人力资源规划。这种规划主要考虑了微观影响因素。

（二）人力资源规划主体

人力资源规划主体包括多个方面，主要有：企业高层管理人员、人力资源部门人员、其他职能部门管理人员以及相关的管理专家。表 7-1 显示了人力资源规划各方主体的作用。

表 7-1　各种相关人员在人力资源规划中的作用

人力资源规划项目	高层管理者	职能经理	HR	专家
制定企业战略目标	√			√
制定企业战术目标	√	√		
制定人力资源目标	√	√	√	√
采集信息		√	√	√
预测内部 HR 需求		√	√	
预测外部 HR 供应			√	√
预测外部 HR 供应		√	√	
分析企业 HR 现状	√	√	√	√
制定企业战略 HRP	√		√	√
制定企业战术 HRP		√	√	√
实施 HRP	√	√	√	
收集 HRP 实施反馈信息		√	√	

（三）人力资源规划模型

1.人力资源规划的内容

人力资源规划内容如图 7-9 所示。

从图 7-9 可以看出，人力资源规划的制定首先要依赖企业的目标，换句话说，人力资源规划的主要任务是为了达到企业的目标。其次要依赖工作分析。最后，人力资源目标和工作分析的结果要体现在员工招聘、测试与选拔、培训与开发上。

2.人力资源规划的步骤模型

人力资源规划的步骤模型如图 7-10 所示。人力资源规划共分为七个步骤：确立目标、收集信息、预测人力资源需求、预测人力资源供应、制定人力资源规划、实施人力资源规划和收集反馈信息。

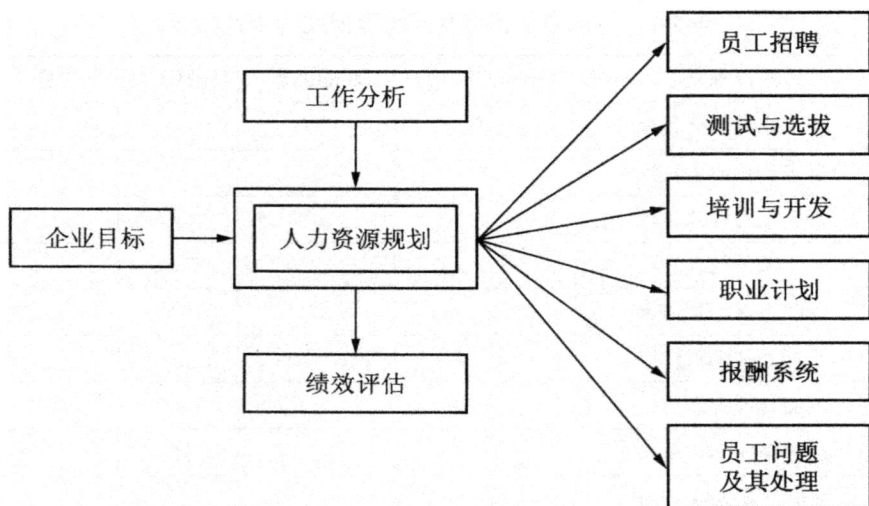

图 7-9　人力资源规划的内容模型

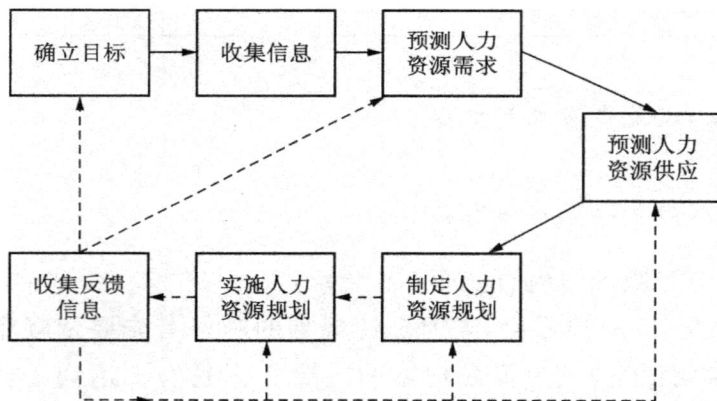

图 7-10　人力资源规划的步骤模型

　　确立目标是人力资源规划的第一步，主要根据企业的战略目标来制定。收集信息是根据已经确立的目标广泛收集外部和内部的各种有关信息。之后在收集信息的基础上，预测人力资源的供给与需求趋势。之后便是合理制定和实施人力资源规划，并收集相应的反馈信息。

第三节　市场营销战略

当前市场竞争日益激烈,企业想要在激烈的市场竞争中占领一席之地,就必须要制定正确的营销战略,运用现代营销技巧去抢占市场,吸引消费者,获得消费者的青睐,这样才能不断增强企业的市场竞争力,实现企业的可持续发展。企业制定营销战略,是企业适应市场、驾驭市场、赢得市场的智慧行为。

一、企业营销战略的内涵

1985 年,美国市场营销协会(AMA)对市场营销下了这样的定义,"市场营销是关于构思、货物和服务的设计、定价、促销和分销的规划与实施过程,目的是创造能实现个人和组织目标的交换"。在交换的过程中,如果一方对于交换活动比另一方更为积极和主动,那么前者就是市场营销者,后者则为潜在客户。

现代市场营销研究中,人们最乐于接受的市场营销的定义为:"市场营销是通过市场交易来满足现实或潜在需要的综合性经营销售活动过程"。在该营销过程中,营销活动的中心是要达成交易,目的是要满足消费者的需求。实践活动是人们对于市场营销定义的来源,因此,随着企业市场营销活动实践的不断发展,有关市场营销的定义也会随之发生变化。

实际上,人们对于现代市场营销的理解,完全可以将其看作是一种计划及执行活动,其过程包括对一个产品、一项服务或一种思想的开发制作、定价、促销和流通等活动。该项活动的目的是,要通过交易的过程来满足顾客的需求。随着社会生产力的不断发展,人们需求的不断增加,市场交易活动所涉及的内容也越来越多,种类更为繁杂,包括商业和非商业活动、个人和团体、实物产品和无形服务等。

二、企业营销战略规划的组织与实现

（一）企业营销战略规划的组织机构

企业营销战略规划是一个系统工程，包含多种要素，需要众多人才的共同协作与努力才能进行设计与规划，因此必须要建立合理的组织机构，充分发挥团队人员的智慧与创意，建立一个系统的营销组织规划系统。营销战略规划组织只有企业在进行战略规划的时期才能发挥作用，履行自身的职责，在规划任务完成后，可能就会由企业的其他组织来完成后期的营销任务，因此营销战略规划组织具有一定的临时性。营销规划组织由若干成员组成，它们之间的关系如图 7-11 所示。

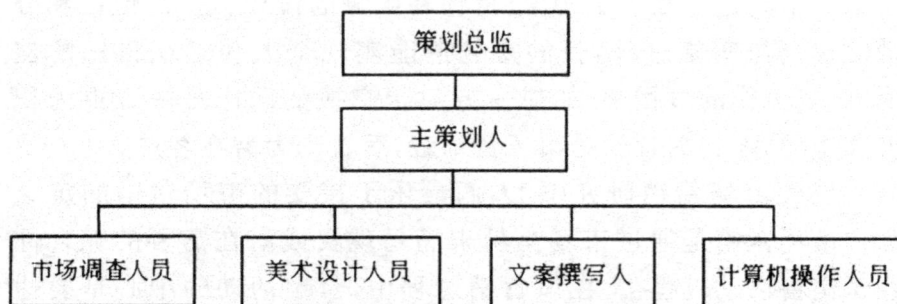

图 7-11　营销战略规划组织

1. 策划总监

在营销战略规划组织中，策划总监是整个策划活动的最高负责人，通常由企业的总经理、营销副总经理或策划部经理担任。策划总监需要对活动中的各项工作进行监督和管理，同时还要对组织与企业内部各部门之间的关系进行协调，保证工作的高效、有序进行。

2.主策划人

在企业营销战略规划中,主策划人也发挥着关键的作用,其地位相当于拍摄电影的导演。主策划人需要带头对组织中的活动进行策划,安排各成员的工作,对各策划成员的调研活动进行指导。可以说,整个营销战略策划活动的成功,主策划人功不可没,是其充分发挥聪明才智带领所有策划成员集思广益的结果。在选取主策划人时,一般对他们有更多的要求,其不仅要具有很高的专业素养和活动策划执行能力,同时还要拥有高度的责任感和丰富的活动策划经验,提高营销战略规划的成功的可能性。

3.市场调查人员

当前我们处于一个信息社会,各种信息瞬息万变,因此在营销战略规划中,及时掌握完备、准确的市场信息极为关键。获得最新的、全面的市场信息是营销战略规划活动的前提,因此企业需要派遣专门的人员对市场信息进行收集和整理。在互联网技术快速发展的今天,各种市场信息量庞大、繁杂,并且真假难辨,这就对市场调查人员获取正确的信息带来了难题。一个合格的市场调查人员,必须要在数量巨大的市场信息中找到最为真实的、有效的市场信息,为企业的营销战略规划提供正确的信息依据。

4.美术设计人员

随着市场经济的不断发展,人们对产品的要求越来越高,他们不仅要求产品要有过硬的质量,同时也要求产品包装的精美。对于企业产品的生产,如果能给予其精美的包装,那么就可以在一定程度上提高产品的档次和品位,满足更多消费者的需求。由此可见,企业营销战略的规划过程,实际上也可以将其看作是对企业及其产品进行美化和包装的过程。在企业营销战略规划团队中,对美术设计人员的要求就是要具有独特的审美能力,拥有良好的专业美术功底,通过利用美学原理,通过创造性的想象来对企业的视觉形象、商品标识和广告等进行丰富和完善,以此增强产品的视觉冲击,提高企业营销战略规划的有效性。

5.文案撰写人员

营销战略规划中的文案撰写是一个集体性的工作,一般来说,单独的文案撰写人员很少能写出一个成功的营销方案,必须是在众多文案撰写人员的集思广益下,才能获得高质量的营销文案。需要注意的是,虽然单独的文案撰写人员只是负责营销文案的一部分撰写工作,但是其必须要对整个营销战略规划过程都有一个全面、准确的了解,这样才能保证最终营销文案的质量。策划文案是对整个营销战略的文字表述,因此文案策划人必须要有良好的文字功底,娴熟的表达方式,以及创新性的思维能力。

6.计算机操作人员

随着电子信息技术的不断发展,对人类生产和社会的发展产生了巨大的影响,计算机成了人们不可缺少的工具。在企业营销战略规划中,通过计算机技术,可以进行文字处理、数据库的建立与整理、提案中特殊图形的制作等工作,尤其是对特殊图形的制作和处理需要专业的计算机操作人员来完成。让专业计算机操作人员参与到企业营销战略规划中,有利于提高策划活动的工作效率,同时也可以为信息的收集提供有力的保障。

从上述中我们可以看出,营销战略规划组织是由多个人员组成的,具有很强创造性的机构,通过集思广益来完成营销战略规划。企业营销战略的规划也是一项系统的工程,任何一个环节都会对整个策划活动的成败产生重要的影响,因此,策划总监需要对整个营销策划活动做好整体的规划,防止出现差错。需要注意的是,尽管营销战略规划组织对效率极为看重,但是对于组织人员的选择有一定盲目性,企业需要根据自身的实际发展情况,根据效率优先的原则,减少策划活动不必要的环节,从整体上降低企业营销策划的成本。

（二）企业营销战略规划的实现方式

企业进行营销战略规划的主要目的是，推广企业的形象和产品，为了实现这一目的，企业需要通过一定的方式才能完成。这种营销战略规划的实现方式主要有两种，一种是企业自主完成，另一种是借助外部完成。根据企业实际情况的不同，企业可以选择其中的一种，在特殊的情况下，企业可以选择将两种方式结合起来使用。

1. 企业自主完成

企业自主完成方式指的是，企业完全通过自身的人员和力量来完成营销战略规划。这种方式对企业的要求很高，企业不仅要有完善的组织策划机构，而且还有能力组织企业内部的营销管理人员建立起自己的策划部门。对于那些实力较强的大型企业，甚至可以建立起专门的营销战略规划部门，招聘专门的策划人员参与其中，专门从事企业的营销战略规划。企业自主完成营销战略规划活动的优点表现在，策划部门可以结合企业的特点，综合企业的内外部环境为自己量身制定策划方案，保证最终的实施效果。此外，企业通过自己建立营销战略规划部门，还可以减少咨询费用，从整体上降低企业的策划成本，有利于企业可持续发展的实现。

企业的营销规划部门充当着大脑的作用，根据企业的发展需要，该部门可以设定专属的策划方案，推动企业的发展。企业营销战略规划部门是企业的一个重要职能部门，在营销策划方面具有很大的优势，通过该部门的运作，可以为企业收集到更多有效的市场信息，从而制定出更符合企业发展的营销策划方案，实现与企业发展战略的协同发展。

2. 借助外部力量

一般来说，借助外部力量来进行营销战略规划的，通常是那些实力不高，且规模较小的企业。对于这些企业来说，其对营销战略规划的需求不够频繁，如果设置专门的营销战略规划部门，会增加企业的成本负担，从而不利于实现企业的扩大生产。在这种情况下，其也就可以聘请外部专门从事策划的人员来对企业制定营销战略规划。

当前，对于很多中小企业来说，它们在进行营销战略规划时，通常都会采用借助外部力量的形式来进行，因为这样有利于降低企业的策划成本。当前我国市场中，中小企业所占的比例很大，它们中的大多数都不具备依靠自己的力量来进行营销战略规划的能力，因此只能选择借助外部力量的形式来进行。需要注意的是，企业这种借助外部力量的形式应控制在一定的范围之内，防止形成依赖，不利于企业的可持续发展。此外，企业借助外部力量来进行营销战略规划，这些外部组织人员对本企业的实际情况没有明确的了解，企业也会有选择性地将自身的经营状况介绍给他们，因此，借助外部力量进行营销规划的方式只能起到辅助作用，不能完全代替企业进行营销活动。

对于不同的企业，其都具有自己独特的特点，因此，企业选择营销战略规划的方式，没有统一的标准，应根据自身实际的经营状况来进行选择。此外，企业实施营销战略规划，也要结合自身的规模、实力和内外部环境，根据营销规划工作的频率和负责程度，在对所有的营销策划方式的优缺点都明确之后，在利润最优的前提下选择最佳的方式，保证企业营销活动的顺利实现。

第八章　中小企业创新战略

对于一个正在发展中的中小企业来说,必须要不断创新,实现自身业务的不断扩展。创新可以划分为两种,一类是商业创新,另一类是技术创新。商业创新的全称是商业模式创新。这类创新主要是通过企业家的灵感和领导能力将资源重新整合起来,给人们的生活和工作带来便利。商业创新需要灵感,并且需要将灵感不断筛选,不断构建以实现产品的不断丰富。技术创新是指通过技术研发(R&D)的方式实现技术的商业转化,给企业家带来财富的同时也给更多人带来便利。

第一节　中小企业商业创新的灵感

一、灵感的来源

(一)工作经验

许多成功的企业家有多年经营公司的经历,并在如何实施企业差异化战略方面,获取了许多宝贵的经验。他们的灵感有时就来源于倾听客户的投诉。创业者可以利用自己的工作和个人生活经验,去考虑与众不同的做法,有时候最好的创业灵感来源于遭遇挫折的经历,或者自己作为消费者时未被满足的期待和需求。

（二）类似业务

人们可能会注意到某地区的商业机会,因为自己喜欢那些产品;或者了解业务市场不断在增长,即使自身没有在该行业或市场工作的经验,也在思考扩张的机会。

（三）爱好或个人兴趣

许多人都能找到将爱好转变为成功商机的途径。Motley-Fool 的创始人加德纳兄弟(David and Tom Gardner)开始并未打算撰写在线投资咨询类的新闻报道或建立相关网站。高中时代,他们是名为 Strat-O-Mati 棒球骰子游戏的狂热玩家,在他们长大的地方——首都华盛顿郊外有一个城市联赛。汤姆回忆道:"这种数字游戏有大量的用于交易的统计资料,就像股票市场和商业活动一样,存在如此多的不同变量。而事关人与人之间活动的交易,又是商业活动中重要的组成部分,因为所有的经营乐趣都来自于与竞争对手的交易。"

（四）偶然事件或意外收获

毫无疑问,偶然事件是创业灵感的另一来源。成功的企业家对周围发生的事情具有警觉性,并能留意到其他人忽视的事情,无论是天时地利人和的运气,还是周围的细小线索,都在他们的注意范围之内,许多企业就是这样出乎意料地创立的。

（五）家庭和朋友

灵感可以通过与家人和朋友的交谈对话产生。在交流中如果开放式地接受大家的建议,就容易产生伟大的创业灵感。Fat Hat Factory 是一个市值 170 万美元的制帽厂,其创始人埃克(Joan Ecker)就是在一次朋友的建议下,产生了制作一顶有型的"胖"帽子的灵感。当时,朋友要求得到一顶温暖的帽子,才肯应邀去佛蒙特州埃克的新家拜访她。

（六）教育和专业知识

正如在本章前面所看到的，一些中小企业是先决策后产生灵感。首先，他们希望自己经营某项业务；其次，才是搜寻一个可行的业务方案。通常，将要成为企业家的人将创业灵感更多归因于自己的技能和智慧，而去咨询公司便是产生创业灵感比较常用的方法。许多咨询公司把自己的技能和商业运营能力，出售给需要这些能力的公司或个人。有些咨询顾问选择下岗或自愿离开大雇主，为客户提供咨询，因为他们觉得自己的才能更加有效地运用于自己的生意。

（七）技术转让和许可

大学和政府机构是另外一种很强但很少使用的灵感来源。两者都能开发出新技术，或改进现有技术，但从来没有利用它们做任何事！大多数大学和政府机构，如美国宇航局、农业部门和国防工业，都为中小企业的发展免费提供相关的技术支持，甚至政府部门会设置项目基金来资助其发展。政府技术商业化的网站，是开展中小企业业务的很好起点。如果附近的高校有受政府资助的研究，就可以联系学校负责技术转移的办公室，以发现可以用于自己领域的商业化技术发明，或仔细查找相关方面的内容。

政府部门提供的安排称为许可。许可证是一种法律协议授予使用权的知识产权，如技术。作为回报，持牌人（licensee）须支付给许可证所有者，或许可人（licensor）一定的费用，这些款项可以包括前期许可费、年度牌照使用费，或者基于销售产品数量的版税（royalty）。通常，牌照权出让方尽量满足想要牌照的创业者需要，以促进市场交易尽可能达成。

二、商业灵感的筛选

在商业社会里，并不是每个灵感都能得到正确评估，或者值得进行商业投资。在某些情况下,所谓的灵感甚至一文不值。所以,尽管可以强烈地感觉到某个值得耗费精力和时间的灵感,但在开始实施前,需要做更多的工作。这里,"灵感"大致可以表示新的或改进的产品/服务及过程。

有一种流行的方法可以用来筛选机会。商业灵感的筛选可以通过以下这些问题的筛选获得有关的支持。

(1)产品是什么?

(2)产品的基础是什么?

(3)具有独特之处吗?

(4)是否具有创新性?

(5)如何精准定位消费群体?

(6)产品的竞争优势是什么?

(7)如何为客户创造价值?

(8)是否有明确的支持者?

(9)如何保护产品的知识产权?

要回答这些问题,需要基于相关技术、竞争和市场,以及消费者对产品感知的研究。这一系列提问是所有方法中可以很好地开始组织新产品或服务商业潜力的思考框架。

企业所模仿的先驱技术虽然是创新性的,但通常不是独一无二的,而且可以为顾客提供比先驱公司更好的产品,因此,重要的是在开始为机会筛选收集原始数据时所具备的优势,如果灵感具有足够的吸引力,就有必要花时间好好思考一种方法来抵消急剧增长的弱点。

三、灵感的转化

灵感转化为市场机会是灵感得到商业表达的重要一步。奥斯本(Alex Osborne)在这个方面做了很多的研究。他创造了"头脑风暴"(brain storm),该工具被称为 SCAMPER,这是为企业引发新思路线索集的缩写。

（1）替代（substitute）。考虑可能的替代品，从而产生新的灵感。替代的例子，比如顾客可以直接从网上订购或通过邮购下单，而不需要去实体门店。有时候，通过 SCAMPER 分析线索派生出来的解决办法很"无厘头"（wayout），导致在解决恼人问题时产生创造性的灵感。例如，有座正经历越来越严重的垃圾问题的荷兰城市，政府领导人尝试了很多常规方法来解决问题：增加城市的垃圾桶数量，张贴标志提醒人们不要乱扔垃圾，惩罚乱扔垃圾的人，如此等等，不一而足。但是，所有措施似乎都没有作用。在此情形下，产生了一个突破性的想法：将微型录音装置安装在垃圾桶内，每一次有人打开垃圾箱扔垃圾，就会播放一句玩笑，以此推动公众打开垃圾箱扔垃圾。不久后，垃圾问题真的有所改善。

（2）组合（combine）。考虑通过组合可能产生的完全不同的结果。通常，如果想买书，就会去书店；如果想喝咖啡，就会去咖啡店；如果想听音乐，则需要去俱乐部或剧院。如今，可以在同一个地方同时享受这三种不同的服务。实际上，很多不同的企业组织已经开始这样经营。大公司如 Borders and Barnes Noble，小门店如位于科罗拉多州丹佛市的 Tattered Cover Book Store。此外，在服务区加油时，也很有可能买到汽车相关的配套产品，甚至车载 CD 或录像带。

（3）调整（adapt）。考虑已经存在的产品或服务可以调整之处。常见的有效创新策略就是调整概念，许多成功的企业都是建立在概念的调整基础上，甚至在现实中比激进创新策略（如发明）导致的商业机会更加普遍。是否还记得当初"每月一书"俱乐部每个月派发给会员不同的图书？比较一下"每月一啤""每月一面"等，还有其他很多变化，能发现哪些调整？又如，卫生纸制造商在纸张太厚而不能加工时，可以选择扔掉，但是制造商却即兴创造了纸巾！因此，有时调整的动机就是企业家尽可能最大化地利用稀缺资源。

（4）放大或修改（magnify or modify）。通过以下方式，可以放大或修改商业灵感：在现有产品的基础上改变其外观，添加更多的功能属性，延长商店的营业时间，使广告更加引人注目等。

（5）另作他用（put to other uses）。除了产品或服务的传统功能外，考虑其他可以产生大量商机的不同功用。例如，以往人们在家烤饼干或蛋糕时，常用茶匙添加 Arm&Hammer 牌的烘焙苏打。然而，对 Arm&Hammer 公司来说，最大的问题是产品销量不足，因为消耗量低，苏打往往在家庭厨房碗柜里存放很多年。在产品单价 59 美分时，Arm&Hammer 公司销售收入很低，于是，公司召集员工思考烘焙苏打的其他用处。员工们灵感四溢，创意迭出，提出将苏打用于洗衣服、除冰箱气味和拌猫食等诸多想法。如今，整条生产线生产的烘焙苏打相关产品给公司带来了丰厚的利润回报。另一个例子是，安东尼·富尔特瓦洛（Antoine Fuerchtwanger）在芝加哥博览会上，出售了法兰克福香肠，但顾客抱怨说在拿香肠的时候烫到了手指。他尝试用手套隔热，但客户还是不太满意，最后，他将面包卷从中间切断，并把法兰克福香肠放在切断的部位，于是产生了热狗。其实，热狗与包子的相似性表明了两者之间存在的必然联系。

（6）消除（eliminate）。寻找放弃或停止行动时的机会。当产生以下问题的时候，会出现什么样的产品或服务：如果人们足不出户就可以去超市购物？如果能不用下车就可以买到东西（或银行交易）？

（7）重新排列或逆反（rearrange）。这项技术的最好的例子是本章开篇时引入的案例，Magnetic Poetry，顾名思义，是一种关于重新安排事物、激发灵感的产品。其他方法包括使用逆反心理或悖论挑战旧的思维方式。例如，使用兴奋剂使患有过动症的孩子安静。

在应用替代方案和机会筛选问题上，SCAMPER 是企业主和员工的好帮手。SCAMPER 方法可以产生超越常规地看待机会或解决问题的方式，提供推动企业超出传统领域专业知识的线索，鼓励人们尝试其他有趣的新方式。通常，极富创造性的主体会产生很多的疑问,创意企业家会挑战事物的出现方式,以了解是否能找到新的做事方式。高度创新的企业并不是因为企业主或环境有何神奇或幸运,而是个人或团队背后存在着不停产生疑问的结果。以下是帮助你把创新精神注入自己的业务框架中的建议。

四、灵感的商业模式实现

(一)避免创新的陷阱

在新经营灵感的驱动下,头脑中初次产生的好灵感会令自己兴奋,从而难以割舍,甚至当时间较紧时也无法放弃。企业主试图让企业变得更具创新精神时,有五大陷阱可能导致企业经营失败。因此,必须观察从事的业务中是否存在陷阱,从而在把握机会时有效回避这些陷阱或风险。

第一,识别错误的问题。错误的问题可能是指不能解决的问题或并不如预期的机遇。例如,合成纤维生产商集中员工共同努力帮助寻找减少产品制造成本的办法,经过数天时间的头脑风暴后,发现并不能得到任何有趣或有用的解决方案。于是,员工开始逆向思考,把关注的思路从"减少"转向"增加",比如,增加产品线中部分产品的销售利润。员工是如何改变所关注的问题的?他们只是在更大的范围内研究了盈利能力(而不是成本),发现真正的问题是低利润。

第二,判断灵感过于迅速。许多商务会议上,当有人提出一个新的想法或做法时,往往听到的第一个反应是:"我们之前已经尝试过,但是没有什么结果。""老板不会愿意去做的。""这不在预算内。"或者经常听到"是的,但是……"人们往往过早地判断灵感,而不是花点时间来发问:"这个灵感哪里是对的?"或"如何改进其灵感?"

第三,停止第一个灵感。初次产生的灵感一般不是最好的,因为最容易想到，所以毫无疑问竞争对手也会想到。在心中产生灵感后，最好的灵感会有点滞后。例如，使用 SCAMPER 这样的工具，鼓励探索更深人的东西，而不仅仅是浅尝辄止。

第四，不要"在车上抓强盗"，而是寻求支持。想象一下 19 世纪末美国西部列车的状况。当时，土匪经常在铁轨上放置炸药以阻止列车前进，怎么防范这种情况？一种方法是在火车上抓住强盗，但效果如何呢？对现代企业而言，这意味着，首先，必须了解需要拥有谁的支持或谁可能会破坏企业的项目，其次，构建联盟与他们共同参与项目。如果需要员工的参与或供应商的协作，尽早邀请他们加入，以避免后续问题。

第五，遵守不存在的规则。有时人们会在自己面前设置障碍：有些事情看似当然，实则大可不必。或者，相反，有些事情好像无法做到，而实际上却没有任何理由做不到。企业主需要完成全部工作，或所有的销售电话，或解决所有人的问题（包括员工或合作伙伴的问题）吗？如果认为需要，请仔细斟酌前提假设。

（二）确保灵感的可行性

在实施业务灵感之前，首先应该检验其可行性，即检验灵感可行和切合实际的程度，同时，还要意识到内部（企业）和外部（产业、市场和规制环境）因素对业务的影响。可行性研究从五个主要方面进行仔细调查：整体经营理念、产品/服务、行业和市场、财务分析（获利能力）以及未来的实施计划。因此，需要仔细研究业务机会在这五个方面的优势和劣势。

基于引导测试（pilot test）的概念模型，可以开发出一种低成本、低风险的可行性测试方法。实际上，创建一个基础的电子商务网站的成本非常低廉。使用互联网服务供应商提供的创建电子商务网站软件，只需 10～20 美元/月；如果创建的只是提供信息的网站（最常用的是服务提供商），其成本将更低。通常，谷歌、Napster、Facebook 和其他网络公司的创建，可以划分为四个阶段，如图 8-1 所示。

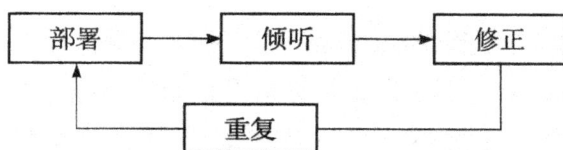

图 8-1　快速原型制程网站

上述创建方法和过程表明,中小企业创建产品和服务网站,将所要提供的产品或服务联机(部署),并开始投放广告,然后通过跟踪调查访问网站的顾客的搜索关键词和其他相关网站来了解其反馈,重要的是确定他们是否购买,即所谓的转化率(conversion rate)。在消费者完成购买或关闭网页时,通过电子邮件或快速网络问卷,询问买家及非买家是否喜欢该网站,给予访问者讨论板或电子邮件的形式以获得反馈,旨在从主动和被动两个方面了解市场。

基于客户和访问者的反馈,快速解决(修订)无效问题,加强和促进看来效果最好的功能。通常,在数天内必须快速完成这些功能的修改。如果反应足够迅速,修改的时间更应缩短至几个小时。通过不断修改,直到灵感的可行性变得清晰。若不管如何修订,灵感都不具备清晰的可行性,则坚决放弃。一般而言,通过网站访问者和客户的反馈来处理一些小问题的投诉或要求,以便能够确保网络的做法接近最终形式。使用引导测试法的策略是,要向潜在合作伙伴、投资者或银行家,展示灵感产生的销售市场,实质上,就是要表明产品或服务实际销售的"布丁里的证据"。能获取访问者转换为客户的数量(转化率),是一种强有力的证明灵感潜在可行的方式。对于小规模的灵感或那些基于网络的方法,网站的引导测试模型试验可以快速轻松地提供强大的结果。

(三)保持创造性的途径

完整的机会识别和评估过程包括商业灵感的产生、灵感评估、可行性确定等。但即使很有章法地按照拟定途径创业,生意业务也非常成功,且最终实现创业目标,机会识别和评估过程也不会终止。这是因为企业家和中小企业业务的本质是,永远追寻新的市场机会。因此,机会识别和评估是一个持续的过程。成功的企业家从来不会陶醉于过去的荣誉而驻足不前,他们认为成功永远存在。中小企业主经常忽略建立正确思维和行动方式的企业文化,这种企业文化鼓励新的创意灵感并接受变化,且在企业雇佣员工时也非常重要。企业雇佣的员工若没有创新思维,会令人非常沮丧。实证研究发现,很多企业主确实因此而失望。

创新是企业家精神的核心。当人们创业或称为企业主时,通常是一个新的开始和新的体验,有些企业把新的灵感或者新的转机,建立在现有想法之上,对此,在投入成本之前,要思考哪些想法最有意义,以使追逐利润的决策者不会后悔。这就是以上所述的机会识别处理、灵感筛选加工和可行性发挥作用的地方。企业面对的最大挑战之一就是保持对这些改变过程的控制,即掌握和创新的时机和方式,有时甚至难以考虑新的方式。

第二节　中小企业技术创新战略

一、中小企业技术创新特点

(一)中小企业技术创新在许多产业占据主导地位

中小企业技术创新的产业分布是非常广泛的,几乎所有的产业领域都有中小企业在从事技术创新活动。在近些年出现的一些新兴产业中,中小企业的技术创新活动更加活跃,极大地促进了这些产业的发展和成熟。网络服务和进网设备产业是一个发展迅速、范围广大的产业领域,但由于技术和市场变动大,信息网络的体系结构和技术标准目前还有一些不确定因素,从而为那些勇于冒风险的小型高技术公司创造了机会,同时也制约了大公司的积极性。尤其是在小的、特殊的消费市场里,中小企业往往是唯一的产品和技术的提供者,如户外运动用品是一个典型的消费产品产业。由于该产业的特点,难以引起大公司的兴趣或者大企业根本不适合进入该产业,因此就成为小公司驰骋的天地。总之,与大公司相比,小型高技术公司在创造新产品和服务、探索开发新产业和市场等方面发挥着独到的作用。

（二）中小企业的技术创新活动具有充分的活力

中小企业技术创新在质和量两方面都体现出很高的水平。一方面,中小企业创造了相当数量的技术创新成果。据资料统计,在美国,中小企业创造的技术创新成果和新技术数量占全国总数的55%以上,高于中小企业就业人数占全部就业人数50%的比例。另有资料表明,中小企业每个雇员(包括不从事技术创新活动的雇员在内)技术创新成果为大公司雇员的两倍,这不仅限于一般影响较小的产品创新,而且也包括具有重大意义的技术创新。另一方面,中小企业能够创造出高水平的技术创新成果。20世纪由美国中小企业创造的重大技术创新成果包括:飞机、喷雾器、DNA指纹技术、人造生物胰岛素、录音机、双编纤维、光纤检测设备、心脏阀、光扫描器、步速器、个人电脑、速冻食品、软接触透镜以及拉链等。

从我国的现状来看,中小企业的产品更新、设备更新等方面的技术创新也要快于大型企业。有关部门对天津、上海、湖北等地的大、中、小型企业进行了调研,其结果表明:近20年来,工业部门自己创造的新技术、新工艺、新产品、新设备,大约有75%～80%来自中小企业。

因此,中小企业的技术创新活动确实具有充分的活力,它们创造的成果和产生的影响不可忽视。

（三）中小企业技术创新的周期相对较短

中小企业资金相对较少,科研力量相对薄弱、设备有限,这就决定了它在技术创新方向的选择上比较重视应用型技术创新,而对投资多、见效慢、规模大的基础性技术创新很少问津,因此,创新速度相对较快。1997 年来自日本的一项调查显示,按照顾客需要进行技术创新的,在中小企业中占 64.5%,在大企业中占 54.5%;根据研究开发人员自己的想象力和超前观念进行创新的,在中小企业占 35.4%,而在大企业却占 45.5%。这说明小企业更注重顾客的眼前需求,而大企业却勇于向顾客推荐自己的创新成果。

(四)中小企业技术创新表现出较高的效率

统计资料表明,中小企业从每单位销售额所能获得的专利成果大约为大企业的两倍。资料表明,中小企业从事 R&D 公用的科学家与工程师占全部雇员的比例约为 6.41%,而在大企业中这一比例仅为 4.05%。另据调查,拥有知识产权的小企业平均拥有 61 个雇员,其中 19% 的雇员从事 R&D 活动,相比之下,拥有知识产权的大企业平均拥有 12 879 个雇员,其中从事 R&D 活动的雇员仅占 3%。从研究开发经费支出的回报来看,中小企业也更具效率。

(五)中小企业技术创新更有赖于与外界的合作

中小企业的技术转移意味着中小企业技术创新活动并不局限于技术的发明与创造,而更多的是在高技术成果的应用和商业化方面。中小企业的技术创新有赖于中小企业与外界机构的密切合作与联合。据美国中小企业管理处的资料,在没有大学参与的 R&D 活动中,大小企业的投资回报率都为 14%,而在有大学参与的 R&D 活动中,大、中小企业的投资回报率分别为 30%、44%。瑞典国家工业与技术发展局(NUTEK)的研究也表明,通过 R&D 合作,小企业可以明显提高其技术创新的能力。此外,中小企业的技术创新往往需要外界在法律、会计、银行系统、资本市场以及技术、信息等多方面的帮助和指导,还需要已有的商业、技术基础设施的充分支持和中介机构的帮助。能够更好地处理企业与社会、市场等的关系,这也是中小企业技术创新的重要特征之一。

(六)中小企业技术创新需要政府的大力扶持

中小企业技术创新面临着多方面的挑战和不利因素,这是一个不争的事实。这些不利方面包括获得资金的能力不高,信息、技术、人力资源的缺乏,雇员福利引起的成本增加,政府行政管理方面的过高要求,以及承担的各种文字报告等。因此,与大企业相比,中小企业技术创新更需要政府采取措施,直接和间接地从各方面对其加以扶持。各方面的研究也显示,政府有意或无意的行为都对中小企业的技术创新活动发挥着相当大的影响,政府可以通过政策和法律等手段有效地鼓励和促进中小企业的技术创新活动。

中小企业在技术创新中的优势,同时也存在诸如资金筹措难度大、缺乏称职的技术人员等劣势。就我国目前中小企业技术创新和发展的现实来看,急需从建立宏观管理体系、建立统一的法律体系、建立政策支撑体系、建立社会化服务体系四个方面扶持中小企业的技术创新。

二、中小企业技术创新动因

中小企业技术创新的动因,主要是指启动中小企业技术创新过程或行为的原因。目前,比较一致的看法是,推动企业技术创新的动因是技术推动、市场(或需求)拉动,以及两者的综合作用等。一般来说,中小企业技术创新的外部动力因素包括:技术、市场、政府动力因素;内部动力因素包括:企业技术创新能力、企业家创新精神。本节拟从技术创新动力分析入手,并在此基础上,推导出动因过程模型。

(一)技术创新动力

所谓技术创新动力,是指推动企业技术创新的某种力量或各种力量的集合。

有人根据动力的来源不同,又将技术创新动力分为来自企业内部的内部动力或称内生动力,以及来自企业外部的外部动力或称外生动力。如图 8-2 所示。

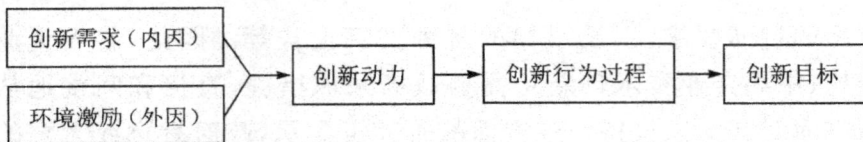

```
┌──────────────┐
│ 创新需求(内因) │───┐
└──────────────┘   │    ┌────────┐    ┌──────────┐    ┌────────┐
                   ├──▶│ 创新动力 │──▶│ 创新行为过程 │──▶│ 创新目标 │
┌──────────────┐   │    └────────┘    └──────────┘    └────────┘
│ 环境激励(外因) │───┘
└──────────────┘
```

图 8-2   创新过程原理图

可以看出,推进企业技术创新过程,进而实现创新目标,主要是来自企业内部的创新动力。它是环境激励(外因)作用于创新需求(内因)后出现的结果。

创新需求是企业创新欲和创新能力两者的统一,创新需求的形式主要取决于以下因素。

(1)企业对技术创新的概念、原理、作用和方法等的了解和掌握程度。在实践中,有较多中小企业对技术创新并不是很了解,更谈不上掌握了。这就很难产生想要做出某种行为的欲望。

(2)企业对物质利益的追求。技术创新活动给中小企业带来的利润回报大于风险可能会带来的损失时,这种技术创新欲望就会油然而生。

(3)企业家精神的实现。技术创新活动恰恰是最能够体现企业家才能和智慧的理想舞台。

(4)企业现有的技术创新能力,特别是研究开发能力。这是中小企业开展技术创新活动最起码的条件。很多中小企业技术创新能力并不很强,但如果能够借助某种外力就可以萌生创新需求,并使其变为现实。

环境激励主要来自三个方面:技术发展、市场作用、政府推动。这三个方面均可以从不同的方面激发中小企业技术创新的需求,进而产生创新动力。

通过上述分析可以看出,技术创新动力形成的过程也是环境激励作用于创新需求,并使创新需求得以某种满足,进而形成创新动力的过程。因此,创新动力来源于企业的创新欲望、创新能力和环境激励,是三者共同作用的结果。

(二)技术创新的动因——过程模型

所谓技术创新动因——过程模型,是将企业技术创新动因和技术创新过程两者联系起来的模型。在这里我们首先给出一般形式的动因——过程模型(见图 8-3)。

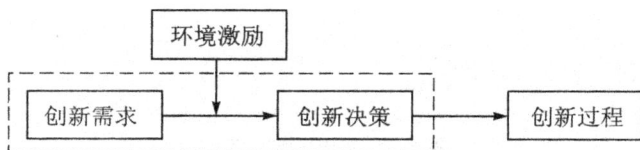

图 8-3 技术创新过程模式图

值得指出的是,经济体制不同,中小企业技术创新的环境激励也会有所不同。进入 21 世纪后我国已建立起社会主义市场经济体制,但原有的政府主导型的计划经济无时无刻不在对我们的经济发展和社会生活等诸多领域产生这样或那样的影响。

在纯计划经济体制下,企业只不过扮演"附属物"或"实验工厂"的角色。反映到创新过程中,中小企业并不经历起始的创新构想阶段、研究开发阶段,以及最后的销售阶段,而取而代之的是试制阶段和按计划分配阶段。因此,纯计划经济体制下的中小企业技术创新动因——过程模型,如图 8-4 所示。

图 8-4 计划经济体制下的创新动因——过程模型

　　纯市场经济体制下的动因——过程模型,该类模型源于西方国家,按提出的时间顺序和内容分为技术推动模型、需求拉动模型和交互作用模型。

　　(1)技术推动模型,如图 8-5 所示。人们早期对创新过程的认识是:技术创新是由基础研究或科学发明推动的,从而推进企业研究开发、生产和销售,最终引入市场,即市场是企业研发成果的被动接受者。特别是出现某种重大技术突破时,随之而来的就会出现大量符合这种类型的创新。例如,无线电和电子计算机的发明导致的大量创新就属此例。因此,中小企业要认清和运用技术推动型技术创新规律,积极捕捉技术机会,促进创新成功。技术推动模型对国家制定科技政策和产业发展政策也会产生不可低估的重大作用。

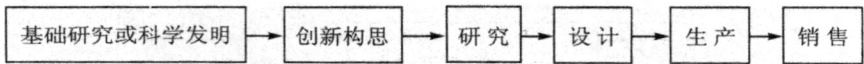

| 基础研究或科学发明 | → | 创新构思 | → | 研究 | → | 设计 | → | 生产 | → | 销售 |

图 8-5　技术推动模型

　　(2)需求拉动模型,如图 8-6 所示。这是 20 世纪 60 年代中期由施莫克乐提出的模型。该模型认为,企业的绝大多数技术创新并不主要是由技术推动而引发的,而是需求拉动起到了更为重要的作用。这种需求可以是消费性需求,也可以是生产性需求。进一步研究表明,有 70% 左右的创新是由市场需求引发的。因此,对广大中小企业来说,需求拉动型技术创新更为重要。

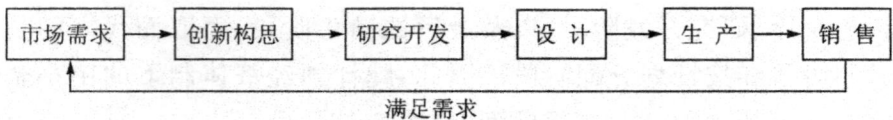

| 市场需求 | → | 创新构思 | → | 研究开发 | → | 设计 | → | 生产 | → | 销售 |

满足需求

图 8-6　需求拉动模型

　　(3)交互作用模型。20 世纪 70 年代和 80 年代初期,人们在前两种模型的基础上又提出了交互作用模型,如图 8-7 所示。该模型认为,企业的技术创新是由技术推动和需求拉动共同作用的结果,技术推动和需求拉动在产品生命周期及创新过程的不同阶段有着不同的作用,单纯的技术推动和需求拉动创新过程模型只是交互作用创新过程的某种特例。同时创新过程中各个环节之间也存在着交互作用。

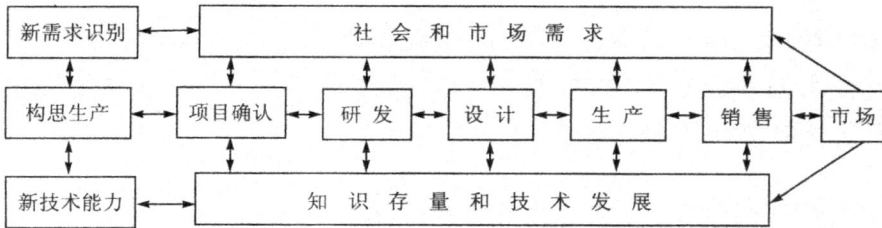

图 8-7   交互作用模型

处于经济转型期的国家或地区,需求拉动作为中小企业技术创新的动力常显不足;另外,多数中小企业自主创新能力也远不如大型企业,如果把技术推动作为中小企业技术创新动力也有些"牵强"。但如果有政府出面,协助和扶持中小企业技术创新,就会使上述问题迎刃而解。不仅如此,在中小企业技术创新的各个阶段(研发、设计、生产、销售阶段)上,也面临着诸多困难。因此,政府应作为"第三推动力"来推进中小企业技术创新,并作用于各个阶段上。据此,我们可以设计出转型期的中小企业技术创新过程的动因——过程模型,如图 8-8 所示。转型期的动因——过程模型对各国的中小企业技术创新具有普遍的意义。

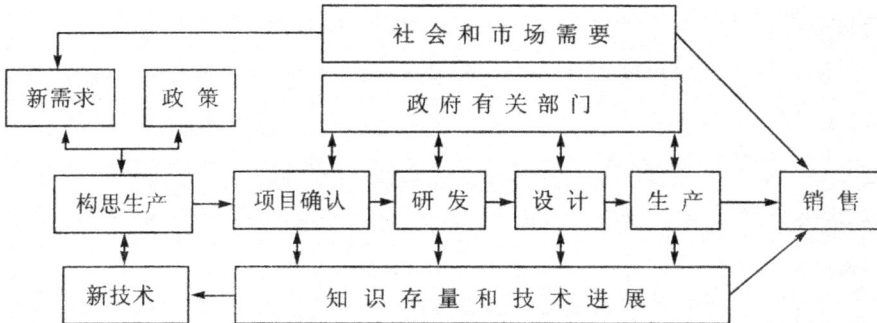

图 8-8   转型期的动因——过程模型

三、中小企业技术创新的战略类型

中小企业在确立了自己的技术创新战略目标(产品创新、服务创新、工艺创新、管理创新中的某一项,或上述两项或三项的组合创新)后,需要依据自身的技术创新能力以及市场等因素来进行技术创新战略定位,并要进行类型选择,以为实现战略目标确立行之有效的途径。

(一)进攻型、防御型和游击型战略

就企业面向市场的表现而言,企业创新战略包括进攻型战略、防御型战略和游击型战略。

1.进攻型战略

企业在引入创新技术或产品方面领先于其他竞争对手,从而获得市场领导者的地位。进攻型战略的行为特征是通过竞争主动地向前发展,可分为产品进攻型战略、成本进攻型战略和市场进攻型战略。

(1)产品进攻型战略。该战略是企业以产品为中心展开的竞争行动,侧重于产品结构、技术开发、工艺装备配备和生产体系建设,表现为扩大投资和向新领域扩展的竞争活动。典型的产品进攻型战略形式有:单纯扩大生产规模的战略;产品前向一体化和后向一体化战略;产品系列化战略和多元化发展战略等。

(2)成本进攻型战略。企业之间竞争的一个最基本的主题,就是以尽可能少的投入生产成产品,并把它销售出去。因而成本进攻型战略的本质就是以最低的成本或明显的成本优势进入市场竞争。这一战略包括两个基本的选择:低成本战略和成本互补战略。

(3)市场进攻型战略。市场进攻型战略就是通过各种营销手段来提高企业产品的市场占有率和市场覆盖率。市场占有率强

调的是"点"的重要性,而市场覆盖率则重视的是"面"的重要性。因此市场进攻型战略的选择需要从提高市场占有率和市场覆盖率两个方面入手。

2.防御型战略

防御型企业往往采取一系列措施建立进入壁垒,当被竞争对手攻击时,能够有力地还击。一般来说,防御型战略分为主动防御型战略和被动防守型战略。

3.游击型战略

采用这种战略的企业往往处于技术与市场劣势,为了打破现有技术和市场格局,这种战略倾向于推出一种新的技术取代占统治地位的现有技术,打破优势企业的阵脚,以求重新瓜分市场。游击型进攻行动所秉承的原则是"打一枪换一个地方",游击行动特别适合小的挑战企业。发动游击型战略的方式有这些特点:追寻那些对主要竞争对手来说很不重要的顾客和对竞争对手品牌忠诚度最弱的顾客;对竞争对手鞭长莫及且资源分布很稀薄的地区集中资源和精力;运用一些策略对竞争对手进行小型、分散、随机的攻击;出其不意地采取一些临时但是集中的促销活动抓住那些如果不采取促销活动就会选择竞争对手的顾客。当然,如果竞争对手采取了一些不符合道德规范或者不合法的竞争战略,对此要给予关注。

(二)领先、紧跟、跟随战略

就企业的技术因素和市场因素相结合而言,企业技术创新战略分为:领先创新战略、紧跟创新战略和跟随创新战略三种类型。

1.领先创新战略

领先创新是指一个企业领先于其他企业而首次将科技成果市场化(或首次推出新服务),并获得相应的经济回报。采用这种战略定位的企业应至少具备如下六个条件:企业应具有雄厚的资金储备或资金来源;企业应具有很强的技术研究和技术开发能力;企业供应和生产等后续部门能够密切配合,能够迅速将研究开发成果产品化;企业具有较强的市场营销能力;企业必须要有很强的知识产权保护意识;企业还必须拥有持续创新能力。如果领先企业能够持续创新——进一步推出新产品,就能够保持住这种技术的领先地位。成都彩虹公司推出的创新产品彩虹灭蚊器 1 型在 1987 年首次面世后,仿制者接踵而至。而仿制者仿制的灭蚊器 I 型产品尚未上市之时,彩虹公司已陆续推出 n 型和 m 型产品,他们这种始终领先模仿者的战略定位,确保了彩虹公司在灭蚊器市场上长期保持技术的领先地位。该战略的优势:在一定时期内享有一定的超额垄断利润;可以确立该企业处于领先地位的市场形象;可以为企业在某些方面赢得一定的优于其竞争对手的优势。但领先企业需要花费大量时间或精力去开拓市场。

2. 紧跟创新战略

紧跟创新是指企业积极学习领先者的创新成果或创新行为,并在此基础上加以不同程度的改进或创造面向市场的更新产品,获取市场回报的创新战略。紧跟创新经历一个"学习—仿制—创造"的过程,采用这种战略定位的企业往往会后发制人,成为市场竞争的优胜者。紧跟创新战略应具备四个条件:企业具有较灵敏的市场辨识能力和较快的响应速度;企业能尽快地获取领先者的创新成果及有关技术知识,并具备消化、吸收和持续创新的能力;拥有足够的生产能力和市场营销能力;在一定时期内,与领先者拉开适当的距离。

值得指出的是,采取紧跟战略并不意味着企业内的研究开发能力低于领先创新者。采取紧跟战略的企业通常把大部分精力用于开发上而不是用于研究上。在最近 20 余年中,日本一直采取紧跟战略来发展自己的产业,而美国一直扮演着领先者的角色。该战略的优势:紧跟者可以利用创新者的成熟技术或领先者创造的市场需求，形成后发优势；紧跟者可以减少创新成本；紧跟者可实现跳跃式的技术积累。但在紧跟者的仿制创新过程中，容易遭遇"知识产权陷阱"；紧跟者的市场开拓往往有一定难度。

3.跟随创新战略

跟随者既不同于领先者追求卓越——"世界第一"；也不同于紧跟者，随时蓄势而发，一旦有机会就要超越领先者；而是处于"中游"等待时机。一旦条件成熟，才乘势而上。跟随创新属于低水平上的地区性的技术创新，仿制是这种战略的主要手段。这种战略定位往往适合于发展中国家的众多的中小企业，他们可以利用地区因素或产业"空隙"因素，或价格因素，通过仿制创新，来实现技术创新目标。

跟随战略应具备的条件。定位于跟随战略的企业通常应具备如下条件：跟随战略虽然以仿制为主，但仍需企业具有一定的研发能力和研发投入；具有较强的设计、生产和营销能力。努力做到技术上的本土化，需求上的"空隙"化，以及价格上的合理化；能够在仿制基础上再创新。采取跟随创新战略的企业要尽量提高仿制起点，最好是仿制他人并未完全占领市场的创新成果。例如，在20世纪60年代美国通用电气公司领先研究并开发了砷化镓，主要用于人造卫星电器网络和超级计算机芯片。然而，日本则利用砷化镓来制造激光器中的二极管和其他电子元件，其年销售额已达14亿美元。目前日本企业所生产的砷化锌元件占据世界市场的2/3。

中国加入WTO后，随着关税的降低，我国的关税保护作用将逐渐丧失，这样有利于国外产品的进入，会给跟随者带来许多困难。但是，如果在产品本土化、产业"空隙"化、产品价格等诸多方面下功夫的话，仍然可以使跟随者立于不败之地。

从上述分析可知，技术创新战略定位关键取决于中小企业的总体经济实力、技术创新能力，以及创新目标与企业相关产品的关联程度，取决于企业对有关领先技术的跟踪和掌握程度，还取决于企业家的胆识、智慧和决策能力。任何企业的技术创新都要有一个战略定位问题。领先、紧跟、跟随三种战略各有其运用条件或优缺点,中小企业在制定创新战略时应根据自己的实际情况从中进行分析选择和定位。对于具有较强经济实力和技术创新能力的中小企业来说,则可以将自己定位于进攻型、防御性战略或领先型、紧跟型战略。对于不具备上述条件的中小企业,则可以把自己定位于游击型战略或跟随型战略。随着企业的持续创新,技术能力增强,再向进攻型、防御型或紧跟型、领先型演进。

第九章　中小企业战略实施与控制

公司在确立经营战略之后，战略管理过程并没有走到终点。必须将战略思想转化为战略行动。如果公司的管理者和员工能够理解业务，感受到自己是公司的一分子，并通过参与战略制定努力帮公司获得成功，这种转化会更简单些。如果没有理解和付出，战略的实施将面临很多问题。

第一节　战略实施

战略实施是指将公司制定的战略计划付诸行动的过程。企业战略的实施是企业在管理过程中必须进行的阶段，是比战略制定更加重要的过程。

战略实施是一个动态的过程，是公司在发展过程中不断进行的措施实施。是由上往下发展的，是在公司制定好战略计划之后，在公司的上层得到认可，然后再向中下层传达，在各项工作中不断进行分解、落实。这个过程是需要不断进行分析、决策、执行、反馈等一系列的过程，最终达成战略计划的实施目标。

一、问题诊断与变化分析

（一）问题诊断

企业要实现自己的战略目标，不仅要正确地制定战略，而且还要有效地实施战略。所以在战略实施以前，要分析战略制定和战略实施的不同组合。

在成功中，企业不仅制定适合的战略而且能有效地实施，即战略制定与实施的最好组合，促使企业目标的顺利实现。

在摇摆中，企业没能完美地制定自己的战略，但执行过程却是严密、有序的，这样可能导致两方面的结果：一方面是尽管企业认真执行了这一不适当的战略，但结果仍然是失败；另一方面可能因为经过完善的实施过程，为了使战略取得成功，必须克服所有可能出现的问题。在企业战略出现这种情况时，在实施过程中，及时对所处环境进行了解并适时调整战略计划，以应对所有问题。

在艰难中，尽管企业已经制定了较为完善的战略，但战略的实施却不尽如人意，结果使战略目标不能顺利实现。在这种情形下，企业应分析整个战略实施过程中存在的问题及其原因并做出相应的调整。

在失败中，企业未能制定适当的战略，也不能有效地实施战略。这样的战略一般较难取得好的结果。

通过对战略问题的诊断，我们发现，战略的实施与战略的制定同样重要，企业管理者应该对战略管理发展的所有过程都加以重视，在战略实施过程中是否出现，以及可能会出现问题进行预测，应当及时地对战略不完善的地方进行补救，找出问题出现的原因，更好的解决问题。

（二）战略变化分析

企业在实施战略前，首先要清楚地认识到企业会发生什么样的变化，才能成功地实施战略。在实践中，实施战略所引起的企业变化程度各不相同，有些战略只要求企业在某一方面发生微小变化，而有些则要求企业业务彻底改变。按企业战略对企业变化的要求程度不同可将企业战略变化分为以下五种类型。

（1）原有战略变化。是企业已经制定好并进行的战略实施，在取得稳定发展的条件下，继续使用原来制定的战略。由于管理人员对其执行过程比较熟悉，所以企业只要保证在战略实施过程中一切都能按原计划进行，能达到成功地实施战略就可以。

（2）常规战略变化。企业在经营过程中，为了符合市场发展的要求，必须做一些调整，才能充分地吸引顾客以达到将产品销售出去的目的。企业要分析和预测市场的反应，继而调整相应的生产经营活动。这样才能在市场经济发展中立足。

（3）有限战略变化。也称局部的战略变化，是指企业在原有产品系列的基础上，开发新市场的新产品时，只做出有限的改变，这种产品更新一般只是形式变化。若涉及技术更新或其他产品特征的彻底更新，则需要在生产和营销上做出重大举措，这将会给战略实施带来更复杂的问题。

（4）彻底战略变化。企业在发展过程中，调整企业内部的各项部门方案，为了适应经济市场的发展，而进行的一系列的调整，或者是企业为了同其他外部企业进行合作或者联盟，作为新的集体而进行的组织调整，开发新的经济市场，形成新的企业文化等。

（5）企业转向。即企业改变原有的经营方式，重新转变或者投入其他行业。一般会有两种情况，一种是相近行业的转变，从一个行业转变为另一个相似或者经营产品类似的行业；另外一种就是截然不同的两个行业，这种转变会有很大的困难，所以战略实施的步骤将会更加复杂。

二、战略计划

企业战略计划是企业根据企业发展过程中的内部环境和外部环境等所制定的关于企业管理的重大计划，包括人力资源方面、生产管理方面、营销管理方面、财政管理等等方面。其是随着企业的发展过程不断进行修订的一种管理过程。它强调企业组织的整体性，而不限于市场营销一个方面。尽管如此，市场营销部门在企业战略计划中起着重要的作用。

（一）战略计划与一些相关概念的区别

（1）与长期计划的区别。长期计划是企业在稳定的经营环境下所制定的,如何实现自身目标的过程,即企业在可能预见的条件下,开发或者经营各种项目的实施;而战略实施却是可以根据环境的变化制定一些符合当下的措施,对会出现的突发状况进行补救或者完善,以求能改变的应变措施。二者的分析方法不同,长期计划一般是使用历史数据来预测未来,而战略计划则采取另外一些分析方法,如进行前景分析、竞争分析、战略组合分析及环境分析等,来确定最佳决策。

(2)与经营计划的区别。经营计划追求近期企业利益,往往是针对一次具体的业务活动制定相应的目标及计划;而战略计划则是谋求企业的长期发展,着眼于企业的未来,二者的出发点不同。

(3)与预测的区别。预测是指在不确定近来会发生的事情的前提下,寻求并制定出来的方案以防出现的问题;而战略实施计划不仅需要预测未来会发生的事情,而且要考虑对企业可能出现的影响,根据时局的变化,制定适合企业发展的战略,具有一定的主动性。

(二)战略计划的目的

西方企业管理学家对战略计划的目的有不同的看法。斯坦勒认为,一个战略计划可能有若干个目的。主要包括:

· 企业经营领域的调整与选定。

· 提高企业的盈利能力和创造能力。

· 将资源集中在重大区域,缩减业务。

· 分析企业的形式,并与当前形势做比较,使企业了解自己的长处和短处。

· 取缔效益差的经营单位或者业务。

· 为企业的发展制定可供参考的意见或者建议。

· 为上层管理者提供有效的实用信息,帮助制定计划决策。

· 建立有效的内部调节机构,能够顺利地进行沟通。

· 控制企业的生产经营活动,根据环境所需,及时调整企业的发展方向。

·培训管理人员,使他们了解企业所面临的环境变化,提高其应变能力。

这些目的彼此交融,共同构筑了企业战略计划系统的整体。

(三)战略计划的作用

指导并支持战略管理。高层管理的首要任务是制定与实施战略。企业需要制定和实施什么样的战略计划,通过哪些方面来考虑这个问题,企业是一个什么样的企业,以后要成为一个什么样的企业,这些问题的解决都是需要企业制定相关的战略计划的。企业制定怎样的计划,建立怎样的目标,该怎么实施,都是企业发展过程中应当考虑的问题。战略计划是所有管理者的职能。企业各个层次的管理人员都应参与到相应的战略的制定和实施过程中去,只不过参与的程度和方式因其所在的管理层次以及与战略的相关程度不同而异。从实践来看,企业的管理者很难将工作按不同的职位进行区分,特别是高层管理者,许多职能集于一身,共同发生作用。通常在计划的同时,管理者也承担着具有组织能力和指挥领导能力等作用。

所以,制定和实施战略计划是每个管理者的职能,起着指导战略管理、维系与协调战略管理和具体业务管理之间关系的作用。

(四)战略计划系统的设计

1.影响因素分析

在战略管理过程中,一个企业的管理会受到来自社会各方面的不同因素的影响,对于所有企业普遍适用的战略模式,一般包括以下几个方面。

(1)企业规模对战略计划的影响主要表现在:从企业的形态来看,一般分为两种模式的企业,一种是大型企业,一种是小型企业,小型企业是比较灵活,正式度不高,因此,比较好经营管理,计划的实施效率也比较高;相较于简单的小型企业,而大型企业是比较严谨,规范的,所以计划起来要更加周密,计划的规范程度更高。

而且,小企业的管理者一般把大量时间和精力花在当前的生产经营上,很少有时间进行战略思考;而大企业的战略计划较为复杂,各层管理人员各负其责,使高层管理者有更多的时间去研究全局性的战略问题。从组织结构来看,企业的组织方式,尤其是大企业的组织方式对计划系统有很强的影响。一般来说,集权制的企业如果生产经营业务比较单一的话,企业的计划系统也会相对简单一些;而分权制的企业由于经营业务广泛且独立,企业的计划系统会较为复杂。

(2)企业高层管理者的思维方式,管理方法以及解决问题方面的方式,领导下属处理沟通问题的办法,对整个企业的战略发展都是有影响的。研究企业领导管理者的管理风格,会对一个企业的发展具有很大的作用。一个企业的发展,跟企业领导人是有很大的关联的。

(3)根据一般情况来说,在企业中,生产过程中越是烦琐复杂,相对而言的计划系统就越需要格外的正式、详细到位,包括高科技企业和资本密集型企业。当然,与之相对应的,生产过程越是简单便捷的企业,它所针对的计划系统就越发简单了。如果企业处于一个相对稳定的环境中(行业竞争实力弱,宏观环境长期稳定),一般很少有战略计划,只要按部就班运营即可;但如果企业处于复杂多变的环境中,且竞争压力较大时,企业不仅要制定相应的战略计划,而且该计划要有一定的灵活性。

(4)在企业面临巨大问题的时候,就需要根据企业当前的情况,制定符合企业发展并能解决问题的战略计划,如果问题简单,则只需要制定简单的计划系统,甚至不需要具体的战略计划。

除了上述的几种情况以外,还有其他的因素会影响企业战略计划的实施,战略计划的目的、改变组织结构的能力、有效制定计划的信息等。对不同条件的企业其影响因素和因素的影响程度都会有所不同。所以,企业在设计战略计划系统时,要从实际出发,找出关键影响因素进行分析,切忌照搬其他企业成功的战略计划。

2.企业战略计划的制订程序

一般分为 3 个步骤,其中涉及 3 个管理层次,即总部、经营单位(事业部)及职能部门。

(1)建立企业的总体目标,制定事业部的战略方案。企业总体目标的建立一般是由企业总部和事业总部的负责人来进行制定企业战略实施,规划企业的目标方向。根据制定的战略目标,企业的各个部门根据计划实施战略。最后,企业各个部门在实施战略计划的过程中总结经验,并在企业总部资源的配置方面,阐明企业的总体战略方针。在企业总体目标确定以后,要求各事业部制定详细具体的战略方案,说明该事业部所确定的经营活动范围和活动目标,提出近期的各项业务目标。各事业部明确界定自己的生产经营范围,可以减少各事业部之间相互竞争的风险,各事业部制定战略方案后,由企业总部对各事业部的方案进行协调和平衡。

(2)为了保证战略计划的实施,事业部和职能部门在涉及协调与战略实施计划行动的协议中,一般不会明确确定营销目标和利润目标,只是概括地指出协议中的内容。计划的过程中如果内容太过详细、周密,会使各职能部门丧失主动性和创造能力。事业部和职能部门的协调与实施的重点就是把事业部的战略计划转变为本部门的计划行动,以保证总体上战略实施的具体操作过程。当然,职能部门计划的范围如涉及项目的数量、时间等,则取决于企业战略目标。比如,一个多角化经营的企业,某种产品的事业部经理,需要重点考虑本事业部的产品系列与企业整体资源的配合,而销售部门的经理考虑的是在计划期内完成扩大市场占有率的任务。

(3)事业部与总部协调。这一阶段,事业部领导需要就工作重点再次与总部协商,决定和分配计划实施所需的资源,主要是安排资金预算。需要注意的是,总部与事业部之间应加强沟通,避免在资源分配和工作计划中出现不衔接的问题;在事业部确定工作计划以后,总部也可根据实际情况,限定资源分配期限,以便更灵活地使用现有的资源和潜在的资源。在资源分配上,总部除了考虑各事业部的需要外，还要从企业整体角度出发进行平衡。

（五）企业任务说明书

1.企业任务说明书的概念

企业任务说明书是企业战略计划制定过程中，用来说明企业所处的经营领域、企业的服务对象、企业存在的目的等问题的重要文件。具体而言，企业任务说明书以书面形式详细说明企业自身的特点，阐明企业的产品和市场的经营范围。它不仅将战略决策者的企业哲学具体化，还揭示了企业所要树立的形象，反映企业的价值观念。微软公司对企业的任务是这样描述的："努力开发那些会使个人计算机的使用者更有力量和得到更广泛信息的与 INTERNET 相关的技术。作为全球领先的软件提供者，微软公司将努力生产那些满足用户不断增长的需求的创新性产品。"

2.企业任务说明书的要素

（1）企业目标。在企业战略管理过程中，目标的制定及其合理与否起着十分重要的作用。一个领域如果没有特定的目标，这个领域必然会被忽视。一个企业如果没有与方向一致的分目标来指导每个人的工作，企业规模越大，人员越多，发生冲突和浪费的可能性也就越大。企业一般都有三大经济目标：生存、发展、盈利能力，这三者构成了企业组织的战略目标方向。

（2）经营理念。经营理念反映或阐述了决策者在企业管理过程中所强调的基本信念和价值观，一般伴随着企业的任务或作为任务的一部分出现，主要通过企业对内外部环境的态度表现来体现出来。一个企业的发展经营，必须是在处理好内外部环境关系上，对外部环境表现在企业与政府、顾客以及其他的关系上；对内则包括企业对其投资者、员工及其他资源的基本态度，最终形成企业内一种普遍适用的行为准则，控制着企业的组织行为，强化自我约束。

（3）产品市场与技术。产品市场与技术共同决定着企业目前与未来的经营活动范围和能力,是企业任务说明书的基本组成部分。产品或服务是企业生存目的的主要表现形式,也是形成企业活动类型的基本因素,而产品在市场上的销路和收益是企业经营成败的关键因素。市场是企业生存的基础和前提,市场首先要满足适合顾客群众的需求,企业要适应市场要求。企业的技术水平是企业立足市场的重要因素,企业只有明确了在市场中的竞争力,才能不断完善充实自己的发展。

（4）自我观念。也称自我认知,即对自己的经营优势和劣势的客观分析来确定自己在行业和市场上的位置,从而与外部环境进行有机协调。

（5）公众形象。企业任务说明书的另一个内容就是企业形象的反映,即顾客和社区公众对企业的期望。企业要树立良好的公众形象,必须重视对商标的培养和维护,坚持积极的商业道德,坚持依法经商,在商务活动中注意环境保护和环境投资,重视维护客户的利益,支持社区建设和教育事业等,都是企业建立积极的公众形象的典型活动。

（六）应变计划

企业在选择了战略之后,还应制定相应的应变计划,即当战略的假设条件发生变化时,或战略没有达到预期目的时企业要采用的临时措施。制定应变计划,首先要识别潜在的机会与问题,主要是市场的重大变化,尤其是主要竞争对手的战略变化或企业内部的资源、组织结构的变化等。在确定了这些潜在问题和机会后,还应估计这些问题或变化发生的概率及对企业的潜在的影响程度,然后根据分析结果,确定相应的预防措施和权变战略。

三、战略实施模式

（一）指挥型

在指挥型战略实施模式中,战略的制定是为了企业更好的发展,是由高层管理人员制定的,即由管理高层参与制定,并指挥管理人员为此战略计划实施的过程。他们一般不去介入战略的具体实施过程。采用这种模式,一般使用行业竞争分析和份额增长矩阵作为分析方法。这种模式的缺点就是不利于调动职工的积极性和创造性。因为普通职工一般没有战略制定的参与权,只是处于被动执行的地位,所以这种模式的使用被局限在一定的范围内,如一些稳定行业的小型企业,或是在原有战略、常规战略变化的条件下。企业实施战略不需要太大的变化时采用。

(二)变革型

是利用新的组织机构和参谋人员向全体员工传递新战略优先考虑的战略重点是什么,把企业的注意力集中于战略重点所需的领域中。建立战略规划系统、效益评价系统,采用各项激励政策以便支持战略的实施。在这种模式中,管理者重点考虑如何有效实施战略,尤其是实施一些复杂的且难度较大的战略。这种模式的局限性在于,不适用于环境多变行业中的企业,而且由于是自上而下实施,员工很少参与战略的制定,不利于调动员工的积极性。

(三)合作型

合作型的模式克服了指挥型模式即变革模式存在的两大局限性,使高层管理者接近一线管理人员,获得比较准确的信息。同时,由于战略的制定是建立在集体考虑的基础上的,从而提高了战略实施成功的可能性。这种模式的优点,通过更大范围的管理人员参与战略的制定与实施,一方面可以获得准确的、符合企业实际的信息;另一方面可以调动员工的创造性和积极性,从而克服了指挥型和变革型模式的不足之处。其缺点是,方案是经过对不同意见进行综合协调的结果,缺乏由个人提出方案的创造性,而且需要较长的时间,可能会错过执行战略的好时机。

(四)文化型

文化型战略实施模式,是在合作型的基础上,进一步扩大了参与战略制定和实施人员的范围,让企业基层的员工也参与进来。首先,由负责战略制定与实施的高层管理人员提出自己对企业目标、任务等的看法,其次要求企业员工根据企业目标规划自己的工作活动。这种模式的实施方式很多,如采用企业规章、企业的宗旨及类似日本企业的"社训"等方法,最终容易形成企业员工共同的道德规范和价值观念。其局限性表现在,要求企业员工有较高的素质,否则很难成功。

（五）增长型

符合企业战略发展方向,在与管理人员探讨了解决方案中的具体问题的措施以后,应及时批准这些方案,以鼓励员工的首创精神。采用这种模式,企业战略不是自上而下的推行,而是自下而上的产生,而中下层管理者可以有直接面对战略的机会,及时地把握机会,自主调整并顺利执行战略,这种模式适用于变化较大的行业中的大型企业。

上述几种战略实施模式与管理实践是紧密联系的,比如,企业认为管理者需要拥有绝对权威时,指挥型模式就是必要的;如果出于有效实施战略目的,需要调整企业的组织结构时,变革型战略实施模式就是合适的选择;而合作型、文化型和增长型则是创新模式,是适应现代化管理的需要而产生的。在实践中,往往是几种模式交叉使用,或者同一个企业在不同环境中使用不同的模式。

第二节　战略控制

战略控制主要是指在企业经营战略的实施过程中,将各项标准进行检查,具体评估企业实施战略计划后的企业效率,跟没有进行战略实施的计划结果进行比较,是否产生偏差,并对偏差产生的原因进行分析比较,纠正偏差,使企业战略的实施更好地与企业当前所处的内外环境、企业目标协调一致，使企业战略得以实现。

一、战略控制的必要性

控制作为企业管理的一个重要职能，是由管理者以计划标准来衡量计划的实际执行过程，纠正实施过程中的偏差，从而保证计划目标基本实现的管理活动。战略控制是指企业管理者依据战略计划的目标以及战略控制方案，对战略的实施情况进行评价，发现偏差并纠正偏差的活动。广义的战略控制还要保证战略系统的方向正确，并且保障这个正确的战略系统得到贯彻和实施。

战略管理的一个基本设想就是选定能够实现企业目标的战略。然而在战略实施过程中，一方面，由于企业的主观原因，如缺乏必要的能力、认识、信息以及对所要做的工作不甚了解，不知如何做得更好，从而出现行为上的偏差；或者是高层管理人员在把自己的部分权力授予下级时用人不当，导致战略失控或失效；有时，企业内部的社会分工和专业化也会导致职工的行为偏离整体目标或战略意图。另一方面，由于在战略执行过程中客观环境局部或整体发生了变化，与原来的预测结果不同，或是战略实施所需要的资源与现实资源之间出现缺口，导致战略在实施过程中或实施后，所取得的实际结果与其原定目标之间有一定的差异。

为了保证战略控制的实际效果符合预先制定的目标要求，对于一个完整的战略管理过程，必须具有控制环节对战略实施进行修正、补充和完善。具体而言，战略控制首先要分析评价原计划，确认战略实施是否沿着原来计划的轨道运行，还要分析是否按计划实现了预期的目的；然后分析实际效果与计划目标的差距，从而提出更为符合实际环境的改进措施；还要注意战略控制是在战略实施过程中就开始的，而不是作为战略实施后的另外一个步骤。总之，只有具备有效的战略控制才能切实完成企业的使命，实现企业的目标。

二、战略控制的基本原则

(一)领导参与的原则

战略管理是对企业的生产经营活动实行总体性管理的过程,是关系到企业生存与发展的管理活动,需要企业的主要领导进行指挥协调,战略控制也是对影响全局的主要问题进行一定程度上严格的合理控制,企业的管理者必须针对相应问题制定相应的能够执行的控制标准,使各职能部门充分发挥控制体系的作用,把各种关系协调得当,使得各方面的矛盾出现率降低。

(二)可行性原则

可行性原则的一方面是指,企业一旦确定了相应的战略,就必须认真地去深入考虑企业能否成功地实施制定好的战略,也就是说,确认企业的财力、人力及其他的组织资源是否充足,能够互相配合,去有效地实现战略目标,如果存在可行性上的疑问,就需要将战略研究的范围扩大,直至确认战略可行为止;另一方面,战略控制的目的就是要运用科学的方法纠正战略实施过程中的偏差,确保实际绩效与目标相符。战略控制应依据企业外部环境和自身条件,提出切实可行的具有可操作性的措施和方法,确保及时正确地识别误差、评价误差且准确地纠正误差。

(三)例外原则

有效的控制为什么要遵循例外原则呢? 一方面,即使是一些小型的组织在战略实施过程中也要产生巨大的信息量,如果每次都对所有的信息活动进行监控,就要耗费大量的人力、财力、物力,不但使战略控制的及时性无法实现,而且也不可能成为有效的控制;另一方面,强调例外原则还能使管理者抓住重点,提高工作效率。所以，有效的战略控制只要对关键性的问题提供足够的信息，就可以满足决策者对控制的要求。例外原则实质上是分清主次，把握重点的一种处理问题的方法。

（四）经济性原则

经济性原则是有效控制需要重点考虑的问题。经济性是指在控制过程与组织结构相符合的情况下，尽可能简单、灵活，减少不必要的人力、物力、财力，从而降低因控制而产生的费用。但是经济性原则的前提，是要保证组织通过控制过程准确地、全面地获得有用信息，从而确保战略目标的实现。

（五）伸缩性原则

伸缩性即战略控制的弹性。一方面，战略控制中若使用单一的控制方式（单一的纠正偏差的方式），则无法应对在战略实施过程中出现的问题的突发性和多变性，所以战略控制的方式设计或系统设计要具有一定的回旋余地，以免产生负效应；另一方面，对不同的问题要采取不同程度的控制，有时需要严密控制，有时需要进行适度的弹性控制。只要能保持与战略目标的一致性，就可以有较大的伸缩性。

（六）稳定性与灵活性相结合的原则

战略控制要依据企业总体目标使战略计划顺利实施，实现预想效果，这就是说战略控制的稳定性。但有时由于外界环境的巨变或其他不可知因素，使实际战略实施过程无法按原计划进行，此时战略控制则应采取灵活性的手段和方法，如采取重新审视环境，制定新的战略方案，进行新一轮的战略管理等，使企业战略行动更好地与企业所处的环境及企业要达到的目标相协调。此外，设计战略控制系统，要考虑一些权变措施以应对复杂的环境变化。

三、战略控制的制约因素

(一)人员

这里的人员既包括战略控制实施的主体又包括战略控制的客体。企业为了实现组织的目标,就要寻求一些战略制定者,并进行相关的培训和培养,以使其具有一定的战略管理方面的能力。此外,作为战略控制主体的这部分人员的认识因素,也制约着战略控制的进行,尤其是各职能部门的领导是战略计划与目标实现的直接领导者或执行者,如果他们思想中存在部门利益至上的观念或个人片面认识方面的问题,甚至对企业战略根本不理解,都必然导致战略实施的扭曲。

(二)组织

组织因素包含两方面的内容:一方面是企业的经营理念、权力结构、控制系统等组织结构方面的因素;另一方面是组织的资源。

企业经营理念是较为重要的一个方面,现代企业更加注重关系建设和竞争导向,既注重培养顾客的忠诚度,与企业的关联者保持和谐融洽的关系,又重视业务流程管理和整合业务功能,而且也重视战略联盟和网络组织。这些都会对战略控制产生影响,使组织不能再遵循传统的控制方式或控制系统,应采取更能适应新的经营观念的控制措施。此外,组织的自身结构设计也会影响到战略控制,如对各职能部门的控制程度与分配的自主权之间的平衡程度等。

(三)企业文化

作为企业员工共同遵循的价值标准、基本信念及行为规范,企业文化必然会对战略控制的各方面产生影响,特别是企业文化的氛围对战略控制的影响。企业文化是一个企业组织,具有丰富的文化形象，是企业特色的精神财富和物质形态，是一个企业的核心，是推动企业发展的不竭动力。可见，积极而健康的文化氛围对于企业战略控制的实施是非常重要的。

（四）市场与顾客

现代顾客在做出购买决策时更加注重产品的质量和所能得到的潜在价值，比如，服务质量和企业的知名度，他们的指导思想是以最小的成本获得最大的利益。因为，顾客与市场是现代企业战略管理必须面对的关键问题，所以，顾客需求倾向的变化及市场的变化必然对企业战略控制形成一定的影响。

四、战略控制的类型

战略控制作为战略管理的一项重要工作，它的有效性是通过各种不同的控制类型来实现的。在这里介绍几种主要的控制类型。

（一）前馈控制

前馈控制又称事前控制，是在战略实施前对战略计划的实施进行的一系列的评估、分析，并进行有效的预判，通过比对进行评价，如果发现可能出现的战略偏差，则会提前采取措施进行补救，使战略推进能始终沿着正确的轨道运行，从而保证企业战略目标的实现。前馈控制包括：实施战略前的有效设计和选择战略计划。

由于前馈控制是建立在事先预测的基础上，并通过预测发现战略行动的结果可能会偏离既定标准，因此，对预测所涉及的因素进行分析是非常必要的。

（1）投入要素。对战略实施所投入资源的数量、质量及种类进行分析，分析这些投入要素对实施结果可能产生的影响。

（2）环境因素。包括内部条件和外部环境，即根据战略实施前及实施前期的环境及其变化来预测这些因素可能对战略实施结果的影响。

（3）前期的部分结果。即根据早期出现的结果预测后期可能的发展。前馈控制通过对战略实施中的发展趋势进行预测，并对后继行为进行调节校正，从而起到"防患于未然"的作用，是一种很有成效的控制方式，但是在实际操作中由于各种因素存在不确定性，要准确地进行事先预测有一定的难度。

（二）反馈控制

反馈控制也称事后控制，指企业战略结果形成后，与之前的预算结果进行比较，看是否能达到预期的目标，然后根据偏差的大小找出具体的问题所在，对战略措施进行改进并完善，使结果能达到预期的标准。反馈控制是根据行动结果，总结经验教训来指导未来的行动，将战略推进保持在正确的轨道上，但往往由于纠正偏差不及时造成"战略损失在前，战略纠偏行动在后"，所以它的运用大都局限在企业经营环境较为稳定的条件下。

（三）过程控制与开放控制

过程控制指在控制战略实施的过程中，以实现制定的战略结果作为目标来实现的有力保障。而开放控制则是在一边实施战略计划，一边进行完善，依据某一种标准来衡量正在进行的工作，用以确定工作是否继续进行。

（四）事中控制

事中控制又称开关型控制，是指在战略实施过程中，对战略计划进行检查，是否符合既定的计划要求，能否正常运行，以此来决定要采取的行动。其基本原理是：在战略实施过程中，及时发现偏差和采取纠正措施。这种控制类型，就像开关的开通与终止一样，能及时确定行与不行。事中控制适用于控制过程标准化的战略。

（五）业务控制

业务控制显然是指对企业内部各部门业务的控制。主要包括以下几个方面。

（1）生产控制。包括对产品数量、质量、服务、品种规模的控制。

（2）销售控制。包括对销售量、销售成本及售后服务等的控制。

（3）财务控制。包括对产品直接成本、各项其他费用及预算的控制。

（4）质量控制。包括对工作质量和产品质量的控制。其中工作质量还包括生产工作在内的各项工作的质量。质量控制是动态的,着眼于目前和未来的工作质量与产品质量。

五、控制方式的选择和应考虑的控制因素

（一）控制方式的选择

从前面的内容我们可以看出:控制方式的选择取决于战略管理人员对有关预期的具体活动方面所掌握的知识及其评价相关绩效方面的能力。

（二）控制方式选择应考虑的因素

1.控制的要求

根据控制的对象来决定是否对企业的整体利益产生影响的根据。所以控制要适度,还应集中在重要环节或项目上,而不是实施全方位的细致控制。

2.控制量

控制量是所有控制方法最初制定的控制计划所提出来的适应度,取决于该种控制方式在实际环境中运行是否符合环境要求。一般来说,人员控制虽然能提供一定程度的控制,但不能提供失误的预警信号。如果机会、环境发生变化,人员控制很快会失效。相对而言,具体活动控制和绩效控制所提供的控制量有很

大的变动范围。

3.控制成本

控制成本包括两方面的内容:一方面是由于控制实际发生的成本;另一方面是由于控制失效产生的负面效应而导致的成本。从第一方面看,如果企业人员的素质较高,环境稳定且控制方式得当,则发生的控制成本相对较低。由于各种控制方式特点不同,产生的成本也各不相同。如具体活动的控制需要有一定的考核手段,往往会使生产过程延长,导致费用增加,同时若采取的方式不恰当,则可能造成负面影响,也必然增加成本。

六、战略控制的基本方法

(一)预算

预算是一种用来表示有关预期成果或要求的财务指标、数量指标,以使企业或战略经营单位的决策者在战略活动中受到有效的约束。具体形式包括:财务报表、人力资源计划、销售增长幅度、资源配置指标等。使用量化指标进行预算不仅便于衡量和评价战略实施成果,而且使各战略经营单位之间具有可比性。对比经营绩效,有利于管理者对企业进行更合理的控制。

(二)审计

美国会计协会对审计的定义是:"客观地收集并评价有关判断经济行为和事件的证据的系统化过程。其目的在于确定这些判断与已确立的标准之间的符合程度,并将这些成果传达给感兴趣的使用者。"

审计分为内部审计和外部审计。内部审计是由企业内部的审计机构对本企业的有关经济业务活动及其反映的财务指标进行的监督与审查。由于是本企业审计机构执行的,所以可以在战略实施过程中随时进行。

外部审计是由企业外部专门审计机构组织的对企业的会计资料进行的审查和监督。由外部人员进行的外部审计具有独立性和公正性。但外部审计也存在着一些不足，因为外部审计人员缺乏对企业文化、组织结构、工艺流程特点的了解，可能造成片面的审计结果或由于需要长时间的考察，导致时间滞后和审计成本的增加，尽管如此，战略审计的实施将会有效促进我国管理现代化进程，推进企业管理水平的提高。

（三）目标管理

目标管理即通过集体参与目标设置，对组织各经营单位的目标做明确的规定和说明，并据此评价每个经营单位的工作成效或贡献。最早提出目标管理的是美国管理学家彼得·德鲁克，他在《管理的实践》一书中提出"目标管理和自我控制的理论"，并对目标管理的原理做了较全面的概括。他认为"企业的目的和任务必须转化为目标，各级战略经营单位必须以此目标为依据，来实现组织的总目标。"目标管理产生初期主要用于对主管人员的管理，后流行于欧美与日本，内容也扩展到企业的各项工作，到现在已被许多企业运用到战略管理中。

目标管理通过建立目标、计划行为、定期检查和业绩评估等几个过程使企业实现全面控制。建立目标，确定每个人的工作与岗位指标，并记录在案；计划行为是指各层次的管理人员都应根据目标做出如实的、相应的决定；定期检查的核心是强调自我控制与主观检查相结合；业绩评估则是在工作完成后，管理者和下层员工按照历史记录评价每个员工的业绩水平。

七、战略控制系统

战略控制系统是由战略控制以企业高层领导为主体，它关注的是与外部环境有关的因素和企业内部的绩效，是保证企业计划执行符合预定规程和各项指标达到一定要求的约束机制。

（一）战略控制系统的作用

战略控制系统的作用表现在以下几个方面。

（1）战略控制系统为企业提供了适应环境变化的方法和途径。企业战略从制定到实施需要一定的时间，在这段时间里，不管是外界的环境还是市场竞争环境发生的变化都会影响战略计划的进行，所以战略计划的实施需要考虑各种因素，这样，战略控制系统通过其追踪环境变化的职能，使企业及时意识到环境的变化，并对种种变化做出适当的反应。

（2）限制失误，修正偏差。能够及时地发现战略实施过程中的问题，并适时的进行修正调整出现的失误，避免偏差对企业的总体战略和长期经营结果产生负面影响。

（3）处理各种复杂情况。企业发展过程中，尤其是大型企业，经营的方面越来越广，可能出现的问题也会发生各种状况。控制系统能及时反馈各种信息，搜集各种情报和各项工作的进展情况，使管理者能有效地控制和驾驭企业的发展。

（二）有效控制系统的基本前提

企业战略目标应是现实的、科学的。战略目标的现实性主要指战略目标的制定要与企业的实际经营能力相匹配，即在企业能力范围内通过努力可以实现的目标；战略目标的科学性是指战略计划要根据科学的方法，在分析企业内外部环境的基础上制定，即对企业面对的市场变动趋势和竞争对手的实力进行分析，在内部将计划合理分解，使不同的战略经营单位承担与自身特点和能力相符合的分计划。如果战略目标和计划的设立不科学，根据计划所制定出来的衡量标准就失去了意义，从而使控制无效。

参考文献

[1]王方华.企业战略管理[M].上海:复旦大学出版社,2015.

[2]杨波.企业战略管理中小企业案例集[M].成都:西南财经大学出版社,2014.

[3]孙张,武亮.企业战略管理[M].北京:清华大学出版社,2015.

[4]顾桥,马麟.企业战略管理[M].北京:北京大学出版社,2014.

[5]曹裕,马跃如.企业战略管理[M].长沙:湖南人民出版社,2010.

[6]吴彬,顾天辉.现代企业战略管理[M].北京:首都经济贸易大学出版社,2012.

[7]丁宁.企业战略管理[M].北京:清华大学出版社,北京交通大学出版社,2005.

[8]肖海林.企业战略管理理论、要径和工具[M].北京:中国人民大学出版社,2008.

[9]李春波.企业战略管理[M].北京:清华大学出版社,2011.

[10]王钊.企业战略管理[M].北京:中国农业出版社,2007.

[11]王丽杰.企业战略管理[M].厦门:厦门大学出版社,2011.

[12]蓝海林.企业战略管理[M].北京:科学出版社,2011.

[13]徐向艺.企业战略管理[M].北京:经济科学出版社,

2010.

[14]张国良.企业战略管理[M].杭州:浙江大学出版社,2011.

[15]唐拥军,张国良.战略管理[M].武汉:武汉理工大学出版社,2005.

[16]刘刚.现代企业管理[M].广州:南方出版社,2004.

[17]顾天辉,杨立峰,张文昌.企业战略管理[M].北京:科学出版社,2004.

[18]苗莉.企业战略管理[M].北京:清华大学出版社,北京交通大学出版社,2010.

[19]黄旭.企业战略变革研究[M].成都:四川大学出版社,2004.

[20]徐二明.企业战略管理[M].北京:中国经济出版社,2004.

[21]胡大立,陈明.战略管理[M].上海:上海财经大学出版社,2009.

[22]谭立文,吴先明.战略管理[M].武汉:武汉大学出版社,2006.

[23]王璞.战略管理咨询实务[M].北京:机械工业出版社,2003.

[24]董大海.战略管理[M].大连:大连理工大学出版社,2000.

[25]王新驰.现代企业战略管理[M].北京:中国商业出版社,2002.

[26]达夫特.组织理论与设计[M].北京:清华大学出版社,2003.

[27]宋新宇.赢在战略[M].杭州:浙江人民出版社,2003.

[28]陈忠卫.战略管理[M].大连:东北财经大学出版社,2007.

[29]项保华.战略管理——艺术与实务[M].上海:复旦大学

出版社,2007.

[30]陈继祥.战略管理[M].上海：上海人民出版社,2004.

[31]王迎军,柳茂平.战略管理[M].天津：南开大学出版社,2004.

[32]黄丹,余颖.战略管理[M].北京：清华大学出版社,2005.

[33]罗珉,李永强等.公司战略管理理论与实务[M].成都：西南财经大学出版社,2003.

[34]揭筱纹.战略管理原理与方法[M].北京：电子工业出版社,2006.

[35]刘庆元,刘宝宏.战略管理：分析、制定与实施[M].大连：东北财经大学出版社,2001.

[36]魏江,邬爱其,彭雪蓉.中国战略管理研究：情境问题与理论前沿[J].管理世界,2014(12).

[37]陈蓓.企业管理研究[J].企业改革与管理,2015(8).

[38]孙莉萍,龙茜.关于中国企业实行多元化战略的几点思考[J].沿海企业与科技,2007(3).

[39]张黎明,刘海燕.企业战略变革的类型分析[J].西南民族大学学报,2004(6).

[40]薛求知,徐海康.企业战略变革透视[J].经济理论与经济管理,2001(3).